侯风云 徐冰 著

“一家一个天”

——牟家疃村的文化变迁研究

齊魯書社

本书系国家社科基金项目《华北乡村传统文化的近现代转型研究：以山东为例》(05CZS011)之阶段性成果

目 录

引 言

本书是国家社科基金项目《华北乡村传统文化的近现代转型研究:以山东为例》的一部分,由笔者经过5年的努力得以完成。2009年初,课题组负责人、山东大学历史文化学院赵兴胜教授委托笔者完成烟台栖霞牟家疃村的文化变迁研究,这也是笔者近些年来很想研究的题目,故欣然接受。

笔者自幼生活在中国西北的乡村,对乡村有天然的亲切感,也对乡村生活有一定的了解,后来进入大学学习后,也比较关注中国农村的问题,并且阅读过一些相关著作。在此,笔者不想做冗长的学术史研究回顾,但有一本书,对笔者产生了深刻的影响,在此不得不提及一下,这本书就是费孝通先生的《江村经济》,这是一个本土本乡的人在本乡中进行实地调查工作的成果。它不仅是人类学实地调查和理论工作发展中的一个里程碑,更重要的是作者在其中所包含的爱国情怀和严肃的思考,正如费先生在《江村经济·前言》中指出的:

> 如果要组织有效果的行动并达到预期的目的,必须对社会制度的功能进行细致的分析,而且要同它们意欲满足的需要结合起来分析,也要同它们的运转所依赖的其他制

度联系起来分析，以达到对情况的适当的阐述。这就是社会科学者的工作。所以社会科学者应该在指导文化变迁中起重要的作用。

中国越来越迫切地需要这种知识，因为这个国家再也承担不起因失误而损耗任何财富和能量。我们的根本目的是明确的，这就是满足每个中国人共同的基本需要。大家都应该承认这一点。一个站在饥饿边缘上的村庄对谁都没有好处。从这个意义上说，对这些基本措施，在中国人中间应该没有政治上的分歧。分歧之处是由于对事实的误述或歪曲。对人民实际情况的系统反映将有助于使这个国家相信，为了恢复广大群众的正常生活，现在迫切地需要一些政策。这不是一个哲学思考的问题，更不应该是各学派思想争论的问题。真正需要的是一种以可靠的情况为依据的常识性的判断。①

费先生的这段话，今天读来仍然发人深省。对于进行社会科学研究特别是实地观察的研究者来说，更应当认真阅读和思考。

一个村庄的历史，可以说是一个国家和民族历史的缩影。我国幅员辽阔，乡村是个庞大的、丰富的文化宝库，不了解乡村便不了解中国。在如此众多的乡村中选择具有典型意义的村庄是需要认真考察的。而笔者之所以选择牟家疃村作为研究对象，关键词有三：牟氏庄园，牟氏望族，牟宗三。

在素有"胶东屋脊"之称的栖霞，有一个规模宏大、气势壮

① 费孝通：《江村经济》，上海人民出版社2006年版，第15页。

观的封建地主庄园——牟氏庄园。它坐落在栖霞城北古镇都村。鼎盛时期,牟氏庄园拥有土地六万余亩,山峦12万亩,佃户村153个,佃户房与粮仓、作坊、店铺房等近5000间。牟氏庄园共有六个大院,房屋四百八十余间,总面积达二万多平方米。它是目前国内规模最大、保存最完整的地主庄园之一,1988年经国务院批准,列为全国重点文物保护单位。①

牟氏庄园家族的元祖居湖北公安。明朝洪武三年(1370),牟敬祖②从公安来栖霞任主簿,卸任后,落籍栖霞南榆疃,遂成为湖北籍栖霞牟氏第一世。四世牟庆时迁牟家疃(当时名"杨刘村"),牟家疃遂成为栖霞牟氏的发祥地。牟氏的前七世均人丁稀少,家境贫穷,到八世时,有兄弟8人,在家长七世牟时俊的主持下,兄弟们发奋读书,家族开始中兴,有功名和出仕者6人。牟氏家族由一个寄人篱下的家族一跃成为栖霞望族。这兄弟8人被其后人称为牟氏老八支。③

老八支六房牟道行的长子牟镗又生8子。这兄弟8人齐心协力,发奋读书,使牟氏家族再度兴旺,兄弟8人中出了两位进士、三位廪生、两位增生。牟家从此名声大振。这兄弟8人被其后人称为小八支。小八支后人人才辈出,先后出了7位进士、1位举人,牟氏庄园的真正创建者牟墨林就是小八支八房牟国珑

---

① 栖霞县政协文史资料委员会等合编:《牟墨林地主庄园·前言》,山东人民出版社1990年版。

② 乾隆《栖霞县志·明循吏传》载:"牟敬祖,洪武三年任县主簿,值兵兴,令相继以事去,敬祖独履诸艰,才优政勤,百废修举,祀名宦。"《中国地方志集成》第51卷,第110页。

③ 参见牟日宝、牟珍主编:《栖霞名宦公牟氏望族》,《现代家教》杂志社1997年印刷,第32页。

的后人。牟氏小八支,将牟氏家族由栖霞普通望族,登上了栖霞牟、林、郝、李四大望族之首。

牟氏家族的兴旺历程显示,长期以来世代致力于耕读的奋发图强造就了其栖霞第一望族的地位。“耕读”是这个家族的传承,它造就了牟氏家族文士翩翩的人文盛景,造就了富甲一方的牟氏庄园,在现代更造就了牟宗三这一新儒学泰斗。

牟宗三(1909~1995),字离中,牟氏十九世,老八支四房九世长房后裔。1909 年 6 月 12 日出生在牟家疃村牟氏祖宅。现代新儒家的重要代表人物之一。幼年在原籍读书,1927 年入北京大学预科,两年后升入北京大学哲学系。1933 年毕业后,曾先后在华西大学、中山大学、金陵大学、浙江大学等校任教,以讲授逻辑学和西方哲学为主。1949 年去台湾,任教于台湾师范大学、台湾东海大学,讲授逻辑、中国哲学史等课程。1960 年去香港,任教于香港大学、香港中文大学新亚书院,主讲中国哲学、康德哲学等。1974 年退休后,专任新亚研究所教授。1976 年又应台湾大学客座教授之聘,讲学于台湾大学哲学研究所等处。1987 年被香港大学授予名誉文学博士。1995 年 4 月病逝于台北。

牟宗三被牟氏族人公认为“是牟氏家族自敬祖籍栖霞迄今六百多年来,德业与成就出类拔萃者”①。牟宗三的童年和少年是在家乡牟家疃村度过的。对他来说,那是一段在混沌迷离中不断投射出来的一道道青光的生命乐章。在他的记忆中,童年

---

① 牟日宝、牟珍主编:《栖霞名宦公牟氏望族》,《现代家教》杂志社 1997 年印刷,第 201 页。

是美好的,家乡是令他怀念的。在他的回忆性著作《五十自述》中,他以饱含感情的笔触描写了他的童年和家乡。由于出生在农家,生长在农村,他与农村、农民有着天然的联系。他的感情、他的爱好、他的习惯以及思维方式等都具有浓郁的乡土气息。他同情农民,常常以农民的立场思考问题,以农民的眼光看待问题和处理问题,他说:"中国读书人都同情农民,尊重农民。因为他们都来自田间,他们的生命之根就是与农民浑处。他们的父兄就是农民,他们的亲戚骨肉也是农民。不但读书人是如此,其他工人、商人也都是如此。"①牟宗三的这种难以解开的农民情结或者说乡村情结,来自于那个他生于斯长于斯的牙山脚下的牟家疃。

牟家疃、牟氏、牟氏庄园、牟氏望族、牟宗三,把它们串联起来时,能引起人们多少遐想!一个村落、一个家族、一个人的背后有着怎样的文化传承?又有着怎样的变迁?何以传承?何以变迁?牟家疃、牟氏家族、牟宗三又如何在这样的传承与变迁中联结起来?

笔者第一次去牟家疃村是 2009 年 6 月 1 日,乘坐从烟台出发到蛇窝泊镇的中巴车,大约走了两个小时的路程。这是笔者第一次去山东农村,蛇窝泊镇在烟台的西南方向。起初,路途十分平坦,半小时以后,就有进入山区的感觉了,周围大小山脉接连不断,车子转弯的时候也比较多了,但是一路的风景十分好看,成片的果园,果树上已经挂了果,而且都用专用纸袋套住。路边黄色的山花绚烂无比,让人心旷神怡。

---

① 牟宗三:《五十自述》,台湾鹅湖出版社 1989 年版,第 28 页。

远眺牟家疃村

笔者先到了蛇窝泊镇政府,因为提前已经通过关系与蛇窝泊镇政府打了招呼。在此需要说明的是,这一点非常重要。笔者在决定去牟家疃村调查之前,有知情人告知,须带着介绍信去,而且要提前给镇政府打招呼,否则很难进行工作。事后证明,这个建议非常正确。

虽然镇长和书记等领导都不在,但负责接待的秘书等工作人员对笔者非常热情。之后,笔者去找离镇政府很近的正开着一家书店的林雨,他是牟日宝先生推荐的。① 林雨,蛇窝泊村

① 笔者去牟家疃村前,在同年5月6日去栖霞邢家疃村访问过牟日宝。关于牟日宝的情况,在后文中有专门介绍。

人,1940年出生,1957年毕业于牟平师范学校,原为蛇窝泊镇一中教师,已退休。笔者见到林雨,说明来意,他很赞同:"牟家疃选对了,因为它是牟家的老根据地,牟宗三的家乡,牟宗三是个重要人物。在'人民公社时期',牟家疃发展得很好、很典型,外省人都来参观,改革开放后有些落伍。"①林雨的岳父就是牟家疃村牟氏家族人。

下午,镇政府联系了林顺利和史芳武两位对牟家疃村比较了解的老先生,在镇副书记谢忠诚的办公室座谈。谢忠诚,1974年出生,曾经做过栖霞团委书记。林顺利,原蛇窝泊镇物价局副局长,现已经退休,喜欢写点东西,对蛇窝泊比较了解,正在编写《林氏家谱》。史芳武,原蛇窝泊一中教师,现已退休,对蛇窝泊比较了解,曾经参与编写《栖霞县志》的"教育"部分。他们大概讲述了牟家疃村过去和现在的情况,一致认为"牟家疃还是有写头的,过去是蛇窝泊的典型,很有名","文化方面当然最有代表性的是牟宗三,如果牟氏这个家族没有很深的文化底蕴,不可能出来这样一个大家"。② 至此,笔者初步了解到的牟家疃村的情况是:

牟家疃村曾经在蛇窝泊镇乃至栖霞都很有名。一方面,它是栖霞牟氏的发祥地;另一方面,它在集体化时代名声响亮。那时候,在蛇窝泊镇乃至整个栖霞,人们一提到牟家疃,都会说:"牟家疃有名啊!"譬如"改造乱石滩"、修建大沙坝、粮食收入"过江"(即亩产过800斤)等等,从集体化时代过来的人几乎没有不知道的。更有一个叫刘乐书的因养蚕而名声远扬,许多人

---

① 侯风云:《牟家疃调查记录》(一),2009年6月1日。

② 侯风云:《牟家疃调查记录》(一),2009年6月1日。

都知道他的事迹,有篇《这里永远是春天》[1]的报道文章,广为传颂。在牟家疃村最为兴旺的时期,村里有学校、面粉厂、油坊、粉坊、打盖厂、罐头厂、针织厂、养蚕厂,还有果园、菜园,还有气派的大礼堂,还有电灯、自来水、广播等……

而现如今,牟家疃村的昔日风光不再。现在村里已经没有了集体化经济,当年那些企业都在 1984 年的时候,分的分了,卖的卖了。

为什么今昔的差别如此之大？笔者在镇政府没有得到满意的回答。但既然已经出发了,就最好自己去探究答案。

笔者真正走进牟家疃村是 2009 年 6 月 23 日,是从蛇窝泊镇政府南面进的村,从牟家疃来说就是从北面进的村。在栖霞,人们把南面叫前面,笔者就是从村子的后面进入的。这是一条贯穿牟家疃整个村子的主干道(村里人叫"南北大街"),它是一条普通的土路(2010 年变成了水泥路),不平整也不干净,只要有摩托车或者拖拉机通过,就会扬起厚厚的尘土。走上主干道,是 4 家工厂模样的建筑,挂着诸如"三发"、"茂源"等牌子的公司,看起来规模不小,有两家还比较气派。后来笔者知道,这就是村里比较能干的村民办的私人公司,是专做储藏苹果生意的冷库。走过这几家公司,路的两边是苹果园,苹果都套上了纸袋子。走过一百米左右的苹果园,就进入居住区了。由于害怕有游荡的狗突然出现,笔者捡了根木棍拿在手里壮胆。在村口,出现在眼前的景象令人震惊:垃圾堆满了路的两边,甚至蔓延到路上,要进村就得踩着垃圾进去,道路也越来越坑洼不平。两边的

① 见本书附录二《这里永远是春天》。

房屋规划得还算整齐，在路的两边，家家相连，呈东西走向，前后两排的中间有可以走人和车辆的小巷，但是房屋大多矮小破旧，有许多人家的柴草等杂物侵占的公共空间比较多，道路显得较窄。门有朝南北开的，也有朝东西开的，大门上基本都贴着对联、福字。有一座废弃的两层楼的建筑（即当年让村民引以为荣的气派的大礼堂）破烂不堪地立在大街的西边，周围堆满了垃圾，目不忍睹。

第二天，在村会计潘玉春的带领下，笔者去了村委会的办公室，看到的情景同样让人震惊：院子里荒芜一片，沿着墙边长着几棵树，在西边面朝东有一排平房，大概有四五间，上挂着“办公室”、“活动室”、“人口学校”之类的牌子，有几个已经辨别不出字来，门很破旧，挂着锁，从锁的模样看已经好多年没有打开过了，窗户也破烂不堪，有的没有了玻璃。潘玉春说：“村委会从来也不办公，办公室借给别人住了。”①

初访牟家疃村的印象，击碎了笔者最初的遐想、设想，笔者无法将那个昔日辉煌的家族的发祥地、那个牟宗三记忆中美丽的乡村与眼前见到的“垃圾村”联系起来。何以如此?！这个问题时常萦绕在笔者脑海，对这一问题的探究便是本书研究的旨趣所在。

有关牟家疃村的直接文献资料很缺乏，只能够找到相关的文献类参考资料，如乾隆《栖霞县志》、光绪《栖霞县志》和新中国成立后的《栖霞县志》、《栖霞市志》等，它们只能提供一些相关背景材料。

① 侯风云：《牟家疃调查记录》（二），2009 年 6 月 24 日。

本书作者与村民牟芳亭

有关牟家疃村的直接性资料也十分有限。目前,对栖霞牟氏家族研究最有成就的是牟氏第十九代后人牟日宝先生,他编著出版和发表过许多有关牟氏家族和牟氏庄园的书籍和文章,如《牟氏庄园故事》①、《牟氏庄园三百年》②等。这些主要是介绍性质的资料或者传说,不是学术著作,而且主要是说牟氏庄园,与牟家疃村没有关系。与牟家疃村有关的是牟日宝主编的《栖霞名宦公牟氏望族》和《栖霞名宦公牟氏世谱》③,这两本书

① 牟日宝编著:《牟氏庄园故事》,中国文联出版社 2002 年版。

② 牟日宝、刘明久:《牟氏庄园三百年》,中国文联出版社 2008 年版。

③ 牟日宝、牟珍主编:《栖霞名宦公牟氏世谱》(上、下册),《现代家教》杂志社 2001 年印刷。

提供了一些了解牟氏家族发展的资料和线索。牟宗三先生的《五十自述》[①]中有一部分是牟宗三对自己故乡牟家疃的回忆，是十分有价值的资料。孙铭浩主编的《栖霞风物》[②]、李应运编著的《栖霞风情》等书和资料中有关栖霞风土人情方面的内容具有一定的参考价值。笔者在牟家疃村委会得到的一些零散的集体化时期的档案资料和当代的户口簿，是很有价值的资料。

对于牟家疃村的研究，没有直接的前期研究成果。到目前为止，与该村落有点联系的相关研究论文有两篇，一篇是王日根、张先刚的《从墓地、族谱到祠堂：明清山东栖霞宗族凝聚纽带的变迁》[③]，该文对栖霞地区关于宗族墓地、族谱、祠堂进行了考察，分析了家族的凝聚形式的变迁，文中提及了牟家疃的牟氏家族的墓地、族谱的情况，不过在文中所占篇幅很少；另外一篇是戚霄的《社会流动与封建地主庄园经济——以栖霞牟氏庄园家族研究为例》[④]，该文主要分析了栖霞牟氏庄园经济。虽然牟氏庄园的先辈发祥于牟家疃，但是牟氏庄园的第一代已经是离开牟家疃的小八支的一个支系。因此，该文章根本就没有提及牟家疃村。

由于资料匮乏，那么在研究方法上应以田野调查为主。自2009～2013年间，笔者多次到牟家疃村，有针对性地、系统性地对村落文化进行调查访问，特别注重与村里的“精英阶层”进行

---

① 牟宗三：《五十自述》，台湾鹅湖出版社1989年版。

② 孙铭浩主编：《栖霞风物》，华文出版社2005年版。

③ 王日根、张先刚：《从墓地、族谱到祠堂：明清山东栖霞宗族凝聚纽带的变迁》，《历史研究》2008年第2期。

④ 山东大学历史系硕士学位论文，2008年。

接触。这里所说的精英阶层,主要是指曾经和现任的村干部、对村里的某些事物有影响的人物以及村民普遍认可的能人等。笔者主要通过亲自登门让村民填写问卷调查的方式进行采访、录音,然后整理出一个时期的采访内容后,再进村访谈、录音、整理,如此重复多次,前后用去了五年的时间。

本书所用的资料,绝大部分是来自村民的口述记录,具有很强的原生性。本书力图从村民叙述的角度对牟家疃村落的文化变迁进行一个全景式的展现。这里所说的文化是一个大文化的概念,即包括政治、经济、社会、教育、日常生活、习俗等方面所反映出来的文化信息。限于资料的原因,对于古代、近代村落文化的描述相对薄弱,主要集中在新中国成立后的六十多年来的变迁。尽管调查研究结果与进行研究之前的设想相差甚远,但毕竟是从零的开始。

第一章　自然生态与人文背景

第一节　周边的地理及人文环境

一、周边地理人文环境

牟家疃村，按照行政区划，属于山东烟台栖霞蛇窝泊镇。栖霞位于山东东部胶东半岛的腹地，东邻烟台的福山、牟平，北依蓬莱，南与莱阳、海阳毗邻，西与招远、龙口接壤，总面积2044.5平方公里。

栖霞地貌以山地、丘陵、平原三大类型为特征，全境山地占36.84%，丘陵占48.13%，平原占15.03%，平均海拔178.72米。① 境内群山起伏，有二千五百余座大小山峰。其中，海拔800米以上的山峰2座，海拔600米以上的山峰10座，海拔400米以上的山峰108座，海拔300米以上的低山67座，由东向西，依次排列为牙山、唐山、方山、艾山、蚕山等五大山系。② 以东部

---

① 山东省《栖霞县志》编纂委员会编：《栖霞县志》，山东人民出版社1990年版，第86页。

② 山东省《栖霞县志》编纂委员会编：《栖霞县志》，山东人民出版社1990年版，第87页。

的牙山、西部的艾山两大山系构成境内地形脊背。

栖霞境内河川众多,大小河流 114 条。主要有南下的清水河、杨础河、漩河及北去的白洋河、清阳河、黄水河等六大河系。①

栖霞属于暖温带东亚大陆性季风型半湿润气候,四季交接分明。春季少雨、多风,空气干燥;夏季高温多雨,空气湿热;秋季凉爽少风,雨量适中;冬季少寒雪稀,多偏北风。年平均气温 11.3℃,年均降水量为 640 ~ 846 毫米,年均无霜期 207 天,年均日照总时数为 2690.3 小时。②

古有诗赞栖霞:"蓬莱南境是栖霞,近水依山数百家。风俗若能存古意,武陵谁去觅桃花。"③

今有歌唱栖霞:"云霞萦绕一幅画,人杰地灵是栖霞,八方宾客乘风来,太虚宫里有神话,春到果园万树花,秋来果香漫山崖,十八盘上樱桃红,牙山脚下好庄稼,中华苹果第一乡,跻身百强诚信传天下。……"这是陈晓光词、徐沛东曲的《栖霞之歌》,它唱出了栖霞的美丽与富饶。

栖霞历史悠久,据杨家圈出土文物考证,远在 6000 年前,就有人类在这里繁衍生息。据乾隆《栖霞县志·疆舆志》载:"栖霞县地在禹贡青州之域。本牟子国下邑,春秋战国入齐境。汉

---

① 山东省《栖霞县志》编纂委员会编:《栖霞县志》,山东人民出版社 1990 年版,第 91 页。

② 山东省《栖霞县志》编纂委员会编:《栖霞县志》,山东人民出版社 1990 年版,第 94 ~ 95 页。

③ 〔元〕王君实:《过栖霞》,见乾隆《栖霞县志》卷一〇,第 2 页,《中国地方志集成》第 51 卷,第 356 页。

为腄县，属东莱郡，隶青州部。汉废，入黄县，晋与南北朝刘宋因之。元魏改属东牟郡，隋又改属东莱郡。唐为蓬莱之阳疃镇，属东牟郡，隶河南道，宋因之。金置淘金所一，名金山郡，迨阜昌中。伪齐刘豫始置栖霞县，自始皆为县。元隶山东东西道般阳路总管府。明吴元年，大将军徐达等下益都招抚登莱，废般阳路，置莱州府，辖登州。洪武九年，升登州为府，隶山东布政使司，栖霞县属焉。”[①]到光绪年间，栖霞统计“户共三万八千六百二十六户，口共十六万八千九百八十九口”[②]。栖霞是山东著名的文化之地，人杰地灵，名人辈出，灿若星辰。据光绪《栖霞县志》，知有清267年中，全县儒生考中进士者21名，考中举人者74名，被选拔为贡生者229名。[③] 栖霞的著名人物当首推丘处机（1148～1227），他是我国道教全真道掌教真人。以丘处机故居太虚宫为中心的道教文化，成为栖霞历史文化的一大特色。清初，于七率胶东数万民众，举旗反暴抗清，震惊清廷。著名学者郝懿行是清嘉庆年间进士，一生著作甚丰，影响最大的是造诣颇深的《尔雅义疏》。清代著名学者牟庭，一生著书五十余部，其中《同文尚书》和《诗切》两部堪称巨著。清代刘曰义在算学上造诣很深，被誉为“栖霞四杰”之一。

20世纪初，栖霞已有官立高等小学，到1935年，全县共有小学七百余所。牟家疃村所在的蛇窝泊镇是全县较早建立新式学堂的乡镇之一。1924年创建县立中学，牟宗三就是这所中学的第一批学生，牟宗三一生致力于新儒学研究六十余载，撰写了三

---

① 乾隆《栖霞县志》卷一，第4页，《中国地方志集成》第51卷，第36页。

② 乾隆《栖霞县志》卷四，第4页，《中国地方志集成》第51卷，第93页。

③ 曾却：《栖霞历史人物》（上册），山海书社1992年版，第211页。

十余部哲学理论著作，被誉为"当代新儒家中最富原创性、在系统重建儒学之义理规模方面成就最大的思想家"。作为栖霞的第一大姓氏——牟氏，为栖霞的历史增添了不少光彩，从而出现了"牟氏文化"一词，其集大成者便是牟氏庄园。牟氏庄园是我国北方最大的保存最完整的地主庄园。晚清年间，由大地主牟墨林创建了这处庄园，后经其子孙不断扩建，在二万多平方米的土地上建造了四百八十余间屋子。整个庄园结构严谨，造型典雅，井然有序，成为我国民间文化的典范，目前是国家重点保护文物。时至今日，在栖霞还流传着许多关于牟氏家族和牟氏庄园的故事。关于牟墨林，《栖霞市志》有如下记载：

牟氏庄园街坊

牟墨林(1789—1870),古镇都人,栖霞近代传奇人物,字松野。以小时生品黑,加名字中含“黑”的概念而得绰号“二黑”。其先为栖霞望族。高祖牟国珑官直隶南宫县令,在城内筑悦心亭以度晚年。到牟墨林之祖牟之仪而立迁古镇都时,已“萧然如寒士家”(牟愿相《牟氏家传》语)。其后五子分。其父牟绰以年最幼,乃屈居村西隅,以“赶脚”维持生计,经数年始略有积累。

嘉庆十七年间,岁大饥,其时,一向忠厚勤奋的牟绰采取以粮换地的做法,一次性积累了上千亩土地,当时牟墨林还不足二十岁,对其父的做法竟心领神会,视为创盈业立世之道而誓予继承。

前人序云:墨林“性简默,恶尘嚣”;“善务农,余三余九,日益充盈”;每谓“人不患无财,患不善用其财”,恰如其分地记述了牟绰牟墨林父子的生财之道。他们运用已有之财产积累,持续大量买进土地,使他们逐渐成为一县首富。

然,机遇是如此之关照,是牟墨林所以成功的关键之关键。牟墨林在父亲故去之后,虽年纪尚轻,本可以如其名之入主“墨林”,或如其高祖径入仕途,但他却是以田舍翁为满足。

公元1834—1836年(道光十四年—十六年),栖霞的水旱风灾害再次因循,可谓饿殍遍野。初,牟墨林开仓赈济,然于大灾年等于杯水车薪,其时,更有以“恐日后自家难继”相劝者,墨林则曰:“多活一人则少死一人,吾为吾力之所能而已。”待灾荒持续之际,牟墨林猛醒乃父当年做法,重新推行以地换粮,殊不知,此举并未减少登门求赈者,相反,更激起当年的以地换粮高潮。据传,在牟家存粮几尽之时,牟墨林从东北搞来的粮船恰至,于是有了一斗高粱换一亩地,到一升高粱换一亩地的故事,牟墨林青出于蓝而胜于蓝,他在两厢情愿和绝对合法的条件下,获得巨额财产不说,还能够让奄奄一息的以地换粮者高呼"积德,开恩"。这就是清道光中期,发生在栖霞境内的一场大变革:旬日之间,大量的自耕农转化成了佃户,相对成就了一个闻名百余年的大地主家族。

等有了大量土地之后,牟墨林于社会公益,常常慷慨解囊。如出制钱五百千助县令方传植创建"霞山书院",捐银二千两,为州县奉檄筹军饷倡"凡本社御敌阵亡者家,给粮五石"等等,无不说明:牟墨林乐善好施者也;其三代以后,犹守施舍之习以济贫困,同时也日益充盈,诚牟墨林临终家训使然。惜在"布袜青履","生平无丝毫浪费"方面,其后人多有所违背,是亦规律使然!

由于贫富分化,牟墨林堂兄在古镇都的财产,包括房舍,亦渐次归于牟墨林门下,加上牟墨林子孙三代之增建,于是,偌大的"牟氏庄园"得以呈现在栖霞现代人眼中,默念着昔日主人的辉煌。①

二、村落地理人文环境

牟家疃村所在的蛇窝泊镇位于栖霞东南部,距离栖霞22公

① 山东省栖霞市地方史志编纂办公室编:《栖霞市志》(1985~1999),齐鲁书社2001年版,第475~476页。

里，与莱阳、海阳交界，面积94.57平方公里，辖101个行政村，人口约20万人。[①] 蛇窝泊镇四周皆山，丘陵狭长，河谷丛生，有“三山六岭五条河”之说。五条河分别是牟家疃村前经过的清水河、经过牟家疃村的杆子河、经过荷叶村东的院头河、经过蛇窝泊村西的蛇窝西河、蛇窝西河东面的唐山河，诸河自北部、东部入境，呈“扇”形分布，在蛇窝泊周围汇流，至西南部入莱阳境内五龙河，沿河下游为小坪地。因此，蛇窝泊镇有些像小平原，在栖霞算是个比较大的平原。

蛇窝泊镇是栖霞著名的文化镇。其地处胶东半岛腹地，位

牟家疃村前的清水河

① 参见侯风云：《牟家疃调查记录》（二），2009年6月22日。

于栖霞、莱阳、海阳三市交界处，三面环山，地势平坦，源自牙山的清水河与源于北部山区的蛇窝泊河在这里交汇，形成一块小小的冲积平原，土地肥沃，农业经济比较发达。这里尊师重教风气甚浓，有重视文化教育的传统，一般人家总是节衣缩食送子女上学读书，对读书人很尊敬。“文革”时期，“蛇窝泊镇是重灾区，但是蛇窝泊镇的老师是遭罪最少的，因为家长不让孩子斗老师。”①

蛇窝泊集市是闻名胶东半岛的乡村大集市。据乾隆《栖霞县志》记载：“乡市，大集凡七，曰臧家庄逢二六，曰赵家庄逢三

蛇窝泊镇集市

① 侯风云:《牟家疃调查记录》(二),2009年6月23日。

八，曰桃村逢五十，曰寨里逢五十，曰观里逢三八，曰铁口逢一六，曰蛇窝逢二七。”①

牟家疃村距离蛇窝泊集市约1公里，位于蛇窝泊镇政府所在地的蛇窝泊村南，西北与荷叶村相接，东南与南砦村相连，南面是柳口村，蛇窝泊镇最大的河清水河在村子南面流过。牟家疃村在蛇窝泊镇属于一个中等自然村落。正如杨懋春指出的那样：“一个农村的发展常受其地理环境的影响，此处所谓地理环境，乃指气候、地势、地形、河流、山岳、土壤肥瘠、生物系统、交通情形而言。在土地肥沃、农产富庶的大平原上，一个农村最可能由中心向外围做辐射形发展。经过若干世代后，即形成一圆形的密集农家大集团。到成熟时，其内部有颇具规模的大街、次等街及长短与幅度不同的巷弄或者胡同。一般说来，大街与次等街互相平行或互成拐尺状，或丁字形。而巷弄则为由大街通至村内部各处的路径，与街道成十字形。”②牟家疃村的情形与杨懋春描述的基本相似，该村距今至少有600年的历史。2009年统计，全村386户，约1216人，以牟姓为主。③ 村里的居民区南北长约300米，中间有一条大道，村民叫“南北大街”，把居民区一分为二，东西长约200米。还有许多次等街和巷子与大街相连接。村民一般不说村东、村西或者村南、村北，而是说前疃、后疃，也叫前街、后街，至于什么时候叫起来的则不清楚，问起来都说老辈就这么叫的。一个年纪较大的村民告诉笔者：

---

① 乾隆《栖霞县志》卷一，第4页，《中国地方志集成》第51卷，第41页。

② 杨懋春：《近代中国农村社会之演变》，台湾巨流图书公司1980年版，第14页。

③ 根据牟家疃村委会《牟家疃村户口登记簿》整理得出。

村里的主干道——南北大街

当我能够记事的时候,牟家疃就成为一个疃了。在旧社会的时候,牟家疃是两个村,就是牟道远的时候,他就住在后村,前村是万马刘家。为什么说牟家疃原来是两个村呢?因为一个村就一个土地庙,咱村有两个土地庙。后来牟家与万马刘家打官司,万马刘家输了,就迁出村子了,我们开始上前村了。牟家的祠堂前街后街都有。村子也就叫牟家疃。西南园,是从后街的位置来说叫西南园,西南园、西北园、东北园,最早是菜园,西南园后来盖了房子叫西南园。那里住着八世四房、九世二房,十世三房,住着的都是些家里比较贫穷的人,土改复查的时候,他们把西南园叫

“胜利街”，意思就是他们这些穷人胜利了。①

明清以前，栖霞属莱阳管辖。栖霞以南的方言接近莱阳话，而栖霞以北的铁口、桃村、臧格庄、寨里的方言接近烟台话。牟家疃村在栖霞以南距离莱阳最近，到莱阳的石河头村只有10公里的路程。因此，牟家疃人说的话就接近莱阳话。村民牟芳亭②说：“我们到烟台，人家一听就是莱阳话。”他还给笔者举了例子：

> 比如，大哥，我们说 dá gē，而烟台说 dá guō；猪饲料，我们说 zhū sì liáo，而烟台说 zhū zì cì liáo；知了，我们说知了狗，而烟台说大马猴。栖霞是胶东屋脊，东西走向，“北流水，南流水”，北流水说话好听，南流水说话土，所以我们说话土。1958年，我们村有3个人被抽调到栖霞县成立的吕剧团，试用了三个月，因为语言土，被减下来了，其中就有我，蛇窝泊一共去了七八个，都被减回来了，一个都没留下。③

笔者非常喜欢听牟芳亭讲故事，他的表达很好，用词很准确，娓娓道来，七十多岁的人了，记忆力非常好，简直就是个活字典，真令人佩服！同时，笔者也感到很幸运，因为有牟芳亭的全力支持和帮助，使自己收获很大，工作进展很快。

---

① 侯风云：《牟家疃调查记录》（五），2010年2月2日。

② 牟芳亭，1938年出生，完小文化程度，世居牟家疃。笔者在调查访问中得到了牟芳亭的大力支持，他给笔者提供了大量有价值的材料。

③ 侯风云：《牟家疃调查记录》（四），2010年1月30日。

第二节　村庄的传说与记忆

一、“牟家疃”村名的由来

牟家疃，顾名思义，即牟氏家族的疃，疃就是村庄的意思。其实，四百多年前，牟家疃村不是这个名字，而是“杨刘村”，杨姓和刘姓为村中大户。后来刘姓兴旺，时称万马刘家，杨姓被挤走，迁至东南处建杨家村，后称南榆疃。那么，“杨刘村”是怎么变成“牟家疃”的呢？

明洪武三年(1370)，湖北省公安县籍人牟敬祖，奉朝廷圣命来到山东登州府栖霞县出任主簿，因替南榆疃杨家平反了一件冤假错案，有恩于杨氏，卸任后便被杨氏接到家中居住了两个多月。正欲启程，却一病三年，花光了所有积蓄，无钱归楚，便落户南榆疃，遂成为公安籍牟氏家族一世祖先。此后，牟敬祖靠给杨家看山、开荒种点地，砍柴卖柴为生。后来，杨家把女儿许配给牟敬祖的孙子牟进，生子牟庆，待长大成人，一家三口迁到了杨刘村。因家境贫寒，没有文化，此后一连四代人，全部沦为万马刘家的佃户。

七世牟时俊，生八子，他看到子孙兴旺，感到牟家有望，便想振兴家族。过去人们相信“要想家族好，需把风水找”。牟时俊找风水先生寻到一块风水宝地——涝洼都子，这块地本来是刘家的，牟时俊是刘家的羊倌，他以自己已经给刘家当了几十年的羊倌为由，向刘老太爷求情给在刘家做了一辈子老妈子的母亲要一块葬身之地，于是牟刘两家立了

“出让”契约，“涝洼都子”归于牟家。母亲去世后，牟时俊就把她葬在那里。后来，刘家才知道牟时俊把他家的风水宝地弄走了，于是，起诉到县公堂，说牟家抢占了他的土地做茔地。县官每次过堂，均不等验契约，就判牟时俊迁坟，不迁就打板子。但牟时俊始终不认输，死活不迁坟。为了防备刘家掘坟，牟时俊又在坟旁搭起了一间小屋住了下来，昼夜看护。两家的官司打打停停，停停打打，将近十年。

据说，新任的知县会看麻衣相，他看到牟时俊相貌堂堂，有贵人之相，再想十年来牟时俊屡判屡不服判，认定此人不可等闲视之。另外，新知县又收受了牟时俊一件传说是成精的山老鼠做的棉袄领子。这样重审此案，结论就不再是牟时俊抢占刘家的土地，而是刘家转让的，并且验了契约。

牟刘两家官司结束，知县告诉牟时俊，他的儿子多有官相，应教子读书，方能兴家。牟时俊把全家20余口人，除了幼儿以外，划分成了两个组。一个组以妻子李氏为首，带领四个儿媳妇，以织布为业，维持全家人的生计。老四牟道远看到父亲年老不能干活了，便决定自己弃儒，协助完成做工，确保全家人的生活，实现父亲的读书兴家的宏伟计划。第二组，其他兄弟七人还有几个子侄，共计十余人，由老大牟道南做教师。就这样，牟道南一边自学，一边教着六个兄弟和众子侄在家中开起私塾，发奋读书。

牟、刘两家的官司，虽然被新任知县平息，刘家人却一直耿耿于怀，当看到牟家在家中办起了私塾，更是咽不下这口气，为了破坏牟家人读书，刘家便在家中搭上一个戏台，请来了戏班，天天在家中唱戏，一唱就是三年。而牟家呢，在办学中受到这种干扰，为防子孙逃学，或听课时走神，便把教室搬在地洞之内，并立下家训：邻家日演一部戏，儿曹每课三篇文。

这样，牟刘两家明争暗斗18年，牟家渐渐占上风，家族得以中兴。牟时俊8个儿子，27个孙子，做官者8人，有功名而未取仕者18人，普通财主9人。

牟氏家族兴旺后，刘家彻底败落了，后来，刘家迁出了村子。"杨刘村"便更名为"牟家疃"。①

以"牟家疃"命名的村子已经存在大约400年了，可是，存留下来的能够反映历史的建筑、遗迹、碑、庙等不见踪影。那些当年见证牟氏家族兴旺的圈子茔、东楼、西楼、西房、祠堂都湮没在历史的尘埃中。每当清晨或者黄昏，笔者走在村子的大街上时，总不免感慨，慨叹命运的无常和历史的残酷。

笔者经常追问牟芳亭，村里是否有以前留下的房子、碑等东西。他总是说"没有，什么东西也没有"，"如果说有，现在还有两家的房子年成久远些，不过跟现在的房子没有什么区别，一家还住着人，一家人走了，现在空着，已经破旧得没法住了"。②

有一天清早，牟芳亭带笔者去看了那两家。先去看了无人居住的房子，房子很残破，锁着大门，院墙像要倒塌的样子，从外面看与其他房屋没有什么特别不同。牟芳亭说这是村里最古老的建筑了，大概有100年了。

---

① 牟日宝、牟珍主编：《栖霞名宦公牟氏望族》，《现代家教》杂志社1997年印刷，第397～409页。

② 参见侯风云：《牟家疃调查记录》(五)，2010年2月2日。

年代最久的宅子

牟芳亭又带笔者去看了另外一家年代较久的房子，房子的主人叫牟欣①。下面是关于牟欣的故事：

> 20世纪40年代(1945年——笔者注)，牟欣当过村长，就当了一年，后出去当兵了。他是村里第一个当兵的，他是共产党员，他动员村里人当兵，没人愿意去，他就第一个去

① 牟欣(1923～1987)，牟氏十九世，老八支六房，小八支长房。22岁参加中国共产党，24岁任牟家疃村长，同年参军。先后参加大小战役7次，多次立功受奖。1951年，在土改工作中被评为一等模范，获奖章一枚，记三等功一次；1953年参加抗美援朝，立三等功一次，获奖章一枚；1956年立三等功一次，获奖章一枚；1958年立二等功一次；1982年以副师职离休。见牟日宝、牟珍主编：《栖霞名宦公牟氏望族》，《现代家教》杂志社1997年印刷，第214页。

了,他之后才有人去当兵。他去了南方,后来再没有回来。他与还住在村里的老婆离了婚,又娶了一个。牟欣原来的老婆就一直在村里生活,带着两个女儿,后来又再婚,老两口都已经去世。牟欣的大女儿牟凤洲在威海当老师,已退休了。他的小女儿牟凤娥在村里招了个上门女婿,现在还生活在村里牟欣的旧房子里。牟欣给村里人的印象很好,村民都说他是个好人。对他休妻,大家没有意见,因为是环境造成的,他当了军官,老婆不识字肯定不合适。①

第一任村长牟欣的故居

① 侯风云:《牟家疃调查记录》(四),2010年1月29日。

笔者有幸采访到了牟欣的大女儿牟凤洲①。她现在居住在威海,已经快70岁的人了,身体十分健朗。她告诉笔者,她现在还很忙,虽然早退休了,却还工作着。关于她的父亲和她的家庭,牟凤洲是这样讲述的:

我爸爸是高小文化程度,在村里也算是个文化人,字写得很漂亮。我爸爸没有兄弟,只有一个妹妹,我这个姑姑读书出去了,后来一直生活在东北。我爸爸当过村长,是牟家疃村的第一任村长,之后参军当兵了,是在区中队。我是1945年出生的,我是在老家长大的,我和我妈妈、奶奶生活在一起。我爸爸还参加了抗美援朝,抗美援朝回来后与我妈妈离了婚。那时候,组织上鼓励有文化有地位的干部与不识字的小脚老婆离婚。因为我妈妈是小脚,又不识字,我妈妈还比我爸爸大五六岁。我爸爸没有回来,是区公所来的公函办理的离婚手续。我爸爸再婚娶的是西荆夼村的衣桂兰,我这个继母很优秀,与我爸爸结婚前是村妇救会主任,又年轻、又漂亮。我妈妈虽然离了婚,但是离婚不离家,我妈妈一直和我奶奶生活在一起。后来我妈妈也再婚了,我妈妈和我继母的关系很好。我爸爸和我妈妈有两个孩子,我和我妹妹。我妹妹现在就生活在老家的老房子里面,我每年都回去,老房子挺好的,在以前啊,挺气派的呢。我爸爸和继母生了三个孩子,两个儿子和一个女儿,我和我这

---

① 牟凤洲(1945～),1969年毕业于山东师范大学,在威海市第一中学任教,1985年调教导处工作。1987年加入中国共产党,1993年被评为高级教师。曾多次被评为校、区级先进工作者。见牟日宝、牟珍主编:《栖霞名宦公牟氏望族》,《现代家教》杂志社1997年印刷,第217页。

两个弟弟和小妹妹关系很好，小妹妹现在就和我在一起，在威海。两个弟弟在四川，我的弟弟妹妹们都很优秀。我爸爸是铁道兵，经常搬家，我爸爸在北京、天津、广州、湖南、兰州、新疆都工作过，最后在四川干休所离休。我小时候和上大学时，去过广州、湖南、兰州看过我爸爸。我爸爸很关心我，我上大学时，我爸爸给我寄钱供我念书。村里人对我爸爸的评价都很好。①

据村民讲，牟家疃村北面的道路上曾经立过一座碑，叫“贤良女”碑。关于它的故事，牟芳亭是这样讲述的：

这个贤良女啊，当初间，没看见男人的面，伺候公爹，给老的送了终。贤良女死后，官家给竖的碑，时间应该是清朝末年吧，碑有两米高，二尺宽，就竖在村北边的路边沿子上，前两年还在，从今年我就没看见，不知道搬哪儿去了。②

这个故事在牟丕勋③的《稼书轩文稿·贞孝牟林氏传》中有记载：“氏，林家亭林春芳女，年十二字牟家疃庠生镇东子巧文，未及嫁，巧文赴辽东十余年，存亡无音耗。时姑殁，翁与氏父商请改聘，氏闻之，陈于父曰：‘儿字人有年矣，夫归则为牟家妇，否则终为林家女，我父其谅我乎？’父开导至再，氏不言亦不食，乘闲投缳，家人觉，救之，得不死。……翁衰老，竟入牟氏门，代子

① 侯风云：《牟家疃调查记录》（十三），2013 年 7 月 29 日。

② 侯风云：《牟家疃调查记录》（五），2010 年 2 月 2 日。

③ 牟丕勋（1862～1928），蛇窝泊镇禾家庄人，牟氏十七世。牟丕勋 47 岁时，参加拔贡考试，荣登榜首，以教书为生。参见牟日宝、牟珍主编：《栖霞名宦公牟氏望族》，《现代家教》杂志社 1997 年印刷，第 143 页。

职,妇礼未成,妇道尽矣。”①

二、村民记忆中的大事

在村民的记忆和印象中,牟家疃是一个比较稳定的村子。正如牟宗三所说:“我生长在山东胶东半岛的栖霞,那是一个多山的小县。四季气候分明,邱长春(丘处机——笔者注)当年说:‘走遍天下,不如小小栖霞。大乱不乱,大俭不俭。’”②似乎是为了应验丘处机的话,频繁的社会变迁对牟家疃村的影响并不很大。在村民的记忆中,牟家疃没有发生过什么特别惊天动地的大事情,按牟芳亭的话说:“出去当兵打仗没有被打死的,就连个正式烈士也没有,有烈士但都不是在战场上牺牲的。”③不过,还是有一些令人难忘的大事。在村民的记忆中,村里最大的事件就是发生在1944年农历七月初十的大惨案。④ 村里1940年以前出生的人都记得有这样一件事情。许多上了年纪的人都能够绘声绘色地讲述这个惨案,他们一直认为这个事件应该是牟家疃村历史上最大的事件。一位曾经亲眼看见过当时身受重伤的青抗先队员的村民给笔者讲道:

那时候我已经六七岁了,已经记事了。我们村有民兵,当时叫“青抗先”。我们村那时候有个叫牟天庆的人,按如

---

① 转引自牟日宝、牟珍主编:《栖霞名宦公牟氏望族》,《现代家教》杂志社1997年印刷,第381页。

② 牟宗三:《五十自述》,台湾鹅湖出版社1989年版,第3页。

③ 侯风云:《牟家疃调查记录》(七),2010年3月3日。

④ 关于此事件,参见本书附录一《牢记过去苦　珍惜今日甜——牟家疃大队阶级教育展览馆解说词》(1974年11月)(节选)。

今说就是民兵连长,我就记得他教我们唱什么:“狗咬狗两嘴毛,狼吃狼一样翘尾巴。”1944年农历七月初十,就是天刚蒙蒙亮的时候,民兵都在沙滩上睡觉。只看见人影子,渐渐从西面过来了,手里拿着枪。他们(指民兵)才喊了个“一二一唱个歌”,“一条扁担嘛嗨吆嗨”!这个歌就叫《一条扁担》。才说个“一条扁担”,喊“一二一”卡住了,看见有人来,赶紧喊:“你们是哪一部分?”来人说“我们是五旅”。这个牟天庆说:“哪有什么五旅?!赶紧疏散!”喊了声:“疏散!”民兵赶紧疏散。这就开了枪打起来了。有往榆子跑的,有往荷叶跑的,当时就有个人被打死了。这个人叫刘钦国,还有一个叫牟忠顺的被打伤了,被抬到我们疃湾沿上,我都去看了,他的脸蜡黄蜡黄的。还有一个叫牟玉庆,不够当民兵年龄,就是跟人家去耍,也被打了一枪,打到大腿上,到长大了,那里还有个窝。这些事儿我都记得。那些土匪抓了民兵和村里四五十个人。真是惨案啊,村里鬼哭狼嚎的,家家的烟囱都不冒烟了。人被抓了,谁还顾得做饭哪。三区把人抓到莱阳的砦口,其中一个叫牟维亭的民兵就被三区砍了,牟振升戴着手铐、脚镣,出来陪着。这些我都听老人说的。那时候,我父亲是村里的教师,德高望重。村里叫他去保啊,三区的头儿叫刘权,与我的父亲一起念过书,又一起教过学。三区既不是国民党也不是共产党,就是土匪一类的东西。他们就是向村里要东西,村里给了粮食、财物,才把人放了回来。①

① 侯风云:《牟家疃调查记录》(五),2010年2月2日。

因为这是村里最大的一件惨案,1949 年后,每年的农历七月初十都纪念这个日子,开诉苦大会。村民牟翠花告诉笔者,她的老父亲 86 岁了,已经得脑血栓了,经常不清醒,可是有时候还是会提起那次惨案,"真是惨案啊,血流成河啊","前两天还说这事,说着说着还流眼泪"。① 牟翠花的父亲牟绍亭,就是当年被抓到呰口的村民之一,当时他 19 岁。在采访中,老村支书牟亭也说:"村里发生的最大的事情就是 1944 年七月初十,三区队。当时,挺惨的,人被抓了去了,村里鬼哭狼嚎的,村里都没有人家做饭的。惨,应该说惨。过去在小学少先队时,每年纪念这个日子,我都参加的。有孩子被打死的母亲在台上哭,诉苦。60 年代就不纪念了,以后也会提起这件事情,但是大规模的活动就不搞了,也没有什么纪念碑。"②笔者曾想从栖霞有关党史资料、文史资料中找到相关记载,没有找到。笔者电话采访了栖霞史志办专门从事栖霞党史资料征集和研究工作的王守志,他告诉笔者没有记载。牟芳亭认为不可能有记载,因为"这件事对牟家疃来说是惊天动地的大事,但总的来说还是一个小事"③。

---

① 参见侯风云:《牟家疃调查记录》(五),2010 年 2 月 2 日。
② 侯风云:《牟家疃调查记录》(四),2010 年 1 月 30 日。
③ 参见侯风云:《牟家疃调查记录》(九),2010 年 12 月 13 日。

第二章 村落的政治、经济与社会

牟宗三认为:"真正恰当意义的生活,生活如其为生活,当该是在生命中生活,唯农民的生活是在生命中生活,是生命'在其自己'之生活。"①这是一种理想化了的生活和生命状态。那么在政治、经济变革迭起、社会秩序动荡中的乡村农民能否有这样真正"在其自己"的生活？这些变化又怎样地影响着或者说左右着农民的生活？

第一节 村落组织结构的演变

一、动荡时代的组织结构状况

杜赞奇研究认为,到19世纪末期,在华北乡村,清末鼎盛时期控制下层社会的最主要工具——治安用的保甲制和征赋用的里甲制已名存实亡,或者更确切地说,它已失去了创造者们所理

① 牟宗三:《五十自述》,台湾鹅湖出版社1989年版,第21页。

想的统治功能。[1] 1900～1912 年间，村级的正式政权制度已经定型，其“官员”往往由在宗教或者宗族组织中已建立起自己权威的乡村精英们充任。[2] 1914 年春，袁世凯下令停办地方自治后，实行乡村保甲制度，即以自然村为单位设保，保下设若干甲。保长为一村之长，也是村级政权的行政负责人，山东省即照此办理。[3] 韩复榘主政山东时期，山东省县以下设立区、乡两级行政组织。在一般县份，一县之内有区 10 个左右，一区内有乡 10 个左右（一乡包括几个自然村）。对村落一级的行政建制，山东则按照当时南京国民政府的命令，在全省范围内推行保甲制度。1933 年颁行的《山东省实施编查保甲户口暂行办法》共 43 条，其中规定：“保甲之编组，以户为单位，户设户长，十户为甲，甲设甲长，十甲为保，保设保长，保属于乡镇。”[4]

在 1937 年前，蛇窝泊镇被称为“党化乡”，意思就是国民党的势力在蛇窝泊镇比较强，在栖霞农村实行保甲制度，村设保长。牟芳亭告诉笔者，他的一个伯伯就曾经做过牟家疃的保长。“保长就是在村里负责给上面收粮、收税什么的。那时没有村长，叫保长、闾长，是上面派的，不是选举的。谁来了保长就听谁的，我也说不清楚保长官大还是闾长官大，是一个村一个保长几个闾长，还是一个闾长几个保长，我不清楚。”[5]保长不一定是村

---

① 〔美〕杜赞奇著、王福明译：《文化、权力与国家：1900—1942 年的华北农村》，江苏人民出版社 2008 年版，第 24 页。

② 〔美〕杜赞奇著、王福明译：《文化、权力与国家：1900—1942 年的华北农村》，江苏人民出版社 2008 年版，第 128 页。

③ 参阅闻均天：《中国保甲制度》，商务印书馆 1935 年版，第 369 页。

④ 吕俊伟主编：《民国山东史》，山东人民出版社 1995 年版，第 396 页。

⑤ 侯风云：《牟家疃调查记录》（九），2010 年 12 月 13 日。

里最富的,但是粮毛(会计)一定是算盘打得最好的。牟学敏的父亲牟宗和(即牟宗三的大哥)算盘打得非常好,就曾经做过村里的粮毛。在1930年左右,国民党在蛇窝泊镇也做组织农民、成立农民协会的工作。牟宗三在《五十自述》中讲道,他在1928年进入北京大学读书后,曾经是国民党预备党员,暑假回到家乡做过组织农民的工作:"我暑期回家,团聚农民,成立农民协会,每夜招集他们开会讲习,训练民权初步。在夜间也跑到十几里外的别村去开会。"但是后来,牟宗三总是觉得不对劲,不入流,于是就"让那预备党员永远停在'预备'中吧"①。1928年之前有北伐战争,后又有国民党的二次北伐,所以社会比较动荡,胶东地区也不例外。牟宗三在回忆中提道:"十七年(1928年——笔者注)左右胶东地方非常混乱,种种道门藉口保身家,蛊惑愚众……十七年党军(中国国民党军队——笔者注)打到北平,胶东地方党人也招惹土匪号称革命军,来糜烂地方。我家里因而也受了涂炭,我叔父在他们被城里保安队下来团剿时,乱闯民宅,任意开枪,中弹而死。"②因为这样的创痛,牟宗三对于那些国民党人的厌恶是"无法挽回的","我一见他们就讨厌。他们趾高气扬在乡下作新劣绅欺压人。每逢赶集,他们便聚在集上,令人侧目"。③

1937年7月7日"卢沟桥事变"发生后,日本侵略者发动了侵略中国的战争。1938年2月,日军占领烟台,随后进入栖霞。1939年的冬天,日伪军占领蛇窝泊镇。为了加强对栖霞的控

① 牟宗三:《五十自述》,台湾鹅湖出版社1989年版,第30~31页。
② 牟宗三:《五十自述》,台湾鹅湖出版社1989年版,第36~37页。
③ 牟宗三:《五十自述》,台湾鹅湖出版社1989年版,第37页。

制，日伪军在栖霞县城和许多村镇修建了碉堡。1942 年底，日伪军在蛇窝泊村修建了号称“鲁东第一大碉堡”的日伪据点。该碉堡始建于 1942 年 7 月，征调了当时蛇窝泊、荆凤、泥都、山河、榆子等五乡二十余村的二千三百多名民工，用了五个多月的时间，于年底修成。碉堡系方形建筑，高 13 米，墙厚 1.5 米，周围架设铁丝网、鹿砦，沿村挖有二米多宽、三米多深的封锁沟。① 牟家疃村 70 岁以上的老人对此记忆犹新，“那炮楼子，老高老高，就在村子不远的蛇窝泊，我们去赶集还要经过，那时候我小啊，四五岁，我姐姐领着我去集市，我都不敢看炮楼，上面有人端着枪站着”②。牟学敏也在她的回忆中写道：“在离我村一里的蛇窝泊，有个炮楼，里面住着二鬼子（给日本人当兵的），他们养着狼狗，周围还有铁丝网，他们端着枪，我有一次跟二哥去那村买东西，吓得心怦怦直跳，腿都打哆嗦。”③日伪军还时常骚扰和扫荡村子。牟学敏在其回忆中写道：“最让我惊魂魄散的一次是我在沙河滩上割草，几架飞机在我头顶轮番盘旋，‘劈啪——劈啪——哒哒哒——’几次扫射，我拼命往大树底下狂奔，然而我跑不动，吓得昏死在沙滩上，等飞机走了，我醒来抹去脸上的沙子站起来一定神，噢！原来我还活着，至今回想起来还心有余悸。”④

中国共产党在栖霞创建党组织是 1931 年秋冬之际，开始于

---

① 中共栖霞县委党史资料征集研究委员会：《栖霞党史资料》（内部资料）第一辑，山东省出版总社烟台分社 1991 年版，第 58 页。

② 侯风云：《牟家疃调查记录》（五），2010 年 2 月 4 日。

③ 牟学敏：《路》，第 5 页。

④ 牟学敏：《路》，第 5 页。

寨里乡北洛汤村。[①] 该村在栖霞北部，临近蓬莱，距离牟家疃约50公里。1938年7月，中共栖霞县委在蓬莱虎路线村成立。[②]之后，在村庄建立党的基层组织。中共党组织的主要工作是发展党员、宣传抗日和建立抗日游击队。1940年4月24日，栖霞县抗日民主政府在苏家店乡林家村成立。该村在栖霞西北部，与蓬莱、黄县交界，距离牟家疃约60公里。栖霞县委成立后，将原来分散的小型武装集中改编为栖霞县大队，与此同时，各界抗日救国会纷纷成立。到年底，仅青救会会员和妇救会会员就发展了六千余人。[③] 1943年5月，中共胶东军区五旅十三团三营将蛇窝泊的日伪据点"鲁东第一大碉堡"拔除。[④] 中共党组织工作在栖霞从此得到快速发展。同年，牟家疃村党组织建立，当时党小组只有2名党员，一名党员名叫潘斌，另一名叫牟绅，是组长，此2人均为贫农。1945年成立党支部，牟绅为支部书记，牟欣任支部副书记，同时，牟欣也是村长，有党员13名。1946年发展党员最多，一年发展党员10名，1949年新中国成立时，牟家疃村有党员26名。[⑤] 其时，牟家疃村人口748人、122户。

1944年秋，牟家疃村解放。中国共产党的村公所在牟家疃

---

① 中共栖霞县委党史资料征集研究委员会:《栖霞党史资料》(内部资料)第一辑，山东省出版总社烟台分社1991年版，第18页。

② 中共栖霞县委党史资料征集研究委员会:《栖霞党史资料》(内部资料)第一辑，山东省出版总社烟台分社1991年版，第23页。

③ 中共栖霞县委党史资料征集研究委员会:《栖霞党史资料》(内部资料)第一辑，山东省出版总社烟台分社1991年版，第28~29页。

④ 中共栖霞县委党史资料征集研究委员会:《栖霞党史资料》(内部资料)第一辑，山东省出版总社烟台分社1991年版，第58页。

⑤ 《栖霞县新中国成立前后各村庄党的组织史资料调查统计表》(一)，牟家疃村委会藏档案，1985年。

村建立，主要组织有农救会、妇救会、青救会（青抗先）、工会、儿童团、武委会（村团部）等。①

1949 年前牟家疃村组织建设情况调查统计表

	农救会		妇救会		青救会（青抗先）		工会		儿童团		武委会（村团部）	
	人数	主要领导人姓名	人数	主要领导人姓名	人数	主要领导人姓名	人数	主要领导人姓名	人数	主要领导人姓名	人数	主要领导人姓名
1944	4	牟绅	50	牟兰芳	53	刘钦福	27	牟绍周	15	牟丰书	43	牟乐
1945	4	牟绅	58	牟瑞香	65	牟天兴	30	林书兴	17	牟丰书	45	牟乐
1946	4	牟绅	58	牟瑞香	70	牟颁	35	林书兴	20		50	牟乐
1947	4	牟绅	62	牟瑞香			35	林书兴			52	牟乐
1948	4	牟绅	65	牟瑞香							55	
1949	4	牟绅	70	牟瑞香							58	

资料来源：《栖霞县新中国成立前后各村庄党的组织史资料调查统计表》（三），牟家疃村委会藏档案，1985 年。

上表中，牟丰书的家境较富裕，完全小学毕业，在外村和本村当过老师，其余人均出身贫农，不识字。牟天兴是牟兰芳的哥哥。牟乐是牟绅的亲叔弟。牟绍周和林书兴是长工出身。牟瑞香是女性，贫农。

在农救会的直接领导下，1944 年进行了土改运动，1947 年又进行了土改复查运动。牟家疃村是牟氏庄园的佃户村，村民

① 《栖霞县新中国成立前后各村庄党的组织史资料调查统计表》（三），牟家疃村委会藏档案，1985 年。

以租种牟氏庄园土地为生的较多,没有符合地主条件的人家。只有一户人家被定为富农。村里的老人对土改没有什么印象,对土改复查记忆很深,特别是那些较富裕的人家。一位七十多岁的村民告诉笔者,他家就被定为中农,成为土改复查的对象。他是这样回忆的:

我们村没有地主,成分最不好的就是富农,而且就一个,叫牟华翰。那个时候,打击的是地主、富农。土改复查的时候,牟华翰的闺女把衣物藏了起来,不献,牟华翰就被吊到家族祠堂里打。打人的是牟华翰的远房族叔,牟华翰是八世六房的,他是八世四房的,和我是一房的。他住在西南园,家里一贫如洗,脑子单纯。其实,牟华翰在村里是一个非同一般的人物,是北京师范讲习所毕业的,很会教育子女,人很正直。我家是中农,中农是团结的对象。我记得我们家当时复查的时候,我的母亲、我的姐姐都在祠堂里,都把我们叫到祠堂里,又把我父亲叫回家,他当时在南榆疃教学。他们(农救会——笔者注)动员我父亲献啊,我们家献了地、献了毛驴、献了猪鸡、献了锅。那个时间,我才是个8岁的孩子,我害怕呀。我便装着小便,跑到南面中蒲格我姨妈那里。我姨夫把我放在"搁子"(屋顶天棚上又隔出半米多高的一层用来存放东西用——笔者注)上藏了两天……①

牟学敏家当时也是土改的对象,她对土改复查也记忆犹新:

我父亲很开明,土改时,他让我母亲把贵重的衣物都从

① 侯风云:《牟家疃调查记录》(五),2010年2月2日。

吊铺上拿到炕上，便于村民来取，因此，他很快过关了，而我村唯一的富农，也是我三叔（牟宗三——笔者注）的恩师牟华翰则因为女儿们把衣物藏起来了，被吊到我家牟氏祠堂里……此后，我家的地和房屋该献的全都献出去了，长工也不雇了。①

记忆是有选择性的，有些人记住了伤痛，有些人则努力地把它们淡忘。这些都应该是生存的本能。牟华翰是当时村里唯一的富农，被吊到祠堂里挨打，他的子孙们对此事又有着怎样的记忆呢？笔者采访了生活在村里的牟华翰的孙子牟凤成，他是这样讲述的：

我爷爷在村里多少还是有点威望。对爷爷的事情我也不大了解。因为上辈们几乎不谈上辈的事情，所以我不了解上辈的事情。虽然爷爷是富农，但是我们在村里也没有怎么感觉到受歧视，也不觉得自卑。我父亲、姑姑成分也不好，但是还是能够继续教学。②

2010 年 12 月，笔者还电话采访了现居住在西安的牟华翰的小女儿牟佳云。牟佳云，1930 年出生，时年 80 岁，初中文化程度。她是这样讲述她的家庭的：

在牟家疃，我家的家庭条件是挺好的，挺富裕的，有 3 栋大瓦房，每栋 5 间，还有厢房。具体怎么富、靠什么富我不记得了，不清楚。我父亲也读过书、教过学，到底他是什么文化程度，在哪里教学，我不知道。我 20 岁时，离开家去

① 牟学敏：《路》，第 3 页。

② 侯风云：《牟家疃调查记录》（七），2010 年 3 月 3 日。

了我济南二哥二嫂家，本来是想去继续读书的，但是为了减少哥嫂的负担，就到工厂工作了。我的哥哥姐姐们都读过书，具体什么文化程度我不太清楚。我二哥最能干，早年就参军入党，在部队工作，在部队当过老师，后来当了律师，是山东省著名律师①。我三哥读书最多，终身当老师。我三姐也教过学，我二姐和我三哥一样终身教学，而且我三姐当教师很有方法，教得挺好的。

据笔者所了解到的，事实上，牟华翰在村里很有威望。牟华翰学问好，写一手好字，他的孙子曾拿出来他写的字给笔者看过，内容是他们家这一支填“祖子”的简表。牟华翰最令村里人敬佩的是他很会教育子女，儿女们都受到了很好的教育。村里年纪大的人提到牟华翰，都认为他是一个好人，比较佩服他：

牟华翰不是个简单的人物，他是北京师范讲习所毕业的。在要紧（是指60年代——笔者注）的时候，家里成分不好，从济南来的人把他领了上北京开会，因为咱疃不让去，是上面来人领了去，到北京开什么会，住了几天回来了。牟华翰不是一般人物，子女没有一个孬的。子女教学的好几个，他的女儿教学，我都跟着念书了。两个女儿教学，还有一个儿子教学，大儿子是医生，老二参军，后来在济南当律师。牟华翰是个正派人，就是划的成分不好了，也就过去

① 此处指牟言纶（1923～1993），原名牟缙，字言纶，牟华翰次子，中学文化，1946年加入中国共产党，1947年参军，历任胶东军区后勤部残废军人学校书记，山东省高级人民法院审判员、副庭长，山东省司法厅公证律师处处长，山东省律师协会秘书长等职务，享受正厅级待遇。参见牟日宝、牟珍主编：《栖霞名宦公牟氏望族》，《现代家教》杂志社1997年印刷，第214页。

了。别人还是跟他交往的，我就跟他交往。他会教育孩子，像古镇都的人一样教育孩子。①

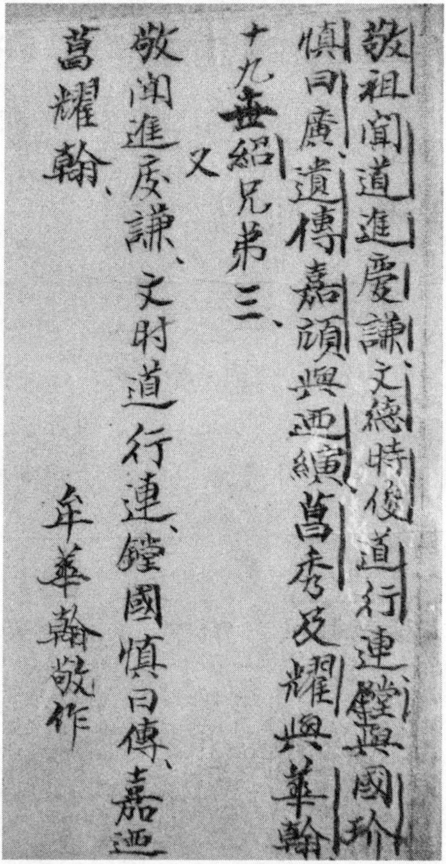

牟华翰手迹

牟华翰是富农，到底多富？村民们也不大清楚，只知道有三排房子。“牟华翰家算是比较富裕的，但称不起地主，他家那三排破房子，赶不上现在的三栋房，他的三顿饭也不济咱现在的一顿。有100亩地才够得上当地主，不能随便说人家是地主，这是有政策的。”②村民最佩服牟华翰的恐怕主要是他四个女儿都会识字读书，有两个还当了教师，这在当时是很少有的。据1936年出生的牟学敏说：“村里我这个年龄只出来了三个女孩子。”③一个是牟学敏，其余两个指的就是牟华翰的女儿。

---

① 侯风云：《牟家疃调查记录》（九），2010年12月13日。
② 侯风云：《牟家疃调查记录》（九），2010年12月13日。
③ 侯风云：《牟家疃调查记录》（六），2010年2月23日。

二、集体化时代的组织结构状况

经过土地改革以后，牟家疃村又回复了平静，但是生活的格局已经完全不同于以往。牟氏庄园在牟家疃的土地被没收，分给了贫雇农，村里每个人都获得了土地。村里的大小祠堂也分给了没有房子的穷人或由公家使用。家族组织被新的阶级阵线取代了。

1952 年，全国开始了农业社会主义改造运动，牟家疃村的发展状况与全国基本同步。1952 年，牟家疃村成立了十几个互助组。1955 年，以贫下中农为主体，按照自愿和互利的原则，成立了两个初级农业合作社。1956 年，迅速地从初级社转到了高级社。1956 年，蛇窝泊镇成立了联村大队，是由北庄村、荷叶村、牟家疃村和蛇窝泊村 4 个村子组成的，大队部设在蛇窝泊村。联村大队下辖 10 个队，牟家疃村是七队和八队。每个队设有支书、队长和会计等领导班子。书记任期两年，队长、会计没有任期限制。

当时，牟家疃村也办起了公共食堂。当年的七队会计牟亭回忆：

公社食堂是 1958 年 7 月 2 日开始，顿顿都上食堂领饭吃，从食堂领回家，有饭票，家里几口人领几口人的饭票，成人和小孩都在一个食堂。天亮去地里先干活，家里只有老人、小孩，干完活回来吃早饭。早饭就是地瓜饼、稀饭，稀饭是高粱面或者全麦面做的。那时候，根据季节干活，主要种玉米、小麦，有菜园、梨树，没有苹果树。一天分 10 个工时（工分），早上 2 个，上下午各 4 个。早饭后，再出去干活。

干活时间一样,男女工分不同,男的最高 10 分,一般拿六七分,女的最高 7 分,一般拿五六分。午饭吃玉米窝窝头、麦胚稀饭(全麦稀饭)、咸菜、大白菜,没有肉。午饭后休息一会儿后再去干活。晚饭是用菜和些干面做的渣,用笼屉蒸出来。水可以在家烧着喝。自家里一点儿粮食也不存。公社食堂办了两年多,1960 年不办了。①

联村大队于 1961 年解散。联村大队下辖的 10 个队按照原来的自然村又进行合并,第七队、八队合并为牟家疃大队。大队领导班子由支书、主任(队长)、会计等组成。

牟家疃大队又为 8 个生产队。牟家疃村以前分两个疃,即前疃和后疃,合成一个大队后就叫前街、后街,中间还有一部分不前也不后的叫西南园②。8 个生产队的分布状况是:前街 4 个,即一、二、三、四队;西南园 1 个,即五队;后街 3 个,即六、七、八队。基本按户来分,人口差不多。村里当时一千二百多口人,每个队 150 人左右。

1962 年秋天,在中国共产党八届十中全会上,提出了要进行社会主义教育运动的号召,牟家疃大队于 1963 ~ 1964 年进行了社会主义教育运动。

在"文化大革命"中,1967 年 4 月 18 日,牟家疃大队成立了"三结合"的革命委员会,举行了"抓革命、促生产"的誓师大会,掀起了"农业学大寨"的高潮。

由于进行社会主义教育、阶级教育的需要,当时,许多县、乡

---

① 侯风云:《牟家疃调查记录》(七),2010 年 3 月 4 日。

② 原来是菜园,后来,一些家里贫穷、没有房子的人就在这块地方搭建简易房子居住,逐渐形成了一个居住区。

都建立了阶级教育展览馆,主要是进行"忆苦思甜"的教育。一些村也建立了阶级教育展览馆,牟家疃是在1974年建立的。展览馆有三间屋子,题为"牢记过去苦　珍惜今日甜"的解说词约2万字,有四部分内容:第一部分:农民的地狱,地主的天堂;第二部分:深仇大恨誓要报,血债定要血来还;第三部分:社会主义蒸蒸日上,资本主义日暮穷途;第四部分:艰苦奋斗炼红心,自力更生开红花。笔者曾采访过当年撰写解说词之一的牟玉琴,她1947年出生,1964年于栖霞五中毕业,是家中独女,1968～1978年在村里小学当民办教师。她说:

> 解说词是我和牟金奎①一起写的,当时搞社会主义教育、阶级教育。展览馆有黑板、漫画,也非常隆重,外面人来参观,还配有专门的解说员。内容我都不记得了,但是那个1944年的惨案还记得,那个时候,经过的人还活着,我采访了,现在基本都去世了。展览馆办了几年,就不办了,周围村子荷叶也有阶级教育展览馆。那个内容是真的,那个时候不能说假话。②

在集体化时代,村干部有很强的号召力。正如牟芳亭所说:"牟维欣和牟亭的时候,环境好,就是上级下来什么事儿,就开个会,布置布置,给每个队的队长布置下去就中了,谁敢不听!?"③那时候,村里的"一把手"是大队书记,大队书记由镇党委任命,大队队长、会计由大队书记任命,生产队队长、会计也由大队书

---

① 牟金奎,1947年出生,1968年毕业于莱阳师范专科学校,曾在蛇窝泊镇联合中学、栖霞五中、栖霞十中任教。

② 侯风云:《牟家疃调查记录》(五),2010年2月5日。

③ 侯风云:《牟家疃调查记录》(五),2010年2月2日。

记任命，村里的上学、招工等都必须经过大队书记的同意。①

那么，当时什么人能够当上村干部呢？或者说任命村干部的标准是什么？当时，干部任用的首要条件就是出身好。笔者曾经考证过，在 1984 年之前，村干部的身份基本都是贫农，按村民的话说有些是“极贫的，贫到讨饭吃”②。成分最差也是下中农，富农、中农没有当村干部的。牟亭就曾经告诉笔者：“我当干部最主要还是成分好，是贫农。”③牟芳亭曾当着牟亭的面对笔者说：“我要是当村干部未必干不好，可是成分不好啊，我家是中农。”④当然，牟欣是个例外。他是老八支六房、小八支长房的后人，家境比较富裕，按说是当不了村干部的。但牟欣在 1944 年就加入了中国共产党，当时 22 岁，1945 年任牟家疃村村长，同年，他又率先参军入伍，在村里有很高的威信。成分是必要条件，那么是不是就是唯一条件？其他方面的考虑是什么？这个问题将在后文有详细论述。

三、当代村政的尴尬

1984 年，牟家疃进行责任制改革，年底，把土地和生产资料落实到户，有些设施用拍卖或者租用等方式处理。牟家疃大队改为牟家疃村，以前的 8 个生产队改为村民小组，集体化时代结束了。

责任制初期，村干部进行民主选举，不过选举还是先由公社

---

① 参见侯风云：《牟家疃调查记录》（七），2010 年 3 月 4 日。

② 侯风云：《牟家疃调查记录》（九），2010 年 12 月 13 日。

③ 侯风云：《牟家疃调查记录》（八），2010 年 11 月 20 日。

④ 侯风云：《牟家疃调查记录》（八），2010 年 11 月 20 日。

提名候选人，在候选人中由村民投票进行差额选举，即“4个候选人选3人，一般后面的这个就被差掉了。一般也就是这样排名的，给你个小票，同意的打钩，不同意的打叉”①。每年一选。村干部具有一定的号召力，按照镇政府的要求，能够号召、管理村里的事务，比如，安排村民何时种植小麦、玉米，何时给花生铺膜、除草等事项，届时还要进行检查。

从1997年开始，牟家疃的村干部不再由镇政府提名，而是由村民直接选举，即村民所说的“海选”或者“大选”。按理说，不受限制，自己选自己中意的村干部，应该是好事，是真正的民主选举，应该满意。而实际上的情况是：

哪能满意！？就连我们这些人也想不通，什么三教九流都当选了。……以前也选举，那个时候，宗族观念比较轻，你行，就选你。1997年以后，宗族观念来了。一个疃，你姓侯的多，就选姓侯的；我姓牟的多，就选姓牟的。虽然这个村都是姓牟的，可是，姓牟的也分好几十家！②

这样一来，选举的村干部威信下降不用说，有的连工作都无法胜任。有几个村民告诉笔者，有一年选了某某，结果根本干不了，又让某某顶替去干。

村干部是选举的，但是没有什么用，有用就是潘玉春有时候用广播广播，哪里卖什么东西了，还有就是统一换个灯泡了、收收户口本、换换户口本，再没什么用。村委会选举的会计自己不干，由第二名顶上去的。村长的票高，但是拉

---

① 侯风云：《牟家疃调查记录》（七），2010年3月2日。
② 侯风云：《牟家疃调查记录》（七），2010年3月2日。

选票。村委会投票不是看威信，而是看关系。①

在村政方面，村民对村干部意见最大的是村里的垃圾问题。

现在比以前差远了，你没看吗？垃圾村！以前专门有打扫卫生的。这个垃圾问题影响干部的形象。干部如果真想干事，完全可以组织人拉出去。也不一定没有钱就不能干这事，自己的垃圾不拉出去能行吗？把责任范围划开，谁家负责谁家的！家家都有三轮车，没有上别家借。没钱要想没钱的法子。②

如果村里有人号召号召也不是不能够解决。如果谁愿意出钱雇人拉也是能够解决的。不是说非要有钱才能够解决，垃圾是自己造的，如果有个人号召一下也能拉掉，没有这么个人。③

村民对村干部有意见，村干部也牢骚满腹，用村会计潘玉春的话说就是：

村委会有办公室，但基本不去上班，一年就给几百块钱，耽误事，也没有人去，去也耽误不起这个时间。当然，村里还是不能没有干部，有些大事还是需要村干部，没有村干部还不行，比如，修路、垃圾的清理。垃圾每年清理一次，以前有提留、承包费，村里有些钱，可以找人清理垃圾、修修道儿什么的，现在没有能力了。以前还有专门的治安人员，现在治安也没有人管了。④

---

① 侯风云：《牟家疃调查记录》（四），2010年1月29日。
② 侯风云：《牟家疃调查记录》（五），2010年2月3日。
③ 侯风云：《牟家疃调查记录》（七），2010年3月3日。
④ 侯风云：《牟家疃调查记录》（四），2010年1月30日。

怎么会出现这样尴尬的情况？村民指责、抱怨村干部，村干部也抱怨、指责。问题是：村干部是村民自己选出来的，自己却不满意!？让人感到费解。不过，仔细分析一下，也不难理解这种转折出现了如此尴尬的现象。以前是大集体时代，村民习惯于集体生活，对村干部一职是向往的、崇拜的，进而延伸到对村干部也是崇拜、尊敬的。正如上文中牟芳亭所说的："牟维欣和牟亭的时候，环境好，就是上级下来什么事儿，就开个会，布置布置，给每个队的队长布置下去就中了，谁敢不听!？"①这里所谓的"环境好"，就是指当时的村干部有绝对的权威，慑于这种权威，才有"谁敢不听"的结论。以牟亭为例。牟亭，1940 年出生，2013 年去世，蛇窝泊完小毕业，是牟氏五世二房后人，在牟家疃的牟氏支系中是人口较少的一支。但是，牟亭兄弟四个在牟家疃村很有威望。牟亭是老二。老大牟德，1935 年出生，初中文化，曾在蛇窝泊一中任教，1966 年后在牟家疃村教学，1995 年退休，居住在本村；老三牟恒，1944 年出生，小学文化，曾在栖霞公安局工作，官至副局长，退休；老四牟省，1949 年出生，初中毕业，曾任大队会计，针织厂会计。这兄弟四人"村里人不敢说不字"②。那么，这个"不敢说不字"是因为他们有势力，还是受人尊敬呢？"应该说也是尊敬，80％的人是尊敬。主要还是因为牟亭，牟亭从 1967、1968 年就干大队会计、大队长、大队书记，这样干过来的，干了 20 年。牟亭在蛇窝泊镇都是数一数二的人物。"③

① 侯风云：《牟家疃调查记录》（五），2010 年 2 月 2 日。

② 侯风云：《牟家疃调查记录》（七），2010 年 3 月 2 日。

③ 侯风云：《牟家疃调查记录》（七），2010 年 3 月 2 日。

而现在，都分散单干了，村民在自家的果园干活，“一家一个天”，与村干部几乎没有任何关系。村里也没有集体经济，村干部也就没有了可以用来支配的资源。这样，村干部没有了权威，村民对村干部职位的向往、崇拜也随之丧失。这样一个巨大落差的出现，就不难理解为什么当代村政会出现这样的尴尬局面了。

村委会办公室大院

平心而论，上述现象中存在着对“乡村权力”功能认识上的误区。在大集体时代，村干部对村民的生活影响很大，权威无处不在，而新体制使村干部失去了权力和权力的基础，对村民的生活干预也少之又少，自然村民感到干部无用。但是，村民用十分不满、轻视的态度表达对村干部的不满，折射出对权力崇拜的根深蒂固的传统心理。正如一位村民所说：

> 现在的村干部没啥当头，有能耐的人不愿意当，在家摆弄苹果、收苹果有啥不好？不光是咱牟家疃是这样，好多疃都没有干部，找个人代理，镇上有个什么事儿，布置布置。村干部最多就是上面布置任务，他宣传宣传，广播喊喊，这里卖什么东西了，广播一下。但是在牟亭当干部的时候，叫我当我就当，不要说村干部，就是小队干部、什么小队长、会计、保管，都当。①

现在，牟家疃村政大概情况是这样的：村委会、党支部是一套班子。村委会主任为牟忠政，村支书是镇政府下派干部蒋晓波，村会计潘玉春，妇女主任林月莲，另有村委会委员牟旭光。村干部在任期内根据工作需要交叉任职，任期 3 年。上述组织是由村民选举产生的，选举时由镇政府监票并且任命，3 年一换届。

笔者从调查了解的情况来看，牟家疃村现在的村委会基本属于“不作为”状态。虽然，村委会主任牟忠政认为，村委会还是发挥一些作用的，比如修路、水利、清理垃圾、调解纠纷、计划生育、上情下达等，但实际上这些作用说起来都很勉强。因此，在接受采访时，村干部总是回避谈村政方面的事情，说也说得很笼统。他们实际上也承认村干部基本不起作用，但现阶段无力改变这种状况。

---

① 侯风云：《牟家疃调查记录》（十），2010 年 12 月 22 日。

第二节　社会经济与生活环境状况

一、人口与职业状况

四百多年前,牟家疃是一个有着几十户人家的小村子;在民国初年,也只有八十余户人家。1949 年有 120 户、七百多口人。1960 年之后人口增加较快。“1970 年前后人口增加快,每年新增三四十口人。记得 1968 年一年娶进 18 个媳妇,第二年生了 17 个小孩。1974 年后人口降下来了,因为开始实行计划生育了。1990 年前后,一千多人左右,是负增长。这些年一直保持这个数。”①

牟家疃村历年户口统计表(1912～2009 年)

	户数	人口
1912 年	80 余户	400 余人
1949 年	122 户	748 人
1956 年	178 户	755 人
1961 年	199 户	868 人
1966 年	221 户	1026 人
1975 年	270 户	1267 人
2009 年	386 户	1216 人

资料来源:《村志——蛇窝泊公社牟家疃大队》(1959 年 1 月 20 日),《农村历史统计资料(1949～1975 年)》(牟家疃生产大队),《牟家疃村户口登记簿》,牟家疃村委会藏档案。

---

① 侯风云:《牟家疃调查记录》(二),2009 年 6 月 24 日。

牟家疃村人口变动统计表

	出生	男	女	死亡	男	女	迁入	男	女	迁出	男	女
1963	50	27	23	13	7	6	13	5	8	8	1	7
2006	7	5	2	14	6	8	9	5	4	18	10	8

资料来源:《农村历史统计资料(1949～1975年)》(牟家疃生产大队),《牟家疃村户口登记簿》,牟家疃村委会藏档案。

牟家疃村的人口越来越少是一个总趋势。2010年春节过后,笔者去村里采访,得知这一年去世了17人,都是年纪大了病逝的,而出生只有2人。① 户口簿上显示有一千二百多人,实际上,真正生活在村里的人并没有这么多。据了解,1985年后出生的年轻人基本不在村里务农,“现在的孩子,初中、高中毕业后,自愿留在家里的很少。”②“现在村里的年轻人几乎不干农活了,考上大学的不干活了,考不上也不干了,就在城里打工,找不到事情干也不回来。”③

对村民职业的划分比较困难。村民基本都是种植苹果为主,这部分人的职业算是务农。但是有些人也做些商业生意以补贴家用。比如,有些人秋天的时候帮助外地商贩收苹果,但是同时他们也种植苹果。若以收入部分所占比重多少来划分职业,村里经商的大概有四五十户人家,他们主要做收苹果生意,即每年秋天帮助外地商贩收购苹果。但是收苹果的季节性很明显,他们中只有少部分人把苹果地交给亲戚种或者租给别人种,

---

① 参见侯风云:《牟家疃调查记录》(七),2010年3月3日。

② 侯风云:《牟家疃调查记录》(二),2009年6月24日。

③ 侯风云:《牟家疃调查记录》(二),2010年6月22日。

果园里干活的妇女

大部分还是自己种。这样，村民是否经商就不能够按个人算，只能按户算。还有一些人家会做一些小买卖补贴家用。比如，牟芳亭就经常到集市上去卖菜种子、渔具等；潘玉春夫妇也经常批发些布料、衣物到集市上卖。据笔者2010年调查，村里有4户人家在离镇政府最近的道边，也就是贯通牟家疃村南北的大道北边，建立了专门储藏苹果的冷库，算是规模最大的经商户。有五六户做加工苹果套袋的生意，有1户做车辆调度，专门帮别人运货。另外，有1户开饭馆，1户开澡堂，都设在蛇窝泊镇。据说，村里有3户人家把果树砍掉了一部分，准备养猪、养鸡。

村里外出的年轻人（除了上大学的），有正式工作的并不多，许多人可能就只是在外游荡。对村里情况比较了解的会计

村里规模最大的私营冷库

潘玉春说：

说是在外面打工，谁知道呢？没有见过几个拿回家钱的，都是经常问父母要钱花。就是有工作，也是临时的，今天干着，明天就不干了，挣那几个钱还不够自己花的。也就是外面跑个几年，最后还得回到村里来，因为他们要成家啊！成家了还能在外面乱跑？打工挣那几个钱哪儿能养家？在城里连个住处都没有，一个人能够凑合，一家人就不能。所以，最后还得回到农村摆弄苹果。①

① 侯风云：《牟家疃调查记录》（七），2010年3月3日。

二、经济状况

牟家疃村处在三面环山的一块小平原中，在清水河的北面。这里土地肥沃，灌溉便利，适合种植五谷、蔬菜和水果。

（一）新中国成立前的经济状况

1949 年前，村里主要种植小麦、玉米、花生、红薯、大白菜、韭菜等，养蚕也是传统产业，几乎家家都养蚕。种有梨树，没有苹果树。有些人家有自己的土地，没有土地的就租种牟氏庄园的地。牟家疃是牟氏庄园的佃户村，牟氏庄园在牟家疃有三百五十多亩耕地，牟家疃东大河的山峦也属于牟氏庄园。① 庄园在村里专门安排一个叫刘洪成的人帮助管理佃户和收取租税，被村民称为“二地主”。其实，刘洪成只有三间破旧明房（正房——笔者注），根本称不上地主。这一时期，村民的生活比较贫穷。据记载：在新中国成立前，全村 122 户，共有耕地 1250 亩，其中，贫下中农 94 户，占地 350 亩，纯佃户 21 户，富农 1 户，占地 30 亩。逃荒要饭的有 32 户，看牛扛活的（做长工——笔者注）48 人，上关东的 34 人，送童养媳的 9 人。② 对于这份材料的真实性很难考证了，笔者曾经问过编写者牟玉琴，她表示“绝对真实，不说谎的，都是调查过的”③。可是牟芳亭认为，牟家疃在新中国成立前“算是个中等富裕的村子，每家都养蚕，有菜园，还

---

① 牟氏庄园鼎盛时期，在牟家疃有 926 亩地。见栖霞县政协文史资料委员会等合编：《牟墨林地主庄园》，山东人民出版社 1990 年版，第 10 页。

② 牟家疃村委会档案：《牢记过去苦　珍惜今日甜——牟家疃大队阶级教育展览馆解说词》（1974 年 11 月）。

③ 侯风云：《牟家疃调查记录》（五），2010 年 2 月 5 日。

种梨树。有讨饭的,也有生活很贫穷的,但是没有听说过谁家饿死人的”①。

在这里,有一个问题需要探讨一下。牟家疃是名宦公牟氏的发祥地,但过了若干代之后,牟家疃成了牟氏后人的佃户村。到底租了古镇都多少地,村民也说不清,“反正不少,连菜园子也是人家的,刘乐亭住的房子都是古镇都的”②。怎样会有这样的转变?面对这种转变,牟家疃人是否觉得有些尴尬呢?牟芳亭是这样解释的:

> 这不难解释。比方说,母亲生下哥儿四五个,老大有本事,能挣好多钱,老二管什么也不是,做什么也不行,脑也不行,要靠哥哥救济。老三也不行,吃不上,穿不上,那怎么办?租种哥哥的地过生活,不就成了哥哥的佃户了?古镇都不要说在牟氏家族,就是在全山东也是数一数二的。人家出了能人了,不要说牟氏,别的姓氏也都佩服人家。别的姓氏也租种人家的地,不种怎么办?就得饿死。这不算什么,你虽然是牟氏的发祥地,但是,人各有志,租人家的30亩地不行吗?这就成了人家的佃户村了。这有什么尴尬的?不尴尬,不算什么。反过来说,哥哥不如兄弟,哥哥向弟弟借钱,还要望人家的脸色说话,都是一样的道理。古镇都和牟家疃的祖宗是第八辈的兄弟,老六去了古镇都,人家有本事。不用说牟家疃,牟国玠是古镇都的,那又怎样?以前,农村有那么句话:你没有大本事,但你能“圈里有猪,栏

---

① 侯风云:《牟家疃调查记录》(八),2010年11月20日。

② 侯风云:《牟家疃调查记录》(九),2010年12月13日。

里有驴，吃着饼子就着鱼”，这就是好户。不用要求别的，你没有本事，就守着这三亩、二亩地。不要去馋人家，人家有本事。咱没本事，就这么过。①

新中国成立前，牟家疃村里也有人家经营商业，比如经营杂货铺、骡马店、粉坊、缫丝坊（纩坊）等。牟芳亭说，他家祖上就在蛇窝泊村开过一家名叫“德昌”的杂货铺。牟宗三的父亲牟荫清曾经营骡马店、粉坊、缫丝坊等，商号叫“元成公”，在方圆几十里很有名气。骡马店相当于今天的旅店，在牟宗三的《五十自述》中回忆道：“我家里那时正开着一个骡马店。是祖父时留下来的，我父亲继续经营着。南来北往运货的骡马，在斜阳残照，牛羊下来的时候，一群一群吆喝而来。”②这个骡马店是开在距离牟家疃村一里多地的蛇窝泊村。因为当地有养蚕的传统，牟宗三家还在镇上开了缫丝坊，当地人叫纩坊，就是纩蚕丝，把茧抽出丝来。在村里，牟宗三家还开了粉坊，就是用红薯做粉条。后来，“因生意红火，招来土匪的抢劫，夺取了三爷爷（牟学敏的爷爷兄弟三个，牟学敏的爷爷是老二，三爷爷即牟宗三的小叔叔——笔者注）的性命，吓得祖父把家分了，作坊也关了。”③但像牟宗三家这样较富裕的人家只是少数。

（二）大集体时代的经济状况

大集体时代，牟家疃村（当时叫牟家疃大队）在栖霞很有名气。主要原因是经济发展得好，村集体、村民收入和生活状况要远远好于周边乡村，是栖霞首屈一指的富裕村。从1969～1985

---

① 侯风云：《牟家疃调查记录》（九），2010年12月13日。

② 牟宗三：《五十自述》，台湾鹅湖出版社1989年版，第13页。

③ 牟学敏：《路》，第3页。

年将近20年里，村民年底结算分红，平均每个工（劳动一天为一个工，一个工又分为10个工分）能够拿到1元钱左右，一个男劳力一年最高可以拿到4000个工分，再加上村办企业等的收入，1981、1982、1983年全村人均分配500块钱，别的村只有100块、200块。① 在牟家疃村当过民办教师的刘玉华告诉笔者："当时结婚，主要就是看中这个村富裕。那时候，我娘家杨础，一个劳动力一天只拿3毛钱，而牟家疃就能拿一块多。"②为什么会有这样大的差别？牟家疃村的优势是什么？回答起来似乎很简单。按村民的话说就是："咱有优势，咱有菜园、果园，其他村没有。"这个说法不是一两个村民的认识而是集体的认识，笔者采访到的每一个村民，只要问到这个问题，基本就是这样回答的。为什么单单牟家疃村有，而其他村没有菜园和果园呢？牟芳亭说："这叫'孙子穿着爷爷的鞋'。我们的优势是上辈留下来的，1949年前我们村就有菜园、梨树，这些大集体时候就能卖钱，其他村就没有这两样，特别是梨树，只有我们村有。'大河有水小河也有'，集体富裕，村里个人家也就富裕。"③

1949~1984年间，村里的耕地主要以种植粮食、果蔬为主。夏粮以种植小麦为主，秋粮以玉米、地瓜为主。另外，还有花生等经济作物。果园队主要种香水梨，1975年梨的产量是一百多万斤，80年代种植梨树大约300~400亩地，每年收入50~60万元，是村里的主要经济收入之一，梨最远能销售到上海。苹果是在1964年以后才种植的，数量较少，1975年的苹果产量只有二

---

① 参见侯风云：《牟家疃调查记录》（七），2010年3月2日。

② 侯风云：《牟家疃调查记录》（五），2010年2月4日。

③ 侯风云：《牟家疃调查记录》（五），2010年2月3日。

十万多斤。菜园队主要种植黄瓜、大白菜、韭菜、西红柿等，每年也有 6 ~ 9 万元的收入。①

牟家疃大队各种农作物实播面积表(1961 年 8 月 26 日)

春季作物										
作物种类	谷子	高粱	玉米	大豆	豇豆	黍子	芽瓜	茄子	其他瓜类	花生
播种面积（亩）	31.95	44.35	24.4	3	15.34	14.3	348.78	10.2	6	115.03

秋季作物					
作物种类	秋玉米	秋大豆	秋地瓜	萝卜	黄烟
播种面积（亩）	264.67	139.28	180.26	64.68	13.1

资料来源:《蛇窝泊公社牟家疃大队 1961 年各种统计报表与分配汇总表》,牟家疃村委会藏档案。

牟家疃大队主要集体农作物面积、产量统计表(1956 ~ 1975 年)

	集体粮食		小麦		玉米		地瓜	
	良田面积（亩）	总产量（斤）	播种面积（亩）	总产量（斤）	播种面积（亩）	总产量（斤）	播种面积（亩）	总产量（斤）
1956	1243	516705	611	94705	350	96620	455	238500
1966	1136	831230	560	140324	531	311912	413	231381
1975	1059	1364566	700	447693	663	526210	370	348239

资料来源:《农村历史统计资料(1949 ~ 1975)》(牟家疃大队),第 8 ~ 9 页,牟家疃村委会藏档案。

---

① 参见侯风云:《牟家疃调查记录》(二),2009 年 6 月 24 日。

牟家疃大队牲畜、林、蚕、果情况统计表(1949～1975年)

	大牲畜数（头）	存养头数（头）	其中集体养猪（头）	林地面积（亩）	果园面积（亩）	果品总产量（万斤）	苹果	蚕茧产量（斤）
1949	80	60	–	200	50	7.0		3000
1956	107	147	–	300	120	28.5		500
1960	48	151	–	50	155	35		–
1965	59	169	–	200	300	42.4	5000	33
1975	53	598	312	300	400	116.6	216	7996

资料来源:《农村历史统计资料(1949～1975)》(牟家疃大队),第10页,牟家疃村委会藏档案。

除了种植业外,牟家疃村在集体化时代的副业也十分发达。到1974年,村里的多种经营除了林业、果业、养猪、菜园外,还有油坊、粉坊、养蚕厂、面粉厂等。每年多种经营总收入达21万元,占全年总收入的60%。①

油坊是20世纪60年代建成的,主要是轧花生油,本村种植花生不多,主要给外村加工,负责人是牟传,已去世。油坊具体哪一年关闭不很清楚。

粉坊是20世纪60年代建成,有七八个工人,加工地瓜,做成粉条,负责人已经去世。粉坊具体何时关闭不清楚。

养蚕厂是1971年建厂,那时村里有桑树,蚕厂由刘乐书负责,他去世后由范仁国负责。1978年停办。

---

① 牟家疃村委会档案:《牢记过去苦 珍惜今日甜——牟家疃大队阶级教育展览馆解说词》(1974年11月)。

面粉厂是1971年建成的，第一任厂长是牟顺国，后来是牟永国，会计是牟天朋，后来是牟天合，工人有10个。初期收入很好，主要是把麦子加工成面粉，还加工玉米，周围十来个村都到本村换面粉，甚至莱阳、海阳的也来换面粉。1975～1978年间效益最好。1980年以后，因为周边村镇的面粉厂多了，私人也有了磨房，面粉厂的效益下降，1988年倒闭。

村里用多种经营的资金添置了拖拉机3台、胶轮大车8辆、大牲畜51头、20千瓦的发电机1部，柴油机等动力机8台，共310.5马力，脱谷机、播种机、粉碎机等25部，还购置了一些半机械化的农机具，使耕地、灌溉、运输、粮食加工、饲料粉碎等基本实现了机械化和半机械化。另外，村里还架设了电线、广播线，家家户户安上了电灯，挂上了喇叭。①

由于经济条件好，1962年，村里就有人家买了自行车。如今回忆起来，村民还觉得很威风、很过瘾：

> 那时候，青岛出产"国防"牌自行车，村里的人从青岛买了自行车就骑着回来，三百多里地呀！那时候，有自行车比现在有小汽车都美呀。我们村排了节目，杨础邀请我们去演出，为了抖威风，我们村把有"国防"车的人都动员起来，借出来，应该是1963年吧，有七八辆自行车。大队有马车，马车把我们唱戏的道具拉上，不能走的坐马车，能走的骑上自行车，你带一个，我带一个，这样上了杨础。②

这一时期，牟家疃在经济上最骄人的成绩恐怕还是养蚕。

---

① 牟家疃村委会档案：《牢记过去苦　珍惜今日甜——牟家疃大队阶级教育展览馆解说词》（1974年11月）。

② 侯风云：《牟家疃调查记录》（五），2010年2月4日。

1966 年,牟家疃决定发展蚕业生产。1968 年、1969 年苦战二年,改造乱石滩,在河滩造地 100 亩,育桑成园。填平了两个蛤蟆湾,建起了两排高大的蚕室。又安排共产党员刘乐书①带领十几名中年妇女从事养蚕工作,蚕业生产逐年上升,创造了一年四季养蚕的奇迹。② 这个奇迹在栖霞被树为典型,栖霞县委宣传部的一篇《这里永远是春天》③的报道,被广为传颂。刘乐书和养蚕使得牟家疃村名声远扬,栖霞集体化时代过来的人几乎无人不知,无人不晓。在笔者采访的时候,村民们似乎都知道刘乐书养蚕出了名这件事情,可是具体问起来,又都说不太清楚,只知道"盖了几间蚕室,忙的时候,妇女们都去干活"④。

1975 年后,村里又增加了针织厂、打盖厂、罐头厂等。

针织厂,1979 年建立,厂长是牟玉臣,后来是潘玉堂,会计是牟晨光,后来是牟省。厂里约 20 个工人。主要做春秋内衣裤,1980 ~ 1982 年效益最好,年收入有 6 万元左右。从 1984 年后,针织厂效益下降,1986 年倒闭。

罐头厂,1979 年建成,厂长是牟汉升,会计是牟忠芝。该厂是个半成品加工厂,为烟台罐头厂把村里秋收的梨加工成半成品。该厂属于季节性生产,即每年秋天梨成熟后加工,届时所有的妇女都去厂里干活。1980 年、1981 年效益很好。1983 年,烟

---

① 刘乐书(1925 ~ 1998),父亲是前村长刘振升,弟弟是刘乐亭,初小文化程度,当过兵,参加过抗美援朝,是一个非常开朗乐观的人。年纪大些的村民提起刘乐书,都说他口才好,好说笑话逗大家乐。

② 牟家疃村委会档案:《牢记过去苦 珍惜今日甜——牟家疃大队阶级教育展览馆解说词》(1974 年 11 月)。

③ 见本书附录二《这里永远是春天》。

④ 侯风云:《牟家疃调查记录》(五),2010 年 2 月 4 日。

台罐头厂不景气，村里的罐头厂也就倒闭了。

打盖厂，1980 年建立，主要为烟台罐头厂生产瓶盖。厂长是牟旭光，会计是潘玉春，工人五六个。该厂大概经营了两年，后来因打出的瓶盖卖不出去而倒闭。①

牟亭在天安门广场

一个小村庄能够有上述业绩，实属难得，牟家疃被树为栖霞的“红旗村”。村子有名气，村民觉得光荣，村干部更是非常骄傲。笔者曾经在原村支书牟亭家里看到几张牟亭当村支书时去北京等地考察的照片，照片中的牟亭着西装、打领带、穿皮鞋，很是自信。时任大队会计的牟金超告诉笔者：“我们牟家疃村是‘红旗村’，牟亭在蛇窝泊镇都是数一数二的人物。蛇窝泊镇，那时候叫公社，开会都叫各村的书记去参加，很风光！就是我们各生产队的队长去了，也都坐在前面。”②现如今，一提起牟家疃

---

① 关于集体企业这部分内容，是将采访当年的村干部牟亭、牟丰收、牟金超等的材料汇集整理而成。

② 侯风云：《牟家疃调查记录》（五），2010 年 2 月 4 日。

村,"以前牟家疃村有名啊!""咱村以前够好的了,够出名的了!"笔者常听到牟家疃的村民如是说。

(三)单干后的经济状况

对于牟家疃来说,1984 年是个界限。这年年底,村里的土地和生产资料基本全部落实到户了,生产队的农具、设施等也以拍卖的方式卖给了村民。大集体时代结束了,村民所谓的"分散单干"的时期开始了。

1984 年之后,集体企业在牟家疃也彻底没有了。耕地主要还是种庄稼,但关于种植什么镇政府有要求,起初还是以种植小麦、玉米、花生、地瓜等农作物和经济作物为主。村集体的收入主要是国家收取的农业税的提留部分。

自 1984 年起,栖霞政府号召村民种苹果树,到 2000 年,村里的耕地基本上都种上了苹果树,从前的梨树也被砍掉换成了苹果树,其他基本不种了。种菜是在果园空地上种一些,有些人家还养几只鸡、鸭,也只是留着自家吃。因此,种植很单纯,村民中近 90%以种植苹果为主要经济来源,其余 10%经营商业,但他们中的大部分仍然种植苹果,只是不以种植苹果为主要收入。

1984 年后,牟家疃村的昔日风光不再,经济发展不尽如人意。究其原因,有村民是这样分析的:

> 村里有句话:"孙子穿着爷爷的鞋。"没有祖辈留下的财富,你再有本事也不行。我们村子从老辈就给我们留下了菜园、果园。集体的时候,有苹果、大梨,一年能卖好多钱哪。还有菜园,没有钱了,种些菜也能够卖些钱。其他疃就没有这个条件。另外一个条件就是集体有菜园、果园能够卖钱,集体有钱了,社员的工分就高,我们一个劳力一天能

够挣1块钱，别的村只能挣二三毛。从1960年到1985年，是大集体时候，有时候，还能够拿到1块2、1块3，一个整劳力干一天给10分，算一个工。等到秋天一个工给1块钱，年成不好的时候也能拿9毛钱。像我这样的劳力一天就是一个工，包工还能够挣多点。妇女挣5分，有时候包工，一天挣7分、8分。这些是别的村比不了的，这就是好村子、富裕村。‘大河有水小河有’。并不是牟家疃的人会过日子、会打算，要是没有这样得天独厚的条件，再能打算也没有用。别的村子像柳口、南砦也是比较好的村，他们有梨树，但是没有菜园，就不如牟家疃。牟家疃不仅在蛇窝泊是第一好村，在栖霞也是有名的村子。全县也没有几个这样的村子。后来又搞了面粉厂什么的增加了收入。与村干部也没有多少关系，主要还是基础好。外面来参观的不少，开会也到这里开，还有外县的人也组织来参观，主要是县上组织人来参观。

现在牟家疃没有优势了，也就是个中游的村子。现在比我们村强的村子太多了。以前我们有菜园、果园，现在果园的梨树砍掉了，菜园也没有了，种上了苹果。我们种苹果，人家也种苹果。我的连襟(连家庄北面的卢家)说他一年种苹果能卖七万多元，我和我的儿子加起来一年才能卖二三万元。我们的地少，一人一亩地，我的儿子还种着别人家的地。现在我们主要就是地少。我的两个闺女，一个在南榆疃一个在泥都，都比我在牟家疃的儿子收入高。南榆疃的闺女今年一年收苹果就五万多块钱。泥都的闺女两口就六七万元。我儿子就是二三万元。我四个孩子，我儿子收入最少。

而且现在都讲投资，人家都到桃村去投资，那里修了火车道，做买卖方便。没有人到牟家疃投资，所以牟家疃没有出路。以后能不能好，咱不知道。要是光靠苹果，就这么些地，就这样了。像牟金超、林振南这些人就另当别论了，人家盖了冷库，一年多少收入咱不知道，肯定比咱多，要不然投那么大的资干啥？①

相对于过去大集体时代的风光占尽来说，牟家疃村的衰落是有目共睹的；不过，与蛇窝泊镇其他村子比起来也并不十分显著。据村干部讲，集体经济方面，牟家疃村所在的蛇窝泊镇在大集体时代结束后，整体发展状况都不好。现在蛇窝泊镇所辖乡村都没有集体企业，主要收入来源就是种植苹果。牟家疃村村民也觉得现在的情况并不算差。牟家疃距离蛇窝泊镇大集市比较近，具有一定的优势，比如，在南北大街上收苹果和建冷库的村民的收入还是比较可观的。他们大约有四五十户村民，用十多万元购买了统一建造的两层楼房，专门从事收购苹果的生意，每年人均纯收入一二万元。有冷库的村民收入更高一些，一年人均纯收入五六万元。② 按牟芳亭的说法：“大集体时代，这个村子是好村，现在也不差。人均 8000 元，最低也有 3000 元，最高也有 3 万元的。”③

笔者曾经深入调查过十几户村民家庭，当问及“对当前的生活是否满意”时，都无一例外地愉快回答“满意”、“很满意”。他

---

① 侯风云：《牟家疃调查记录》（九），2010 年 12 月 13 日。

② 侯风云：《牟家疃调查记录》（五），2010 年 2 月 4 日。

③ 侯风云：《牟家疃调查记录》（五），2010 年 2 月 4 日。

村民的住宅楼

（她）们一致认为，现在的生活比以前好得多了。现在什么东西都能买到，劳动也没有以前那么苦了。大集体时候的劳动强度大，几乎没有休息日。“现在的生活比集体化的时候好多了。吃得好，自由。老百姓干活，一年干三个月的活就够了，就是摆弄苹果。集中算就是干一百天的活。觉得以前那时候好的人不多，那个时候，得出多少力啊！”①“我说还是现在好，现在自由，那个时候个人不由自己。现在自己凭双手吃饭，挣的都是自己的，干多干少都由自己说了算。现在东西也多了，想买什么都能

① 侯风云：《牟家疃调查记录》（七），2010 年 3 月 2 日。

买到。"①85 岁的村民王美英告诉笔者："现在的生活和以前没法比，现在好啊！以前能有地瓜吃就不错了。"②

三、生活环境状况

文人笔下的故乡乡村，似乎总是山清水秀，一派美丽的田园风光，说不尽的自然之美和人性的善良淳朴。在牟宗三的《五十自述》中的描述就是如此，③在牟学敏的回忆性作品《路》中也表露出同样的情怀。书中写道：

> 村前是小清河，河床很宽，夏季大雨连绵，山洪暴发，河床涨满。不几日洪水消退，变得清浅。春天只是溪水清流，两岸平沙细软，杨柳依依，果树成行，布谷声催。忽如一夜春风来，千树万树梨花开。那白花花的一片，真是圣洁，真是妩媚。那红红的桃花、粉艳艳的苹果花也竞相开放，争奇斗艳。小蜜蜂忙着采蜜，花蝴蝶则成双成对翩翩起舞，娃儿们在树下花间戏耍，这情景恰似仙境，胜过桃源。④

在牟伯琛⑤的笔下，对牟家疃村也是赞扬有加，在他的《故乡好》一诗中写道："清水河畔我故乡，春去秋来果飘香。勤劳人民辛苦里，蔬菜瓜果粮满仓。"在另一首《风光四季胜桃源》中，

---

① 侯风云：《牟家疃调查记录》（四），2010 年 1 月 29 日。

② 侯风云：《牟家疃调查记录》（二），2010 年 6 月 23 日。

③ 参见本书第四章第三节相关内容。

④ 牟学敏：《路》，第 1 页。

⑤ 牟伯琛（1919～1992），牟氏二十世，老八支四房九世长房，牟宗三从子。安徽（阜阳）大学毕业，曾经出任过某县税务局长。新中国成立后，出任上海某税务局科长。见牟日宝、牟珍主编：《栖霞名宦公牟氏望族》，《现代家教》杂志社 1997 年印刷，第 216 页。

清水河畔的果园

牟伯琛赞道:“天上人间何处好,牙山脚下清水边。智勇勤劳淳朴民,风光四季胜桃源。”①而如今,这令人艳羡的田园风光似乎已经离人们远去了,那令许多人魂牵梦绕的清水河已经越来越干涸了。但“果飘香”倒是不假,“烟台苹果出栖霞”,现在栖霞已经是全国重要的苹果种植基地之一。许多乡村以种植苹果为业,牟家疃村也是如此。毗邻村子的蛇窝泊镇是中国果品市场十强之一,村民的收入主要就是靠种植苹果,而且收入还不错。但是令人担忧的问题是,由于治理果树虫害,大量使用农药,严重破坏了地表水甚至地下水,村民普遍反映,自家院子里的井水

① 牟学敏:《路》,第2页。

喝着有味,不好喝。许多人家购买纯净水饮用,有条件的就到山里去拉山泉水回来喝。关于这方面,村民似乎也很无奈,因为治理果树虫害,必须打农药,而现在的果树病虫害越来越有抗药性,农药使用量也在逐年增加。

另一个环境恶化的标志就是村里垃圾泛滥,这在前文中也提到过。村口、道边的生活垃圾随处可见,特别是临近春节,无论从村南还是从村北,都无法进村。据说有人开着好车来牟家疃,一看村里这个样子,只好将车停在村口外,徒步进村。有人勉强开车进村,但开出村子的第一件事就是去洗车。调研期间,笔者曾跟随一位村民去苹果地里挖荠菜,看到废弃的荧光纸到处都是:果园里、道路边、树梢上、草丛里,阳光下发出刺眼的白光。据说,这是近些年的新科技,在苹果摘掉袋子的最初一周内,为了让苹果增加光照,更加鲜艳,就在苹果树底下铺上这种荧光纸反射太阳光,加速苹果的上色。这种纸是一次性产品,使用后村民就不再理会,任其随意飘扬。笔者问那位村民:"你们为什么用后不收起来,放到垃圾堆上呢?这样不是把村子变成垃圾场了吗?"村民回答:"这事也没有管的人,你又没有办法要求别人和你一样,就算是我和你能够做到,但是只要一个人不自觉,做不到,这事就很难保证了。"①

当然,像农药污染、垃圾遍地的问题并不是牟家疃村独有的现象,恐怕具有一定的普遍性,特别是近十几年来农药的使用量急剧增加,已经是农业生产的主要成本之一。农药对环境对粮食的污染已经是一个非常严重的问题。至于垃圾的问题,更是

---

① 侯风云:《牟家疃调查记录》(十二),2013年3月20日。

垃圾随处可见的果园

由来已久，笔者在阅读费孝通20世纪40年代所著的《乡土中国》时就很感慨。费孝通在书中写道：

> 在乡村工作者看来，中国乡下佬最大的毛病是“私”。说起私，我们就会想到“各人自扫门前雪，莫管他人屋上霜”的俗语。谁也不敢否认这俗语多少是中国人的信条。其实抱有这种态度的并不只是乡下人，就是所谓城里人，何尝不是如此。扫清自己门前雪的还算是了不起的有公德的人，普通人家把垃圾在门口的街道上一倒，就完事了。苏州人家后门常通一条河，听来是最美丽也没有了，文人笔墨里是中国的威尼斯。可是我想天下没有比苏州城里的水道更脏的了。什么东西都可以向这种出路本来不太畅通的小河

沟里一倒,有不少人家根本就不必有厕所。明知人家在这河里洗衣洗菜,毫不觉得有什么需要自制的地方。为什么呢?——这种小河是公家的。一说是公家的,差不多就是说大家可以占一点便宜的意思,有权利而没有义务了。小到两三家合住的院子,公共的走廊上照例是尘灰堆积,满院生了荒草,谁也不想去拔拔清楚,更难以插足的自然是厕所。没有一家愿意去管"闲事",谁看不惯,谁就得白服侍人,半声谢意都得不到。……从这些事上来说,私的毛病在中国实在比了愚和病更普遍得多,从上到下似乎没有不害这毛病的。现在已成了外国舆论一致攻击我们的把柄了。①

如果进行有效管理,垃圾的问题还是可以解决好的。据村民讲,大集体的时候,垃圾的问题还不严重,主要是因为那时候几乎没有化学的生活用品和农业消费品,比如塑料袋、化肥等,垃圾主要是生活垃圾,比如粪便、烂菜叶、火炉灰、刷锅水、洗衣水等,许多可以做肥料,那时候提倡用沼气池制作农家肥,还专门安排人员扫大街,所以村里的卫生环境较好。而现在,化学用品越来越多,也不自制农家肥了,再加上无人管理,所以垃圾量猛增。村民也承认主要是管理的问题:

主要是没人管这事儿,咱村下派了个书记也没见做什么,我知道栖霞有一个村下派了个干部,他就住在村里,把村子弄得挺好的。要是每家收100元,能把垃圾清理了也

① 费孝通:《乡土中国》,人民出版社2008年版,第25~26页。

不错,谁也能够拿出这个钱来,可是没人管。①

其实,据笔者调查,村干部也不是完全不管,只是管理不够、不到位而已。每年村干部都动员村民自愿出资 10 元或者 20 元,雇人把村里的垃圾清理两次。特别是每年春节前,总要清理一次垃圾。那些在村北有冷库的村民也会自费在春节前将距离企业较近的村北道路边的垃圾清理干净。

第三节　日常生活的变化

对于普通老百姓来说,说到日常生活,主要是衣、食、住、行这些方面。这些方面的变化能够最直接地反映社会的变迁。

一、衣

村民穿的衣服、鞋子,以前基本由家庭妇女自己做,现在都从集市上购买。妇女们对这一点很满意,一致认为,这样方便、省力,而且花样多,比自己做的好看,也不贵。

年纪大些的村民对穿着基本不讲究。他们的衣服大都在集市上购买,简单朴素,但绝不缺少衣服。村里那些有子女的特别是有女儿的老年人,衣服基本都是孩子给买的。许多年纪大的村民总是很喜悦地告诉笔者,孩子给他们买的衣服太多了,根本不用自己买,有的衣服还从来没有穿过。笔者采访过的人家家里收拾得都比较干净,穿着也比较整洁。在大街上闲聊的妇女们都穿戴得很好。一次,笔者在街上遇见 6 个正在闲聊的妇女,

① 侯风云:《牟家疃调查记录》(十一),2013 年 3 月 19 日。

年龄从64岁到85岁不等,她们穿的衣服、鞋子都是买的现成的,很干净,其中有3个戴着金耳环,1个戴着两只金镯子。许多村民平时对穿着不大在意,但外出时,他(她)们还是尽量穿得好看些、体面些,比如上集市,走亲戚,特别是参加婚礼宴席。

穿着秋装的农村妇女

有少数中年人比较讲究穿着,比如到冷库里去打工的中年妇女大都穿得漂漂亮亮的,又比如说那些经商者或者应酬较多的村民也注重穿着。三发果品公司的老板牟金超告诉笔者:

我比较注意穿,注意把自己打扮得年轻一些,每年买衣服的钱至少在3000元以上,我从来不在村镇集市上买衣服,最差也要去栖霞的专卖店去买。我反对穿得不干不净地坐在那里，我几天就换换衣服、刮刮胡子、洗洗澡。当兵的时候就要求衣帽整齐，坐姿正规。穷点、累点没有关系，出门穿得要讲究些。①

对穿着比较讲究的是年轻人，他们穿着新潮，与城市大街上的年轻人没有什么分别。笔者曾在一个牟姓村民家的果园里采访，帮着给苹果套袋子时，遇见他们的女儿带着小孩子从莱阳农村回来帮忙干活，他们的女儿穿着一套运动装，脚蹬高跟凉鞋，非常时髦、精神。

二、食

从前，村民家里吃的粮食、蔬菜基本来自集体或者自家种植。自从全部种植苹果以后，村民的粮食、蔬菜等食品基本采购于集市。牟家疃距离蛇窝泊镇集市只有一里多地，该集市逢农历初二、初七开市。据笔者的观察和了解，大多数人家每周要去一次集市。如果想买东西而蛇窝泊镇集市不开的话，村民就到邻近的荷叶去赶集，荷叶集市是逢农历初一、初六开市。对此，村民们很满意，认为很方便，吃什么都能买到。实际上，村民的生活还是比较节俭的，尽量买便宜的菜，不经常买肉吃。问及村民“每月吃饭花多少钱”时，他们几乎都认为花不了几个钱，每个月每人也就一二百元左右。某一年春节前的一天，笔者在一户村民家里吃饭，主人告诉笔者：“如果你不来的话，我就过年买点韭菜呀、芫荽呀、芹菜呀，来了客伺候客，平常我们窖里有白

---

① 侯风云：《牟家疃调查记录》（七），2010年3月2日。

菜,今天是白菜,明天还是白菜,你去我的窖里看看。"①的确是这样。有一次,笔者在一户村民家看到锅里煮了一锅芋头、地瓜,看样子是头一天煮的,而且还够吃好几顿呢。笔者曾在村长家住过两天,他家收入算不错了,他们的饭食也很简单,几乎没有肉。正在上高中的孩子的饭是单独做的,比较注重营养搭配。

本书作者在农家炕头吃饭

村民招待客人却很大方。笔者在牟芳亭家住过几天,他妻子做饭,每顿至少两个菜,必定有一个是荤菜。有一次,在笔者的强烈要求下,他们才把前一天煮好的芋头、地瓜热好端上桌,

① 侯风云:《牟家疃调查记录》(五),2010年2月2日。

还一个劲儿地道歉说招待不好。村民对雇佣的临时工招待得十分周到、丰盛。某年初夏的一天，笔者在村会计潘玉春家吃中午饭，同时吃饭的有5个来自莱阳的雇工。这里需要解释一下，因为莱阳就在牟家疃村的南面，距离牟家疃村只有半小时的车程，莱阳的耕地少，不种苹果，所以，莱阳的农民到牟家疃打工的很多，比如，春夏之际给苹果套袋子，秋天摘苹果等。潘玉春家雇人是给苹果套袋子，潘玉春的妻子专门在家做饭。那天中午的饭菜很丰盛：

凉菜：火腿拌黄瓜、凉拌水萝卜、糖拌西红柿、卤猪肉、凉拌土豆丝

热菜：黑白木耳炒肉、肉炒芸豆、辣椒炒鱿鱼、油炸带鱼

主食：馒头

酒水：白酒、啤酒、果汁、冷饮

吃饭期间，主人很热情地招呼着大伙儿吃饭、吃菜，递酒水、饮料等，气氛很是融洽、愉快。饭后还休息了一个多小时才下地继续干活。

后来笔者在其他村民那里了解到：这里人家请雇工干活，吃饭待遇和家里来大客（贵客）一样，饭管不好，活也不会给你干好，你就挣不到钱。有一次，笔者坐在街上听几个村民也在谈论此事，说有的雇工对饭菜有要求，有些雇主害怕雇工吃饭吃得不满意，不好好干活，干脆提高工钱而不管饭。

村民一日三顿做饭的燃料主要有两种：一是有机燃料（木柴、草、煤等），二是液化气。这两种燃料基本每家皆备。一般情况下，做饭、烧水都是用木柴，家家种果树，木柴是很充足的。在农忙的时候，或者来了客人，用柴草太慢了，就用液化气，因此，

农家的厨房

液化气是应急用的。

三、住

说到住房，牟家疃除了在蛇窝泊镇大街的南北道上购买了楼房的四五十户村民外，村里都是平房。从整个村子来看，还算整齐。据笔者观察，这一带的老村子，住房结构都差不多：一排排连在一起，两排之间有一个能够让人和车辆通过的小道（就是村民说的街）。每家有个独立的院门，进门后是一个小院子，一般都是水泥地面，有些人家会在边角种葡萄、紫藤、竹子或者花草之类。许多人家喜欢在室内养花，夏天的时候就摆在庭院里，冬天就放在屋子里或者地窖里。冬天时，牟芳亭家的一间与卧室相通的存贮东西的正房里就摆放着十多盆花，有仙人掌、橘子树、桂花，地窖里还有五六盆桂花。笔者曾在牟天朋家里看到一盆如同一棵树一样粗壮的桂花，至少已经养了二三十年了。牟凤成家养的一盆桂花也有十几年了。为何村民对桂花情有独钟呢？“桂花是一种名贵的花，它好养活。桂花名字也好听，有首歌唱：‘桂花生在贵石崖，桂花要等贵客来，贵客到来花才开。’”①庭院里的房屋有东西走向的正房和南北走向的厢房，厕所建在厢房的边上。正房一般都是4间的居多，基本都是相通的，即进一个屋子就能进其他屋子，也有5间、6间、7间的。老

典型的农家小院

① 侯风云：《牟家疃调查记录》（九），2010年12月13日。

房子的院子、正房、厢房相对来说比较窄小一些，后来新建的房子一般都比旧房子宽敞，房间也多一些，结构基本一样。

在住房方面，村民的攀比心不太强。那些年龄大的村民住的都是老房子，改善住房条件的方式就是在原地基上翻新。村里的男女青年到结婚年龄时，父母就给他们盖房子，结婚后就单独立户。所以，年纪大的一般一户就是夫妇二人，年轻人一般就是三口或者四口之家。村民认为，房子够住就行。被调查的人家都表示不再盖新房子，也不打算翻新，感觉住着现在的就挺好了，因为许多老房子是已经翻新过的。村民普遍认为，在衣、食、住、行方面，最花钱的就是盖房子，没有人家盖房子不借钱的。牟芳亭家住的是老房子，后来由于漏水不能住人了，1972 年进行了翻新。在此之前，由于父亲年老体弱失去了劳动能力，1968 年他帮助父亲给自己的弟弟盖了 4 间房子，连带结婚费用共花了 4000 元，大部分是借的钱，还了好多年才还清。1987 年他又给儿子花了 12000 元盖了 4 间房子，连带结婚共计花了两万多元，欠债 15000 元，由他和儿子分担还债，一人还一半，又还了好多年。① 随着时间的推移，盖房子的费用越来越高。1990 年，村里盖一套普通的 4 居室的平房，需要花费二三万元；而到了 2009 年，至少需要五六万元。在蛇窝泊镇大街上的两层楼房，1998 年的价格是 10 万元一套，2003 年时，价格涨到 20 万元一套。

四、行

村民出行的工具主要是自行车、摩托车、电动三轮车、手扶

---

① 参见侯风云：《牟家疃调查记录》（四），2010 年 1 月 29 日。

拖拉机等。年轻人出门骑摩托车、自行车的比较多，年纪大些的骑自行车、电动车。村民要出远门就坐公交车，因为距离镇政府很近，村民出行乘公交车很方便，不能说四通八达，但至少去周围村镇、市县很方便。那些有冷库的和北道上收苹果的人家基本都有汽车。住在村里以种苹果为主的人家，也有三四家有汽车的，基本上是 30 岁左右的年轻人。要不是为了做生意的需要，其实汽车的用处不大，因为绝大部分村民的生活圈子就在村里。因为干活需要，基本家家都有三轮车，年轻人家里基本都有摩托车。收苹果为主业的人家还有卡车、小四轮等，牟忠政家就有载重 2 吨的卡车和小四轮、摩托车、自行车等。

村里家用电器的普及率很高。笔者上门调查的村民家里，

三轮车是农村最常用的出行工具

电视机、电冰箱、电话、电风扇都基本齐备。半数人家家里有洗衣机,而一些人家家里没有洗衣机,是觉得洗衣机不如手洗方便,因为有些妇女喜欢拿着衣服到河边去洗。手机的普及率也比较高,许多人家手机、固定电话都有。据了解,除了极个别的一两户人家外,村里家家都有电视机、电话,80%的人家家里有电冰箱。电脑不普及,笔者在村长家里看到有电脑,能够上网。刘乐亭的儿子家有电脑,也可以上网。据了解,主要是一些年轻人家里有电脑。

第三章　家族变奏曲：以牟氏为主的考察

第一节　村落里的家族

一、村落各姓氏的缘起

牟家疃村，顾名思义是以牟姓为主的村子。栖霞自明洪武以来就有两支牟氏，一是金末元初以来世居栖霞铁口一代的铁口牟氏（俗称铁口牟），二是明朝洪武年间由湖北公安迁入的栖霞主簿牟敬祖后裔，被称作名宦牟氏（俗称蛇窝牟），以区别于铁口牟氏。牟家疃牟氏的世系就从牟敬祖开始为一世。关于牟氏如何迁至牟家疃，又如何有"牟家疃"村名，在本书第一章第二节中已有叙述。至于牟氏的发展状况，将在下一节中专题讨论。

牟家疃村的第二大姓是潘姓，潘姓来栖霞的时间不短，在村里算世居居民。潘玉春给笔者提供了一个简短的关于潘姓的家族史：

为追溯其本族之根源，依据上述书记载，我们前往青州益都县北马兰村考查,据其谱书记载,始祖父仲良。洪武二年(1369)始祖母姜氏一人领五个儿子从山西省枣强县(现划归河北省)来益都县。在此留下三个儿子(子高去临淄定居,子齐在北马兰村定居,子裔去寿光定居),余者二子,始祖母于同年领着辗转来到栖霞,一子定居中桥镇大潘家村,一子定居栖霞镇大流(柳)口村。几年后,始祖母又返往益都。十六世应、十七世曰、十八世克、十九世中、廿世士、廿一世明、廿二世玉、廿三世光、廿四世起、廿五世红旭、东、志、文、杰、晓、华、智、益、吉。

这份简短的家族史似乎无头无尾。笔者想再多了解一些,可问了潘玉春,他说就抄回来这一张纸,从哪里抄回来的也不清楚。潘姓到底何时来到牟家疃村的,他都不清楚、不知道。从户口登记簿上看,现在村里的潘姓主要是廿二世,即玉字辈。

"万马刘家"在山东曾经很有名,有"万马刘的一眼井,顶得山东一个省"的传说故事。据说这个"万马刘"就是在栖霞的庙后村,"万马刘"与牟家疃村的前身杨刘村的"万马刘"是不是一家,还不能确定。也有一些人考证认为,山东其他地方的"万马刘"的刘家就是后来从杨刘村迁出去的"万马刘"。村民刘乐亭,1929 年出生,现年 84 岁,高小文化程度,他的父亲是曾任村长的刘振升,哥哥是因养蚕而闻名的刘乐书。刘乐亭的身体状况还可以,听力不大好,但记忆力不错,对一些阅读过的内容记得很清楚。他最佩服的历史人物是朱元璋,曾经绘声绘色地给笔者讲有关朱元璋的故事,中间涉及的诗文、对联能够清楚地说出来。他现在有两个爱好,一是书法，他经常到蛇窝泊村与两个书法爱好者切磋书法，因为村里没有人爱好写书法。他给笔者赠送了自己写的书法和一首自己写的旧体诗《咏梅》："风雪纷飞路迷茫，不知何处飘清香；忽见悬崖花枝红，含笑迎雪披素装。"他的第二个爱好就是整理牟家疃村的刘氏家谱。他告诉笔者，村里的刘姓人不多了，他是年纪最大的，他要是不整理，后面就更没有人会整理了，可能就再也整理不出谱书了。威海有一个叫刘迪的退休老师很热心，给刘乐亭来信讨论刘氏家谱的事情。所以刘乐亭认为自己还是有信心整理出本村的刘氏家谱的，认为这也是对刘氏家族的贡献。刘乐亭曾给了笔者一份材料，是嘉庆年间一个叫刘耀椿的进士写的一篇考证"万马刘"的文章，其中有这样一段：

> 吾刘氏元末来自栖霞，始祖讳名荣。荣祖之后数世无传，至杰祖始可考。相传为栖霞万马村人，而元祖名讳世次皆名莫得而知，故不可谱也。……吾安丘刘氏为万马刘氏必矣。问栖霞之始祖，曰讳清亦宋人，问万马村，曰初名也，在栖霞城南四十五里，于七为乱，改曰杨刘村，今又曰东疃，盖即单伯平所谓牟家疃也，今榆家疥者，南距东疃十五里，亦刘氏故居。①

刘乐亭告诉笔者，这份材料是他的孙子在网上下载的。笔者在网上也搜到了这篇文章。发布者认为，这是目前为止发现的刘氏祖上对万马刘氏祖源、族谱进行全面的系统的调查、搜集、整理而后形成的历史记录。刘乐亭也认为这篇资料价

① 侯风云：《牟家疃调查记录》(五)，2010年2月3日。

值极高,可惜全文只有七百余字。刘乐亭还给了笔者一份"杨刘村万马刘家谱"。所谓家谱,其实就是一个简单的名字列表,从高祖公刘岳一直列到十五世,刘乐亭是十三世。刘乐亭把这份家谱亲自送到牟芳亭家里给笔者,牟芳亭也看了。牟芳亭认为,刘乐亭的这个家谱根本就不是家谱,最多也就是填到"祖子"上还可以;他还认为这个家谱也不很准确,理由是"按说先有杨刘村,后有牟家疃,那么刘家肯定比牟家来的时间早,那么刘家怎么可能在牟家疃村到刘乐亭是十三世呢?牟家疃的牟氏到我(牟芳亭)这一辈已经是十九世了"①。笔者比较同意牟芳亭的这个观点。牟芳亭认为,今天在牟家疃村的刘氏,已经不能够确定是不是原来的"万马刘"了,理由是刘姓没有家谱证明自己是"万马刘"的后人。虽然刘乐亭坚持自己是"万马刘"后人,现在也想编写家谱,可是由于没有先辈们留下的谱书,因此这项工作很难完成。而牟芳亭认为不是"很难",而是"根本不可能"②。后来,牟芳亭告诉笔者,刘乐亭整理的牟家疃村的刘氏家谱基本出来了。刘乐亭身体不好,他请与他一起学习书法的朋友牟振德③帮助整理。可惜笔者没有再见到刘乐亭。据牟芳亭说,谱书内容不多,大概就是一二百页的小册子。对于刘乐亭热心编写刘氏家谱的原因,牟芳亭认为是"看到牟氏、林氏都有家谱,很羡慕,也想编刘氏

---

① 侯风云:《牟家疃调查记录》(五),2010 年 2 月 3 日。

② 侯风云:《牟家疃调查记录》(五),2010 年 2 月 3 日。

③ 牟振德,1934 年出生,蛇窝泊村人,高中文化程度,长期从事教师职业,已退休。

的家谱"①。笔者认为牟芳亭说得有道理。在各家族都编修家谱的热潮中，曾经名声显赫的"万马刘"怎甘寂寞？再说，刘乐亭也自觉有这个能力。事实上，在牟家疃，若要做这项工作，也非刘乐亭莫属。

村里还有十几个姓氏，依次为：范、姜、李、王、梁、衣、钟等。

范姓是从蛇窝泊北庄村搬来的，何时来的，已经不清楚了。

姜姓有6户是从杨础沙窝村迁来的，有3户是从蛇窝泊的前撞村迁来的，迁来的具体时间也不大清楚。

李姓是从杨础东面的常家沟迁来的，距今大概有100年了。"应该是牟二黑的孙子的时候，常家沟有个牟氏的闺女，与牟氏庄园有联系，后来日子过得艰难，到牟氏庄园诉苦，牟氏庄园说，这样吧，你到牟家疃去吧，那里有几亩地你租种着，我一年少收你点地租。他们就是这样来到牟家疃的。后面有个菜园，我们都叫'常家沟的'，后面有个井，井里的水夏天很凉，我们都愿意到那个井里提水，我们都说'到常家沟的井里提水。'"②

至于梁姓，据说是清末从观里的巨屋迁来的，但怎么来的说不清楚，因为现在梁姓和李姓都没有老人了。

钟、衣、徐、张姓都是招赘来的，因为牟家疃村是富裕村，外村男子愿意来"倒插门"，而村里没有男子到外村做"倒插门"的。"倒插门"就是来给没有儿子的人家做养老女婿，这样的在村里大概有八九个。

---

① 侯风云：《牟家疃调查记录》（九），2010年12月13日。

② 侯风云：《牟家疃调查记录》（五），2010年2月3日。

牟家疃村姓氏比例统计表

姓氏	户数	所占比例(%)	姓氏	户数	所占比例(%)
牟	287	74.35	钟	2	0.52
潘	32	8.29	柳	1	0.26
刘	20	5.18	连	2	0.52
范	17	4.40	张	1	0.26
姜	9	2.33	徐	1	0.26
李	7	1.81	郝	1	0.26
王	2	0.52	梁	1	0.26
衣	3	0.78	总计	386	100.00

资料来源:《牟家疃村户口登记簿》,牟家疃村委会藏档案。

二、“沾亲带故”的家族间关系

牟氏在牟家疃繁衍了二十多代,从各代各房又分出许多支系来,十分庞杂,有老八支、中八支、小八支,每个支又有不同的房。不要说现在不关心家族、家谱的年轻人,就连年纪大一些的也都搞不清楚自己属于哪一支、哪一房,大多数人只能记得自己的爷爷奶奶、爹妈,再往上就得查谱书了。在村里能说清楚的恐怕只有参与谱书编修的牟芳亭,他是这样讲的:

村里有老八支的老大、老二、老四、老六,老大是长房,老二是二房,牟二黑是六房,他和牟丰收是一房,六房下面有两个儿子,老大以下有8个儿子,牟丰收是小八支长房,古镇都牟二黑是八房。还有个中八支,这个村有中八支的四房人,他们是八世二房,是九世四房。我是八世四房,是九世二房,因为八世下面各人的儿子就分开了。但是,我们唯独把六房,他们是小八支十世,他们说小八支几房、几房,而我们是分九世几房、几房。他们是十世几房、几房。就是牟二黑他们,牟二黑就是老八牟国珑,是老八支的六房,就是六房的8个孙子,他有两房,他是长房,九世长房,你分下面的八支,他不好分,所以,就直接写十世。①

笔者听得一头雾水。牟芳亭笑着说:“莫说你听不明白,牟天朋、牟亭他们也不一定能听得明白。”事实的确如此。笔者在采访牟天朋时,问他是老八支的哪一房,65岁的他也说不清楚,他便拿出第四版续修的《栖霞名宦公牟氏世谱》,结果翻了半天也没有给笔者讲清楚。所以,“在村里也不怎么分你是哪支,我是哪支,大家都一样,也与外姓人相处得不错,也不歧视‘倒插门’的女婿”②。

这样,便导致了姻亲关系反而比家族关系还亲,因为经过几十年甚至上百年的融合,牟家疃村各姓氏之间几乎都有姻亲联系。比如,潘玉春的妻子牟翠花就是牟芳亭的侄女。牟家与林家联姻更为普遍,虽然本村几乎没有林家,可是,林家是栖霞的第二大姓,距离牟家疃村最近的蛇窝泊村就是以林姓为主。于是,要么就是林家是牟家的女婿,要么就是牟家是林家的女婿。笔者曾经采访过的蛇窝泊镇的林雨,他就是牟家疃的女婿,他的妻子是牟家疃村“东楼”的后人,因此,在栖霞有“牟林不分”的说法。“同是一世,比如你姓林是十八世,我姓牟也是十八世,但你得叫我叔叔。”③这样,同村街坊邻里间的地域关系被血缘关

---

① 侯风云:《牟家疃调查记录》(五),2010年2月2日。
② 侯风云:《牟家疃调查记录》(四),2010年1月29日。
③ 侯风云:《牟家疃调查记录》(五),2010年2月3日。

系准则所吸纳，形成一种准亲属关系。村里的每一个姓氏基本都能将自己在本姓中的辈分搞清楚，同时也能够把其他姓氏的辈分与自己对应起来，但在称呼上似乎不是十分讲究，辈分比自己低的，夫妻之间，一般都直呼其名。比如，牟芳亭叫他的侄女牟翠花为“翠花”，叫侄子辈的牟忠政为“忠政”，叫他妻子卢瑞英为“瑞英”，他妻子叫他为“芳亭”；辈分比他高的，就冠以称谓，比如“爷爷”、“大伯”、“大叔”、“大哥”、“大嫂”等。也有直呼其名的，如牟亭论辈分是牟芳亭的叔叔，但他们互相之间都直呼其名。

由于村里牟姓人口所占比重太大，与别姓通婚依然不能够解决问题，所以牟家疃村有个传统，就是把女儿嫁到外村去，把媳妇从外村娶进来。笔者通过研究户口登记簿发现，无论嫁女儿还是娶媳妇，基本还是就近原则，就是尽量离家近些，这样好互相照应。因此，有相当数量的外村媳妇来自本镇的村子和邻近牟家疃村的莱阳和海阳。于是，婚姻的网络越来越复杂，本来似乎没有关系的人可能说来说去就都联系上了，总有那么点儿“沾亲带故”的意味了。

三、家族与村落的组织机构

家族在村落中的地位是研究村落文化的一个重要内容。特别是当一个家族在村落中占绝对多数时，研究者往往很关注这一问题。在牟家疃，牟氏家族的户数占到了75%左右，那么在村落组织机构方面是否也占优势，这是一个令笔者感兴趣的问题。下面3个表格是牟家疃历届村干部的任职状况统计表。

牟家疃村党组织情况统计表（1943～1955年）

村支书	行政负责人	备注
牟绅（1943～1944）（党小组长）	牟均、牟维新（1944）	隶属于十区队
牟绅（1945～1946）	牟欣（1945）	
牟广昌（1947）	刘振升（1946～1947）	
牟瑞香（1948～1949）	潘朋令（1948～1949）	
刘振升（1950）		
牟绪清（1951）		属于河崖乡（荷叶）
刘振升（1952～1955）		

资料来源：《栖霞县新中国成立前后各村庄党的组织史资料调查统计表》（一），牟家疃村委会藏档案，1985年。中共栖霞县委组织部等编：《中国共产党山东省栖霞县组织史资料（1931～1987）》，山东省出版总社烟台分社1988年版，第565～566页。

在上表中，除了刘振升和潘朋令，其余均为牟氏家族成员，而这8个牟氏家族成员又来自牟氏不同的支系。牟绅和牟欣是老八支六房，牟广昌、牟瑞香、牟绪清和牟维新是老八支四房，牟均是八世长房。刘姓和潘姓是牟家疃牟姓以外的两大姓氏。

牟家疃村党政领导班子一览表（1956～1960年）

	支书	队长	会计
七队	牟新法（1956～1957） 牟绪亭（1958） 牟新法（1960）	牟春玉（1956～1960）	牟亭（1956～1960）
八队	牟绪清（1956～1959） 范京喜（1960）	牟天起（1956～1960）	范京山（1956～1960）

资料来源：侯风云：《牟家疃调查记录》（七），2010年3月4日。

在上表中,范京喜和范京山是亲兄弟,牟新法和牟亭是牟氏的五世二房,牟绪亭是八世长房,牟绪清、牟春玉、牟天起是八世四房。

牟家疃村历届党政干部一览表(1961~2010年)

支书	大队长(村主任)	会计
牟文庆(1961~1965) 牟天起(1966~1967) 牟维欣(1969~1974) 牟维欣　牟亭(1975) 牟亭(1975~1985) 牟天朋(1986~1998) 牟忠政(1999~至今)	牟天起(1961~1965) 牟维欣(1966~1974) 牟天朋(1975~1985) 牟金超(1986~1997) 牟忠政(1999~至今)	牟维欣(1961~1965) 牟亭(1966) 牟丰书(1967~1974) 牟天朋(1973~1974) 牟省(1974~1978) 牟金超(1979~1985) 牟忠芝(1986~1987) 牟敏建(1988~1998) 潘玉春(1999~至今)

资料来源:采访牟亭、牟天朋、牟金超等。

在上表中,牟亭是五世二房,牟丰书是八世六房,其余牟姓均是八世四房,唯一的外姓潘玉春也是八世四房的女婿。为什么八世四房的村干部如此之多?因为八世四房是村里几个支系中人数最多的,按牟芳亭的话说就是:“如果村里有1000口牟氏,八世四房就占700口。”①

下表是8个生产队的队长和会计任职一览表,表中除了八队的牟永臣和牟汉亭是八世长房,其余牟姓均为八世四房。

① 侯风云:《牟家疃调查记录》(九),2010年12月13日。

牟家疃大队下属8个生产队党政干部一览表(1961~1984年)

	一队	二队	三队	四队	五队	六队	七队	八队
队长	牟旭光	牟云高	范仁龙	牟华亭	牟天合	牟金玉	姜义	牟永臣
会计	牟忠卿	李天成	牟忠军	牟明学	牟百元	潘日奎	潘玉春	牟汉亭

资料来源:侯风云:《牟家疃调查记录》(七),2010年3月4日。

从以上各表可以看出,村干部一职主要是牟氏家族成员,而且人员比较固定。许多人长期在村里当干部,可达10年甚至20年之久,而且基本都是先在村里当会计,之后当村主任、村支书。比如牟维欣、牟亭、牟天朋这几个人都是这种模式。其他主要姓氏如潘、范、姜、李等也参与村政,但主要还是牟姓,在村支书一职上,除了刘振升当过三四年外,无其他姓氏。那么,这是不是说明牟姓势力大呢?村民是这样解释的:"不是说牟氏家族优势明显,因为人多,行(能干——笔者注)的人也多,这是自然现象。过去刘振升也当过村长,因为他行、能干。"①在牟家疃村历史上最红火的时候的几任支书、村长,现在的村民回忆起来,还是比较佩服和认可的。"全村人没有福气啊!老书记牟维欣很能干,可是英年早逝,五十多岁就去世了,接手的牟亭人很好,能力也比较强。"②"牟亭从1967年、1968年就当大队会计,之后当大队长、大队书记,这样干过来的,干了20年。他干这么长时间,主要还是有能力。他脑子好使,你随便讲过的事情,他都能记住。村里的事情他都记得,什么谁家死了人,什么时候死的,他都记

---

① 侯风云:《牟家疃调查记录》(四),2010年1月29日。

② 侯风云:《牟家疃调查记录》(二),2009年6月24日。

得。开村委会,说笑话、开玩笑都有他。"①对于牟亭的能力,许多人都非常赞同。"当书记,文的武的都会,还是武的多,所以有时候就得罪人。牟亭当干部也算比较不错。他做事情还算比较公平,其他人在他那个位置还可能不如他。他脑子好使,口才也好,很幽默,只要他讲话就没有别人说话的机会。"②

由此可见,对于以前的村干部的任免,村民认为还是考虑能力问题,同时考虑平衡各姓氏的问题,当然也不否认有家族因素。比如牟亭,从表面上看,牟亭是五世二房,而且这一支在牟家疃的人数并不多,似乎与"家族人数多所以能力强的人也多"的说法不一致,难道真是家族意识让位于唯贤是举?这里有一个需要注意的细节,就是牟新法是五世二房,那么他会不会刻意提拔牟亭呢?

由于牟氏在牟家疃枝繁叶茂了几百年,支系庞杂,出了五服就算是外人了。因此,就是牟氏也分出许多支来,在牟氏家族当中也要做一些平衡。

> 我们村以前啊,是这样安排的:前街有个西楼,牟忠×,牟忠×,是一窝窝;后面有个东楼,牟丰收这一帮是一窝窝;我们西南园和牟天朋是一窝窝。这就三盘了,再就是姓潘的。咱村主要就是这四大家。前街、后街都富,我们这一帮帮,不前不后的,是最穷的,给人家扛活。姓潘的,能占五分之一,我们姓牟的能占五分之三或四分之三,姓刘的也不少,他们和其他姓氏加在一起也有五分之一。因此,咱村考虑干部的时候,你要考虑到东楼、西楼、西南园,姓潘的。像

① 侯风云:《牟家疃调查记录》(七),2010年3月2日。
② 侯风云:《牟家疃调查记录》(七),2010年3月3日。

牟亭干的时候、我干的时候,都考虑到这样的因素,但是,后来,牟××干的时候就不考虑这些了,就乱了。比方说,你西南园出了什么问题,你是西南园的,你负责去看看怎么处理。农村啊,跟厂矿不一样。那个时候,农村叫人头。它分人头,他一个门户,有个长辈,说个事啊,是自己人好说,换作别人不好说。比如,他一瞪眼说:"你怎么回事啊,大队叫这么干,你为什么不这么干,找麻烦啊!"有时候,他是里面的人头,他能压住他们这个小窝窝。①

自1997年起,牟家疃村委会由村民选举,家族观念便开始抬头。在选举中,村民们更多是考虑亲戚关系、家族关系,而往往忽略了能力问题。许多村民认为,村委会由村民选举是失败的。"因为选举中有各家族因素,亲戚关系是第一位的,你有才能没有人选你,因为你家族没有人啊!"②

第二节　牟氏家族

一、牟氏家族源流考

牟家疃村的牟氏是栖霞名宦牟氏在栖霞的发源地。这一支牟氏祖籍是湖北公安,其实原本不姓牟,而姓李,据说,原是唐朝李世民的后裔。③ 据清朝同治十三年(1874)《公安县志》载:"李

---

① 侯风云:《牟家疃调查记录》(七),2010年3月2日。

② 侯风云:《牟家疃调查记录》(二),2010年6月22日。

③ 参见牟日宝、牟珍主编:《栖霞名宦公牟氏望族》,《现代家教》杂志社1997年印刷,第7页。

黼,江陵人,统兵元帅,元末,守义不屈,死。明太祖怜其义,厚葬焉。子八真,官评事,因'黄羊坟'罹祸,偕妻牟氏,率长子原诚,徙公安,遂命以牟为姓。"①

《公安牟氏世谱》系从李黼开始为一世,二世李八真,三世牟原诚,四世牟长庚,五世牟福祖、牟敬祖。② 关于牟敬祖,在《公安县志》中有记载:"牟敬祖,岁贡生。洪武三年,任山东栖霞县主簿,因家焉。其裔昌裕,乾隆丁酉举人,工部员外郎,因门人任公鄜祐授公安知县,献'水木思兴'额于邑牟姓祠,并制楹联云:'阅元明以成序,别派分支,已历二十一世;合齐蜀而同宗,敦诗说礼,至今五百余年。'殆亦不忘,其所自欤。"③在清朝乾隆《栖霞县志》中也有牟敬祖的生平记载:"牟敬祖,洪武三年任县主簿,值兵兴,令相继以事去,敬祖独履诸艰,才优政勤,百废修举,祀名宦。"④民国《栖霞名宦牟氏族谱稿·凡例》十二则之一中也记载:"栖霞之有牟氏,以居铁口者为先。吾始祖名宦公,以楚产籍栖。逮后世,虽与居铁口者论有行辈,而各自为宗。"⑤名宦牟氏十八世、清末廪生牟云舫曾经写过一首名宦牟氏的《先代履历歌》:

湖荆李黼帅,其子八真公。八真有四子,诚谅回么生。

---

① 牟日宝、牟珍主编:《栖霞名宦公牟氏望族》,《现代家教》杂志社 1997 年印刷,第 2 页。

② 参见牟日宝、牟珍主编:《栖霞名宦公牟氏望族》,《现代家教》杂志社 1997 年印刷,第 7 页。

③ 牟日宝、牟珍主编:《栖霞名宦公牟氏望族》,《现代家教》杂志社 1997 年印刷,第 8 页。

④ 《中国地方志集成》第 51 卷,第 110 页。

⑤ 《栖霞名宦牟氏族谱稿》卷一,民国续修。

石首谅仍李,姓牟回么诚。回么入川省,唯诚公安终。一子官评事,永年讳长庚。所生福敬祖,敬祖官栖城。南乡留籍贯,牟家宅寨名。主簿为名宦,百世有光荣。①

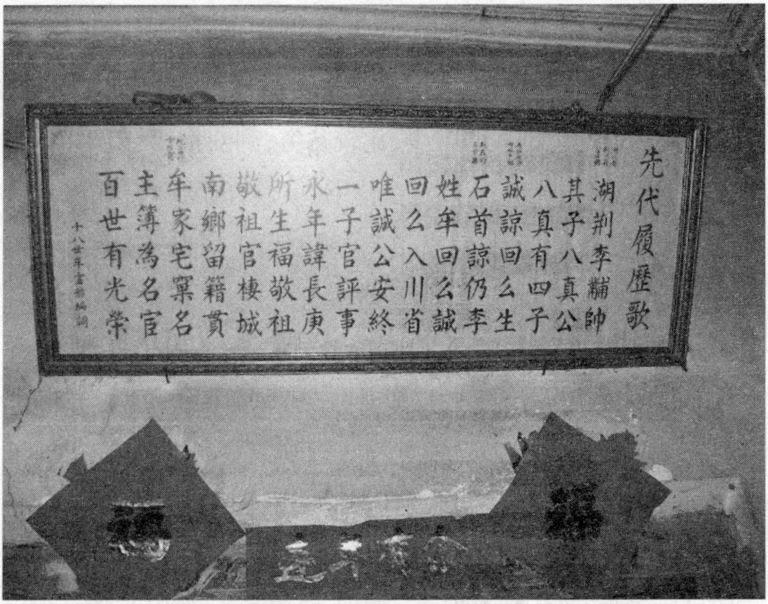

牟芳亭书写的《先代履历歌》

牟芳亭告诉笔者,这个《先代履历歌》是他提供给牟日宝的。因为这首歌的作者牟云舫是牟芳亭父亲的老师。牟云舫,字画斋,号萝顿,五世二房七世牟时英后裔,蛇窝泊村人,仕途不佳,三考廪生皆被丁忧。民国时期,牟云舫在蛇窝泊开设私塾,

① 牟日宝、牟珍主编:《栖霞名宦公牟氏望族》,《现代家教》杂志社 1997 年印刷,第 1 页。

牟芳亭的父亲就跟着他读书。牟云舫所撰写的《先代履历歌》深受族人欢迎,被誉为"牟氏家宝"①。牟云舫还把这首歌作为学生的教材,使每个学生熟悉内容,并且牢记不忘,并且写下来挂在家中墙上。

二、牟氏家族的兴旺与扩张

牟氏的前七世都人丁稀少,比较贫穷,到八世,兄弟 8 个,在家长牟时俊的主持下,子弟发奋读书,家族开始中兴,有功名和出仕者 6 人。他们是:长房牟道南,明万历壬辰(1592)岁贡,未仕,后因子贵,被敕赠承德郎,累赠奉直大夫;二房牟道一,功名不详,曾出任直隶满城县尉,升河南滑县县丞,后因子贵,被敕赠文林郎、直隶省赵州府隆平县知县;三房牟道明,庠生。五房牟道立②,明万历丙申(1596)拔贡,初任直隶省涿州摄篆(掌印)州判,擢升四川省叙州府通判,加同知衔,后因子贵,被敕赠文林郎;六房牟道行③,明万历辛卯(1591)举人,曾任河南省宜阳县

① 牟日宝、牟珍主编:《栖霞名宦公牟氏望族》,《现代家教》杂志社 1997 年印刷,第 149 页。

② 乾隆《栖霞县志・宦绩》载:"牟道立,字允修,由拔贡知涿州,涿当天下之冲,民苦供亿,时同乡赵冢宰过其地,使者持牌督驿马,立曰:竭民力以结显贵,吾不忍也,碎之,不为应。赵亦称之。有一马头者,使易米藏银以进,重惩之,群役畏服,升叙州府通判。值剿叛寇督饷有功绩,奏加升二级,信至而已卒于官矣,榇归囊资萧然。"《中国地方志集成》第 51 卷,第 138 页。

③ 乾隆《栖霞县志・宦绩》载:"牟道行,字兆可,由举人知宜阳县,勤敏平和,政举其要,省荒,劝农动,得古法,征催不事,敲朴鞫狱,善达下情,不以威慑。而赋无逋,狱无冤也。又兴贤造士报最,仍留治宜,民益有神君父母之戴,升真定同知,没于官,祀名宦,居乡喜施予,尝以岁歉代输通社丁银,栖之邑志经其手订,人称文献云。"《中国地方志集成》第 51 卷,第 138 页。

知县,擢升直隶省真定府同知,诰授奉政大夫,崇祀宜阳名宦。七房牟道中,庠生。四房牟道远虽未读书,却善持家,后成为大财主。八房牟道平,也与众兄弟一荣俱荣,家业暴富。这兄弟8人平步青云,使牟氏家族由一个寄人篱下的家族一跃成为栖霞望族,被其后人称为牟氏老八支。①

由于人丁兴旺,为了发展家族事业,自老八支开始,由牟家疃向外寻找新的业地。首先是老八支六房牟道行,中举出仕后,迁栖霞城南门里定居;接着老八支四房牟道远,由后牟家疃故宅迁前牟家疃居住;最后是老八支八房牟道平迁牟家河西村居住。

迁到栖霞城南门里定居的老八支六房牟道行,生有二子,其长子牟镗②又生8子。这8子幼年时,由于政局多变,牟氏家族由盛而衰。为重振家业,这兄弟8人和衷共济,发奋读书,终于使牟氏家族再度兴旺,兄弟8人中出了两位进士、三位禀生、两位增生。两位进士是:长房牟国玠,康熙二十一年(1682)进士,八房牟国珑③,康熙三十年(1691)进士。这兄弟8人,被其后世称为小八支。小八支后人人才济济,如二房牟作孚之子牟恒为

---

① 参见牟日宝、牟珍主编:《栖霞名宦公牟氏望族》,《现代家教》杂志社1997年印刷,第32页。

② 乾隆《栖霞县志·宦绩》载:"牟镗,字夔田,幼擅夙慧,总角即能文,内敦孝友,慷慨乐施,遇岁祲,承母命捐施粥粮无算,乐告人以善,而规过则□,言无隐,人亦谅之。不轻谒官府,惟公事则披陈利害,期于兴除而后已。严于课子读书学礼,外□不及家事,生平挥金如土,竟以此贫。乙丑岁贡未任而卒。"《中国地方志集成》第51卷,第166页。

③ 牟国珑(1645~1713),老八支六房九世长房牟镗之八子,栖霞城南门里人,37岁中举人,44岁晋进士,52岁出任直隶省南宫县知县,被敕封文林郎。晚年参与纂修《栖霞县志》。参见牟日宝、牟珍主编:《栖霞名宦公牟氏望族》,《现代家教》杂志社1997年印刷,第78~79页。

二甲进士;五房牟国球长子牟恬的三个儿子,两个是进士、一个是举人;六房牟国琛①的玄孙牟昌裕,进士第,牟昌裕之从子牟雯又是进士;八房牟国珑之玄孙中更是人才辈出,有进士牟贞相、名士牟庭、大地主牟墨林、大书法家牟所等。由此,牟国玠兄弟8人,将牟氏家族由栖霞的普通望族,登上了栖霞牟、林、郝、李四大望族之首。②

据统计,牟氏家族从明末到清末300年间,共出进士10名、举人18名、各种贡生76名,县级(含从九品)以上官吏147人。其中,京官7人,州官22人,县官118人,最高为从一品。③

自老八支后,牟氏家族不断向外扩展,到20世纪90年代中期,牟日宝在编写《栖霞名宦公牟氏世谱》时,对族人分布情况做了调查:"仅收录有联系及详细地址者,共有120余个村庄或者居住地,人口约23000人。"④

---

① 乾隆《栖霞县志·孝友》载:"牟国琛,字实邑,增生,为人严正朴实,诚岸然长者,兄弟友爱甚笃,少弟国珑病,亲调药饵,抱持不眠者数月,于七乱兴,罗织之狱,同怀八人,诬击臬狱者七,家人或奉新棉衣,推以与长兄,而自甘鹑结,事平,以侄恒有异才教之,登第为名御史,其余恬恢辈皆少孤,为代理其家务,与己子口授诗书,人莫辨其为侄也,临财尤不苟,晚著家训题曰树德务。"《中国地方志集成》第51卷,第164页。

② 参见牟日宝、牟珍主编:《栖霞名宦公牟氏望族》,《现代家教》杂志社1997年印刷,第33~34页。

③ 参见牟日宝编著:《牟氏庄园故事》,中国文联出版社2002年版,第4页。

④ 牟日宝、牟珍主编:《栖霞名宦公牟氏望族》,《现代家教》杂志社1997年印刷,第52页。

牟氏前十世谱系图

- 敬祖－闻道－进－庆
  - 谱－文德－时俊－
    - 道南－
      - 钲－国淳、国润、国法、国淙、国澍
      - 铉－国翰、起元、国榦
    - 道一－
      - 锟－永澄、永源
      - 钿－永清、永泽、永沛、永淇
      - 钦－永涛、国浩、国淑
      - 锷－国治、国溥、国浚、国泳
      - 镗－国纪、国绂
      - 镦(缺嗣)
      - 钋－国润、国经、国缙
      - 锵－国维、国绅
    - 道明－铉－国垣
    - 道远－
      - 锼－国粲、国彭、国演、素
      - 铨－国浈、国珍、国珄
      - 铄－国瀛、国涌
      - 钜－国祚
      - 钤－国璁、国珩、国珮、国琔、国瑞、国理、国璜
    - 道立－
      - 钰－国沾、国藩
      - 钫－国鼐、国士、国玺
      - 钶－国须、国器
    - 道行－
      - 镗－国玠、作孚、国璋、国瓒、国球、国琛、国瑾、国珑
      - 周畿－邦彦
    - 道中－锳－国琅
    - 道平－(老八支)
      - 锋－国泓、国漶
      - 铳－国瑊、国珏
      - 钥－国珛、国玺
      - 铎－国泰、国昌、国科
      - 锭－国瑄、国琏、国璥
  - 让－
    - 文升－时贤－道兴－锡－永财、永广、永法、永俊
    - 文广－
      - 龙－朝祥－思春－国保
      - 虎－朝凤－思孝－国佐
      - 同生(赴关东)－
        - 思宦－国财、国泰
        - 思让－国安、国宁(皆朝祥子孙)
    - 文刚－
      - 时英－
        - 道扬－
          - 镭－永澜、永渊、永涓
          - 镡－永濯、永和、永汶
          - 铊－永洛、永言、永浈
          - 铏－永亨、永泮
        - 道直－
          - 钺－永江
          - 鉴－永泗、永沺
        - 道通(缺嗣)
      - 时龙－道纯－铄－永渭、永汶
      - 时勤－道望－
        - 镈－永密、永念
        - 镳－永福
    - 文学
    - 文举(缺嗣)

资料来源:牟日宝、牟珍主编:《栖霞名宦公牟氏望族》,《现代家教》杂志社1997年印刷,第15页。

三、墓地、族谱与祠堂

王日根、张先刚研究认为，明中叶前后，山东栖霞地区墓地系统在宗族整合方面发挥了主导作用。墓碑上的谱系记录着家族世系，墓地的空间布局遵循世系排列而昭穆有序，墓地祭祀活动制度化并形成“房社会”等组织，从不同层面强化了宗族的凝聚力。清朝以后，族谱迅速在民间普及。清中叶以来经济的发展尤其是商业的兴盛，带动了祠堂及其物质基础祭田的发展。祠堂延续并超越墓地系统，成为宗族活动的公共空间。①

通过对牟家疃牟氏家族的调查研究，笔者很赞同王日根和张先刚的研究结论。牟家疃牟氏家族在发展的过程中，其整合宗族的重要方式的确大体经过了墓地、族谱到祠堂的过程。

（一）牟氏家族墓地的昔与今

在蛇窝泊镇，一提到牟氏家族，几乎人人都会说到牟氏祖茔——圈子茔。在 1941 年前，圈子茔是胶东境内最壮观的茔域。

牟氏祖茔最初是牟时俊选中的“涝洼都子”②，其子牟道立又将牟氏祖茔向西扩展选定新址，即后来的圈子茔，牟时俊六子牟道行正式定陵于圈子茔，牟道行卒于万历四十六年（1618）。此后，老八支兄弟有 5 个葬在圈子茔内，由于“牟氏前三世皆葬在南榆疃东南沟，但至清初已无法辨认。康熙乙酉年，十世孙牟国珑同阖族公议，在牟家疃圈子茔一角建造一小茔城，安葬牟氏

---

① 王日根、张先刚：《从墓地、族谱到祠堂：明清山东栖霞宗族凝聚纽带的变迁》，《历史研究》2008 年第 2 期。

② 见本书第一章第二节“一、‘牟家疃’村名的来历”部分。

始祖、二世祖和三世祖。自此以后牟氏子孙对始祖的墓地祭祀皆在圈子茔进行"①。圈子茔遂成为牟氏祖茔。

圈子茔坐落在牟家疃村西北半里许，因周围修有圩墙而得名。圩墙高5尺（约1.7米），厚2尺（约0.7米），东西长510尺（170米），南北宽210尺（70米），全是砖瓦结构。茔地东半部有南北矮墙一道，偏南有一便门，被隔开的东西两部分称"东祖茔"、"西祖茔"。茔前各有一座雄伟壮观的山门。西山门高约二十几尺（约7米），一高两低三个门洞，门坊牌楼的姿势颇有午朝门的味道，两边的巨石门框上各嵌有斗大字的楹联，上联是"兄弟比立千年合"，下联是"祖父东临万古依"。这是十世牟国珑所题，门上的横匾是"五世恩荣"。

东山门与西山门的高度相同，也是一高两低三个门洞。只是两边的低门全用土砖堵住，据说是因为出官的数量不足而不许全开。东山门的楹联是"霜露兴思远，箕裘继世长"，横匾也是"五世恩荣"。是十世牟国琛所题。东山门的前面，还有一个小圈子茔，山门外联是"江岸成花界，漆灯照凤书"，横匾是"雨聚山泽"。山门里面还有一副篆体楹联"氏重金山鼎，文高北海涛"，横匾是"文迎文水"。这两副楹联是十二世牟曰坚为其父牟恴所题。

在大圈子茔东北角还有一座小圈子茔。东西长170尺（约57米），南北宽145尺（48米）。山门旁的楹联是"廉惠

① 《栖霞名宦公牟氏世谱》，嘉庆元年续修；《栖霞名宦牟氏族谱稿》卷八，民国续修。

绵弓冶,馨香荐豆笾”,横匾“名宦先茔”。是牟国珑所题。实际上这个小圈子茔里的坟茔全是假坟,因为前三世的真茔在南榆疃东南沟一里许,已失考。自四世后,绝大多数牟氏祖先都葬在大圈子茔内。茔域的创始人是七世牟时俊,扩展人是八世牟道立,正式定陵的是牟道行,圩墙图纸设计人是十一世牟恒,修建圩墙的是十世牟国珑。大小茔域共占地30余亩。茔内长满松柏和大叶杨等树木,树干需要数人合抱,有些树干烂成巨大的孔洞,能够容纳两个人藏身。从茔外看,整个茔区威严如城堡,进得域内,偌大的茔坟,陵

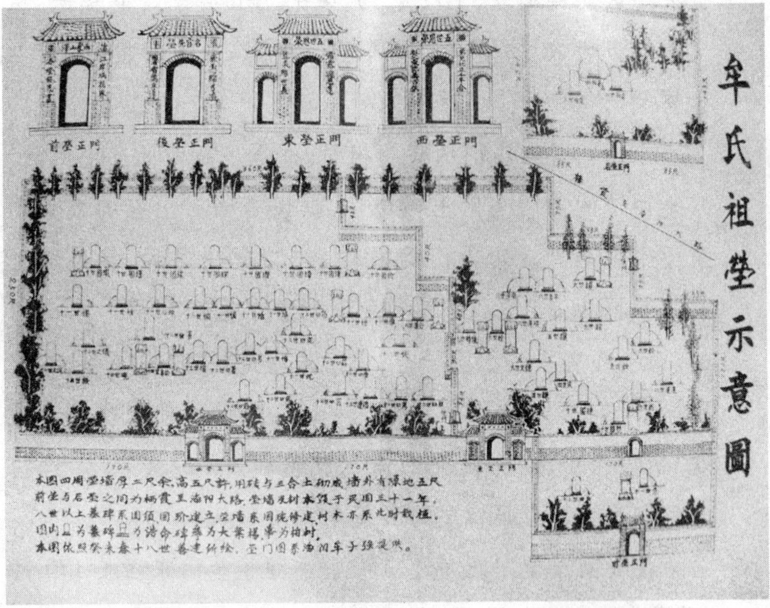

牟氏祖茔示意图

资料来源:牟日宝、牟珍主编:《栖霞名宦公牟氏望族》,《现代家教》杂志社1997年印刷。

陵相连。雕刻着“圣旨”二字的高大诰命碑（龙头碑）一字儿排列，赑屃碑座，每座不下数千斤重。坟前荆棘丛生，蒿草茂盛，平时鹊声喳喳，寒鸦呱呱，肃穆而瘆人。

在东山门里还建造一座守茔房，常年有专职人员居住守护。①

关于圈子茔的被毁，据村民回忆，始于1942年，当时驻扎在蛇窝泊的八路军担心敌人藏在茔盘里，就把圈子茔高高的圩墙扒掉了一些。1943年，日伪军在蛇窝泊修“鲁东第一大碉堡”时，又拆了圈子茔的墙砖修碉堡。

圈子茔彻底毁掉是1958年。当时，政府下令将所有的坟茔都扒掉，开垦耕地。圈子茔被扒掉的石碑用来修路、修桥，砖头砌炼钢炉，棺材板子当柴烧。圈子茔现在已经彻底地消失了。2010年初春的一个清晨，牟芳亭带笔者去看圈子茔旧址。那里只有一片果园和一家公司的几间平房，根本没有任何遗迹。牟芳亭拿树枝在地上画了茔地的简易图，说：

我用脚丈量过，东西510尺，南北210尺。印象最深的是，周围高高的院墙，院墙里四周全是几抱粗的大杨树、柏树。每年农历十月一日来祭祀，给祖宗添寒衣，在坟头压两张纸，表示棉衣、棉被。清明节祭祀，只压一张纸，表示换单衣。正月十五是送灯，用豆面做的灯，放上灯芯，灌上油，在坟前点上，两个坟就点两个灯，一个坟就点一个灯。坟没有扒掉的时候，晚上从我家的地方向北看去，全是一片灯，因

① 牟日宝、牟珍主编：《栖霞名宦公牟氏望族》，《现代家教》杂志社1997年印刷，第401～403页。

曾经的圈子茔旧址

为我家住的地方往北一点遮掩物都没有。①

如果不是牟芳亭记得确切的位置，谁又知道这里曾经有过一个壮观的坟茔?!

(二)族谱的编修与传承

栖霞地区的宗族以族谱为手段建立血缘关系、联络族谊的活动至明末才开始萌动，但多是世家大族或科举仕途顺畅的新兴科举家族。明末清初的栖霞，虽然有部分士人编修了族谱，但多数士人和普通百姓对族谱还不是完全认同，以族谱作为整合宗族的方式还未能普遍发展起来。以族谱作为整合宗族手段从

① 侯风云:《牟家疃调查记录》(七),2010 年 3 月 3 日。

而占据中心位置的是清初顺治至乾隆的几十年间。其中以康熙年间最多。一般宗族都规定 30 年续修一次家谱。①

栖霞公安牟氏家族迄今四修家谱。第一次编修家谱是在康熙年间，由十世风伯公牟国玠②始修，仅以墨本存。第二次于嘉庆元年，由十三世冬阳公牟昶续修，初以墨本，后由其孙、进士、陕西三水县知县、十五世云图公牟雯捐资，于道光四年在三水县署刻印。③第三次续修族谱是在民国时期，由牟氏十六世牟焕斋和十八世牟殿邦撰修，入谱者共计 2481 人，1943 年在烟台印刷，24 开本，共计 8 册。主持第三次编修的牟焕斋，名云和，号德馨，老八支八房九世五房，牟家河村人。民国时期，牟焕斋曾因借阅《家谱》被烧，于是排除万难，续修《栖霞名宦牟氏族谱稿》，在《谱序》之《叙二》中这样记叙当时修谱的过程："……殿邦欲续修之，以艰以步履，仅成其本房支谱而罢，距今历三十年余，其素志竟未酬也。云和窃不自量，遂冒昧而欲身任其事，有顾云和而笑者，曰：'牟氏族谱之失修已百有余年，支派之分析愈歧，里居迁徙靡定，调查难矣，加以配氏子女备载，昔无今有，调查尤难，子以一人奔走其间，无乃不胜其劳，且一家衣食之计惟子是赖，恐自顾不暇，虽有其志，亦不免于半途废也。'云和应之曰：'余本劳人，何惮奔走？既有身家之累，以余力兼及两无妨也。

① 参见王日根、张先刚：《从墓地、族谱到祠堂：明清山东栖霞宗族凝聚纽带的变迁》，《历史研究》2008 年第 2 期。

② 牟国玠（1630～1696），老八支六房九世长房牟镗之长子，栖霞城南门里人，进士，参与续修康熙《栖霞县志》，晚年著《体恕斋家训》。

③ 参见牟日宝、牟珍主编：《栖霞名宦公牟氏世谱·序》，《现代家教》杂志社 2001 年印刷。

至于调查之难，非有时期之限制，一弗详再访焉，再不详则存疑焉。患余志不坚耳，倘能坚，终有成时也。'笑者乃去。余也从事于斯，起癸亥（1923），迄戊寅（1938），阅十余寒暑，事成。乃以编纂属殿邦，伊亦欣然许诺为之。"①牟殿邦（1861～1945），字叔安，号福泉，清末增生，老八支六房，小八支三房，蛇窝泊镇前泥都人，栖霞著名书法家。1933 年前后，牟殿邦应栖霞县政府聘请，主编《栖霞县志》。为了抢修《栖霞名宦牟氏族谱稿》，牟殿邦将牟焕斋搜集的全部资料进行了历时三年的文字整理，1943 年在牟绍周的协助下，得以付梓。牟绍周（？～1944），字子明，老八支六房，小八支六房，栖霞上孙家人。1937 年后，牟绍周历任莱阳县县长、鲁东行署顾问、山东省国民参议会议员等职。1943 年，他出资将《栖霞名宦牟氏族谱稿》续修稿于烟台出版。民国版本的谱书，现今牟氏族人收藏较多。据了解，最初在牟家疃有 5 套，牟芳亭家本来也有残缺的 6 本，是他本房一个不识字的爷爷送给他的，那残缺的两本，一本是被他的本房叔叔糊墙用掉了，一本被本族人拿走了，没有归还。而这 6 本，在"文革""破四旧"时，被牟芳亭当时读中学的弟弟交上去了，没有了下落。

现在村里只有两套民国版的谱书。一套是当年牟华翰保存的，土改复查时被没收了，被当时的村支书送给了一家成分好的牟氏族人保存。据说，这套谱书只有 7 本，有一本被别人偷走了，因为偷者的族谱在那本书上。最完整的一套是当年村民牟汉章自己花钱购买的。牟汉章是初小文化程度，他家成分好，就

① 牟日宝、牟珍主编：《栖霞名宦公牟氏望族》，《现代家教》杂志社 1997 年印刷，第 141～142 页。

将谱书保存了下来。牟汉章已经去世，现在谱书传到他儿子牟永臣手里。

第四次续修族谱始于20世纪90年代初，由十九世牟日宝发起，二十一世牟珍①组织牵头，参与者还有十七世牟善亭，十八世牟凤山，十九世牟成春、牟子杰、牟梅斋，二十世牟凤祥、牟芳亭、牟温德、牟作敬、牟心泰、牟心乐，二十一世牟云波，二十二世牟浩山等。对于上述参加编写的人员并没有具体要求，谁愿意参加就参加。比如，牟家疃村是牟芳亭负责收集族人材料，之前，他与牟日宝根本不认识。牟日宝想在牟家疃村找一个帮助他收集材料的人，有人向牟日宝推荐了牟芳亭。由于牟芳亭也很关心这方面的事情，正好牟日宝又找到了他，于是他同意帮助收集材料。虽然列了13个参加者，但实际上，资料的收集工作主要由牟芳亭进行，至少70%的资料是由他收集的。所有资料收齐后，由牟日宝做汇编工作。这里需要特别介绍一下牟日宝。

牟日宝，1940年出生，是老八支五房后人，栖霞邢家疃村人，父亲是牟氏庄园的祭祀佃户。牟日宝是家中独子，完小毕业。1958年，牟日宝在公社文工团编剧本，次年文工团解散，回到农村，通过几年的努力成为果树栽培师，在栖霞人民公社“五七学校”果树栽培班当教师，任教16年。自1991年起，牟日宝专心于牟氏家族文化研究，主持编纂出版了《栖霞名宦公牟氏望族》(1997年)和《栖霞名宦公牟氏世谱》(2001年)。之后，他专心于牟氏庄园研究，出版了《牟氏庄园故事》、《牟氏庄园三百

---

①　牟珍，1955年出生，老八支六房，小八支三房，牟氏二十一世，栖霞蛇窝泊镇前泥都村人，高中毕业，从戎，毕业于中国人民解放军西安政治学院，转业后，曾任栖霞物资局党委副书记，爱好书法、写作。

年》、《牟氏佃户说庄园》等四本书，对牟氏庄园进行了整体介绍。同时，他还主编了一份《中华牟氏望族》内部家族报，参与成立"栖霞牟氏文化研究会"等工作，被族人尊为"研究中华牟姓第一人"、"中国姓氏文化的开拓者"。①

牟日宝夫妇在其老宅——牟氏庄园日新堂佃户房院内

在牟氏族人中，一提到牟日宝，但凡知道他的人都认为他"不容易"：在没有报酬的情况下，几十年如一日地倾心于牟氏家族研究，在牟氏家族中恐怕找不出第二个来。为什么他如此热心牟氏家族的研究？尤其热心牟氏庄园的研究？笔者曾经采访过牟日宝，他是这样回答的：

我从 1991 年开始研究牟氏庄园，虽然我不是牟二黑的后人，但是整个牟氏家族是一个整体。我研究牟氏家族的主要原因是因为有些人对牟氏家

① 参见范惠德：《衣带渐宽终不悔》，《中华牟氏望族》2005 年 2 月 1 日第 8 版。

族的事大量造假。比如,《牟氏庄园兴衰史》错误就很多;《栖霞县志》中的牟二黑写得也不客观;《牟墨林地主庄园》我参与了写作,其中有一些有分量的文章,但是也有错误,比如《心狠手辣的牟忠义》。我研究牟氏家族的另外一个原因,是有人提议:“你是牟家人,为什么不自己写牟家呢?”我发表的文章绝大部分是写牟氏家族的事。过去说“财主富不过三代”,而牟家“富过十代”,这是需要好好研究和总结的。我研究的最终目的是要把整个牟氏文化推出去。但是我的目标可能达不到了,身体、年龄不允许了。①

在编修族谱的过程中,最大的困难是经费问题。收集材料、汇编等工作都没有报酬,但出版需要资金6万元,怎么办?最初的解决办法是在收谱书资料的时候,每人交2元,包括收入谱书的牟氏后人男性和嫁入牟家的媳妇,女儿不收钱。这些钱谁收归谁,作为交通、吃饭的费用。如果打算将来要一套谱书的就先交订金200元,等谱书出版后再补齐余款,这些钱要交给牟日宝出书用。等谱书收齐准备出版时,谱书编委会又发了“公启”,号召牟氏族人出资捐助。公启如下:

牟氏世谱,自十五世云图公梓于三水县官署,民国二十年代,十六世焕斋公,十八世殿邦公续修,至今七十余载。人丁繁衍,支派分析,再续世谱,实为众望。现有素具热心,珍重族谊之士,十九世日宝、二十世芳亭二君,含辛茹苦,历时七年,奔走于本市、邻市与外省,凡牟氏后裔地,登门造访,或信函查询,世谱续稿始成。惟出版事宜,经费独力难

① 侯风云:《牟家疃调查记录》(三),2010年1月20日。

支。为让先辈有继，后世可循，新谱早日面众，今冬族众议决，发动我牟氏族人捐款，资助尽快付梓。具体办法，详列如左：

一、普助。每个有族谊之氏，不分男女，三元两元，不限多少，略表寸心。

二、乐助。不论家庭贫富，深明世谱续修意义重大者，欢迎量力多助，以表热衷族谊之情。

三、特助。家庭经济宽余，或有经济能力者，均可超普助与乐助，酌情助以重金，留荣后世。

凡资助超百元以上者，芳名列于谱后，以志纪念；资助八百元以上者，名志谱后，再赠世谱一部，以表谢意。

“公启”后来又追加了一条：捐一千元者，名字列入编委会成员名单。

2001 年，第四版《栖霞名宦公牟氏世谱》问世。实际上，这套书不是正式出版物，没有正式出版刊号，共印刷了 500 套。这套谱书主要是本家族购买收藏。

据牟日宝、牟芳亭介绍，这次修谱与前三次不同：一是交不交钱，一律都收入谱书；二是只要是姓牟的都收，比如母亲改嫁后带来的，只要改姓牟也收进来，以前的谱书，改姓牟也不收；三是女儿可以做子嗣写进来，即“以女代嗣”，过去是不允许的。这套牟氏家谱中还收录了清朝栖霞牟氏科考举人、进士的试卷。在这套家谱出版前的 1997 年，还专门出版了由牟日宝、牟珍主编的《栖霞名宦公牟氏望族》一书。按理说，这部分内容应该编入谱书，但由于谱书印刷数量有限，价格昂贵，只有个别本族人才购买，“为了扩大牟氏影响，更为了便于出版”①，便先出版了《栖霞名宦公牟氏望族》一书。牟芳亭评价这本书，认为是“牟氏家谱的精髓”②。因为关于牟氏家族的主要内容、故事都在这本书里，而谱书基本就是每个支系的记录。

十几年修谱的艰难，每每与笔者说起，牟芳亭总是感慨万千：

问：你们村里修家谱的时候，还有谁跟你一起干？

答：这个村啊，牟亭那帮人，我找牟亭写的；牟丰收那帮人，我找牟丰收写的。长房那边，我找牟永臣写的。其余都是我一个人写的。那个时间，你不分工，一个人写，用的时间更长了。我把他们收集的凑一起，并一块，再交给牟日宝。牟日宝是编的，我们是收的。我上四乡、八乡的收，上南榆疃、海阳，都是我一个人一笔一笔写下来的。泥都、观里、官道都是我一个人收的。

问：你们是不是还要收钱啊？

答：收钱。但不是每家都收，而是你只要是个男的，不管是老的，还是在母亲怀里的，就是一户，一个男的收你两块钱。做母亲、媳妇的也算人头，也收两块，因为也上谱书啊！但是闺女不算，除非以女代嗣。像牟战秋有8个姑娘，就收他两口的，共4块钱。

问：当时就收钱？

答：嗯。

---

① 侯风云：《牟家疃调查记录》（三），2010年1月20日。

② 侯风云：《牟家疃调查记录》（八），2010年11月22日。

问:有没有不给钱的?不给怎么办?

答:有不给的。我们的原则是:你不拿钱可以,但是你不让我收不行,因为你不让我收,我这个谱书就不完整。所以说,还是拿钱的多,不拿钱的少。也有不拿钱的。

问:有没有就是不让收的?

答:有,南榆疃就有一个。他说,你写那个东西干什么?现在儿子和爹都不是一家人,写这个东西有什么用?还骂骂咧咧的。

问:最后写进去没有?

答:写进去了。后来是他的侄子对我说:“你不要和我叔叔一般见识,我和你说,一切由我。”他把他叔叔的钱也拿出来了。你知道,收谱书也受辱,说什么的都有啊!但还是有80%以上的支持。就是你不同意、不给钱也得写下来,因为缺一个牟氏,都不能是完整的一个谱书,因为姓牟的都是一个老祖宗生下来的,缺谁也不行。还碰上些傻子,只能靠别人说清楚。反正什么样的都有。还有吃饭啊,有时候在商店买个果子吃吃,在饭店买碗面条吃吃。也有请家里吃的,中午能有家管饭的就不错了。收谱书啊,总共十几年的时间,现在想起来,不容易。①

牟日宝和牟芳亭的辛苦得到了牟氏族人的肯定,下面这篇文章就是牟氏二十世牟振德在谱书出版后撰写的《写在四修名宦公牟氏世谱之后——记牟日宝牟芳亭两位先生》,盛赞二公的辛苦劳动。

---

① 侯风云:《牟家疃调查记录》(五),2010年2月2日。

第四次续修的《栖霞名宦公牟氏世谱》出版了,这是名宦公牟氏全族人的一件幸事。

遥想百余年来,由于战争,由于灾荒,为求谋生,许多名宦公牟氏族人,流离失所,奔走他乡,散居祖国各地,乃至世界各地。50余年来,新中国成立了,名宦公牟氏族人和全国人民一样,因为革命工作的需要,因为建设工作的需要,参军,从政,做工,支边,奋起响应国家号召,奔赴全国各地。从而人口的流动、迁徙,空前活跃。再加上第四次修谱间隔时间太长,所以,四次修谱之难,让人望而生畏。

修谱难,难处太多了。然而,这是名宦公牟氏后人的共同心愿。修谱,不能再拖了;再拖,难上加难。

名宦公牟氏,世代有精英。世居栖霞中心,村靠牟氏庄园的邢家疃牟氏十九世日宝先生和牟氏发祥地蛇窝泊镇牟家疃牟氏二十世芳亭先生,两人联手牵头,组织起栖霞各乡镇有识之牟氏族人,成立了四修名宦公牟氏世谱编委会,同心同德,历时十载,几经易稿,几番抄录,终于在2001年末付梓面世了。世谱的出版,像一块巨大的磁石,把名宦公牟氏的血缘续上了,把名宦公牟氏的后裔们拉近了,把名宦公牟氏文化发扬光大了!世谱巨大的凝聚力量,将使名宦公牟氏的后人,发扬先辈美德,为和谐中华做出更大的贡献。

手捧世谱的名宦公牟氏族人们欢愉之余,可知编委们十年修谱的辛劳?

编委们的功劳,难以逐一评说。我只想把我熟知的日宝先生和芳亭先生,做个简要的记叙。牟日宝先生,果树园艺师,拉家带口,没有积蓄;牟芳亭先生,乡村农耕生活。他们学历都不高,没有多少文化,日子过得平常,更没有富余资金。说来,他们凭什么撰修世谱,而且十年如一日。什么都没有,只有一颗敬宗尊祖的赤诚之心。

续修世谱,需要人手。既要外调资料,又要内编谱稿。编委们身兼数职。外调资料,他们按乡镇分片包干。内编谱稿,他们按牟氏支派,分工整理。

先说外调。牟芳亭先生分管蛇窝泊一带。蛇窝泊镇是牟氏发祥地,人口众多,各支各派都有,而且外迁人口也多。调查起来,既复杂又麻烦。凡是有牟家人的地方,都要逐村逐户记录在案。一个村庄,甚至一个家庭,往往要几进几出。特别有外迁人口的支派,还要通过信函调查,方可做到准确无误。而且这一工作,农忙季节进村,家家无人,难以成事。一年中,必须抓紧农闲时节,夏调三伏,冬调数九。夏天,烈日、阴雨,汗水伴着雨水,一辆自行车在跑;冬天,狂风、暴雪,泪花伴着雪花,一辆自行车在跑。因为越是这样的天气,越是外调的好时间。近村,朝出午归,午出晚归;远村,朝出晚归,中午有人家管顿饭就很不错了。年复一年,日复一日,走村串巷。家家户户,男女老少,支派辈分,不能有一点差错,必须清清楚楚,百分之百正确。其艰苦细致,可想而知。没有一颗敬宗爱族的耿耿之心,谈何容易。牟芳亭先生,平日零打碎敲调查不算,单说农闲季节,一干就是六七年。

再说内编。尽管编委们有了具体分工,但牟日宝先生身为总编,百事牵心。不要说协助外调,但说编辑初稿,足不出户,一坐就是一天。笔尖对纸,十年板凳,不计春秋,忘了年节。板凳坐久了,屁股上起疮了;伏案抄录,腰酸背痛,眼花缭乱,手指上起茧子了。其劳累程度,看看两卷世谱的厚度,称称两卷世谱的重量,怎不让人吃惊?况且,几经修编,几番抄录。为节约纸张,修改老谱版式,创制新谱式样,又是多么精细的工作。尤为难者,外迁族人,不知始迁人名字,怎样与老谱对接?解放前闯关东的后裔寻根无据,又如何再续于谱中?一些难题,都必须考证再三,才能入谱。另外,为尊重历史,他和芳亭先生还曾亲自三去祖籍湖北公安,查证先祖的许多史料。至于省内各县市,他们也曾不止一次地去调查访证。旅途劳顿,自不必说。可见,主持续修一部完整的世谱,何其难也。可是,牟日宝先生一干就是十年。十年编修世谱,牟氏文化知识的丰富学养,使日宝先生成了牟氏文化的专家、活字典。

联想一下,十年来,世谱编委的成员们,哪一位不是如此。况且,日宝和芳亭先生,他们都是花甲老人。十年下来,真是体力耗尽了,心血熬干了,眼睛累花了,人的能量发挥到了极限。他们是在用晚年的生命续修世谱。品德和精神之高尚,无与伦比。

续修世谱,需要资金。回顾集资过程,实在是艰难曲折。

一颗诚心,可以感天地、泣鬼神。偌大的一个编委,几十颗诚心,岂不感天动地?可是事情全然不是想象的那样。开始,一个修谱公告发出去了,社会上没有多大反响,就是名宦公牟氏族人,也几乎无动于衷。接着,一个求援公告发出去了,牟氏族人虽有响动,但感召力极其微弱。虽有部分人伸出了援手，但一人捐资无几，难以应酬日常开支。一堆征询信放在桌子上，连邮资都付不起。日宝先生犯难了。这世谱能修成吗？钱卡住了修谱的进程。面对没钱的不助、有钱的观望这一实际情况，牟芳亭先生根据三修世谱募捐的经验，又在他分管的片内，发了一个募捐公启，这才打开了一人捐千元的大好局面。编委们也经过研究，展开了广泛的宣传工作。编委们下乡，在调查户口续编旧谱的同时，身兼修谱宣传员，宣讲修谱的重大意义，动员捐款资助。就这样，捐资、办事；办事、捐资。没完没了的办事，没头没脑的捐资。一晃几年过去了，压抑的心始终舒展不开。

诚心使人产生耐心，耐心使人产生毅力。尽管经费压力很大，但日宝和芳亭先生修谱的初衷，始终不改。可以说，十年修谱，十年没有隔宿之钱。日宝和芳亭先生，跑东跑西，四处跑钱，并采取了得力的措施：一是发动牟氏全族捐款，多少不限；二是发动有钱者多捐，赠送世谱；三是发动订购世谱交预付款，资助世谱出版。这才使资金来源渠道拓宽了。特别是世谱初稿形成之后，他们的声名远播出去了，中华大地，乃至海外，这才大范围感动了牟氏族人，尤其是族中的名人、贤者和商人，诚心换出诚心，诚心唤起情心。大家心心相印，解囊相助。钱，从有诚心人的手中聚拢起来，世谱才得以顺利付梓。

世谱的出版，是牟日宝和牟芳亭两位先生心血的结晶，也是编委们敬宗爱族之心的产物，更是一个好事多磨的故事。同时，世谱的出版，也应验了那句老话：无钱能办事，全凭一颗心。

写到这里，禁不住我要呐喊一声：千集资，万集资，钱都用续修世谱上，而且还得一分钱掰成两半花。两位先生，抛家舍业，十年辛苦，可没有半点报酬啊！

我记叙这些，一是告诉世人，我们的新世谱来之不易啊！愿两位修谱先生的精神，感动所有牟氏族人，为家族、为民族、为祖国尽心效力。二是希望牟氏后来人，学习前辈的修谱精神，继往开来，愿下次续修世谱，敬宗爱族的人更多更好。三是让我们和牟氏后人都记住，20世纪末，栖霞名宦公牟氏族人中，有这样两位敬宗爱族的花甲老人——牟日宝和牟芳亭先生。让他们光辉的名字，当之无愧地和一修、二修、三修牟氏世谱的先贤们排列在一起，留传给后人。①

那么，这套新编谱书在族人中的反响如何呢？笔者访问过主要编写人牟日宝和牟芳亭，他们二人对这套书本身的价值予以肯定，特别是在编写过程中加强了本家族的联系。牟芳亭收集了一大半的材料，所以十乡八村的人都认识了。同时，他们二人都认为本套书有许多不足之处。牟日宝说："对于这本家谱，不要说旁人，我也不满意，错误还是很多的，办报纸（即《中华牟氏望族》）的原因就有一条，是纠错。让后人有资料续修家谱，因为家谱是30年一小修，60年一大修。"②牟芳亭也说："我们的谱书问题不少，没有认真校对。因为当时我和牟日宝年龄都大了，身体都不好，万一牟日宝倒下了，这个谱书就出不来了。所以有

① 该文是电子版打印稿，与第四版《栖霞名宦公牟氏世谱》同时分发给谱书的购买者，在牟氏族人中流传。

② 侯风云：《牟家疃调查记录》（三），2010年1月20日。

些匆忙。现在在《望族》报纸上更正,我们希望有人把报纸保存下来,以后再修谱书的时候,能够更正。”①

笔者访问过那些有谱书的人家,他们的基本看法是:虽然书是贵了点,但有谱书比没有好,至少知道自家的支系是怎么回事。不过,近400户牟氏的村庄只有二十几家有新谱书的现象说明,许多人对此不感兴趣。以下这两人的观点有一定的代表性。原村民办教师牟某说:“现在计划生育,生男生女一个样。尤其咱干工作的,第一个是个女孩,也不让你生第二个。再娶个女婿在家,再往下续家谱,张王李赵的,说是我们牟家的后人,总觉得不大对,就像是把苹果树割了,再接个什么别的东西。我的大儿子现在没有孩子,小儿子生了个女儿。要个谱书有什么用?! 现在要谱书的是些什么人呢? 就是家里有几个孙子的。”②原村干部牟某说:“那个家谱是十年前了,500块钱一套,太贵了。再说现在的社会,人只知道自己的父亲、爷爷,以上谁还知道? 再说在‘文化大革命’的时候谁讲家谱,编家谱?”③

(三)祠堂的修建与毁灭

清中期后,祠堂(也称家庙)在栖霞地区大量涌现,当时这里几乎每个村子都有祠堂,规模稍大一些的村子甚至有多个,不但有各个支派的支祠,也有几个村子的合祠。道光二十六年(1846),栖霞牟氏在南砦建牟氏总祠,供奉从一世到七世祖先神主牌位,并置祠田40亩专供祠堂祭祀之用。④

---

① 侯风云:《牟家疃调查记录》(七),2010年3月3日。
② 侯风云:《牟家疃调查记录》(五),2010年2月4日。
③ 侯风云:《牟家疃调查记录》(七),2010年3月3日。
④ 《栖霞名宦牟氏族谱稿》卷首,民国续修。

牟家疃是牟氏的发祥地,按理说,牟氏的宗祠应该设在牟家疃才对,但为什么设在了南砦呢?事情是这样的:

> 老八支六房牟道立进栖霞城后,成为牟氏家族的中心,他把牟氏宗祠由牟家疃故居迁至栖霞城南门里牟家大厅,十一世牟恒做了监察御史后,则把它固定在察院府,到了牟恒的曾孙牟相翼时家境败落,由城里迁到南砦,把察院府捐给官府创办书院。这样,牟氏族人从此没有了祭祀祖先的地方,合族不满与牟相翼打官司,牟相翼败诉,让他在南砦拿出一幢楼房和40亩好地,作为牟氏宗祠祠产,这样,牟氏宗祠就由栖霞城察院府迁至南砦。①

至于南砦之前的牟氏宗祠的情况则不得而知,现在牟氏族人都说不清楚,只记得牟氏总祠堂在南砦,供奉着牟氏自一世祖牟敬祖到七世祖牟时俊。八世之后,就在各村建分支祠堂。比如,牟家疃西楼的祠堂,原为十一世牟壸的客厅,牟壸去世后改为祠堂,供奉老八支四房牟道远至十一世牟壸。因为牟家疃村老八支四房人数最多,这个祠堂也就成为牟家疃村的牟氏总祠。其他小分支在村里也建有祠堂。据牟芳亭回忆,在牟家疃除了牟壸西楼的总祠堂外,还有4个分支祠堂,分别是:老八支六房小八支十世长房的祠堂,老八支四房九世长房十三世三房的祠堂,老八支四房九世二房十世三房的祠堂。上述3个祠堂何时建立,不详。另外有一个老八支四房九世二房十四世祠堂,就是牟芳亭家这一支的祠堂,是由十八世牟同昌在20世纪20年代

---

① 牟日宝、牟珍主编:《栖霞名宦公牟氏望族》,《现代家教》杂志社1997年印刷,第467~468页。

修建的。牟同昌虽然不识字,但是家境富裕,号召族人修建了祠堂。

祠堂是祭祀祖先的场所。从墓地祭祀到祠堂祭祀,墓碑以神主牌位或者家堂的形式被供奉到祠堂。从在墓地祭祀中对单个祖先分祭到祠堂中对阖族祖先的共同祭祀,祠堂在整合宗族方面的效用要远远大于墓地系统的作用。① 每年的大年三十这一天,族人要把神主请出来进行祭拜。牟芳亭给笔者讲述了他小的时候祠堂里祭祀的情况:

> 那时候,我们每房(老八支下面的房)都有自己的祠堂,大年三十这天,把祠堂的门打开(平时是关着的),把桌子摆上,抹得干干净净的,把神主请出来,把牌位摆好,大年三十中午就摆好,前面是供养的东西,桌子上还要挂上桌围,一般是红色的,在桌子最前面摆上水盅、香炉、蜡台。香炉两旁各摆着5个饽饽,下面3个,上面2个,后面倒三角形摆上供品,最前面由鸡领头,与鸡头平行的两边是蜡台,之后鱼啊、菜啊什么的,最后面是牌位,在牌位前面用茶盅装上干饭,上面放上枣,插上筷子,干饭之前摆上饺子,筷子平放在饺子碗上,之前是果盘(糖果之类)、果碟子(里面是饼干类),这些东西就桌子的大小来定,有摆5个的、7个的,不一定。三个水盅摆在最前面,行礼的人在桌子前面跪下去,拿起水盅,把水浇在地上,老人家要喝水啊!然后磕四个头,起来,就行了,礼就行完了。拜是三十晚上就开始

① 参见王日根、张先刚:《从墓地、族谱到祠堂:明清山东栖霞宗族凝聚纽带的变迁》,《历史研究》2008年第2期。

了,拜完了开始吃除夕的饺子。阴历初二晚上送行,送行时,再磕一遍头,磕前要烧上纸,基本上初三就把供品拿掉了,但是香炉、蜡台、牌位留着,一直烧香到元宵节,送了灯,就一起撤掉了,又跟平常一样了。祠堂平时是锁着门的,也有当学校的。农历七月十五,去烧纸,烧香,但是不摆东西供养。除了过年基本上不再摆了。①

那些人丁较少的人家没有建祠堂,如五世二房、老八支二房,他们祭祀祖先的活动就在自己家里进行。祠堂在土改复查以后基本停止使用了,大部分被分给穷人居住,一部分充公使用,也有改为学校的。再后来,祠堂因为破旧而被拆毁、翻新等,逐渐就不存在了。祠堂彻底被毁是在"文革"时期,南砦的牟氏总祠就是在"文革"中被毁掉的。牟芳亭告诉笔者,他们本支的祠堂在土改复查时被当做粮库,后来公家不用了,五房的后人搬进去住,后来又被别人拆了砖、木头,盖房子用了,就这样没有了。② 据调查了解,包括其他姓氏,现在牟家疃一间祠堂也没有,也没有重建祠堂的迹象。笔者询问过牟日宝,牟氏有无重建祠堂的打算,他说"目前没有"。笔者认为主要原因恐怕还是费用的问题。正如牟芳亭所说:

不修祠堂主要是没有钱,要是在南方牟立明(即湖北公安牟氏——笔者注)那里,我要是想修祠堂,要多少钱他出多少,他有钱。在咱这里发动,谁出这个钱?自然而然就没有人想修。再说,咱这里有钱也不行,五年前,牟日宝打了

① 侯风云:《牟家疃调查记录》(五),2010年2月4日。

② 参见侯风云:《牟家疃调查记录》(九),2010年12月13日。

几次电话想到牟家疃来祭祖，因为祖茔在牟家疃，牟日宝让我把牟敬祖的那个小茔盘买下来，现在被牟金超盖了冷库。就是不盖冷库是别人的苹果地，本来值1000块，他要1万块，谁能够受得了？要是我的地我不要钱也让出来，这要看摊在谁身上。①

南砦牟氏祠堂绘制图

现在，栖霞只存留有一个祠堂，在栖霞镇的牟家村，是老八支五房牟道立后人中的一支，祭祀从一世祖到老八支五房的第十五世。自2005年起，每年春节还进行祭祀活动，主要是老八

① 侯风云：《牟家疃调查记录》（九），2010年12月13日。

支五房本支参加，其他支也有去的，牟日宝、牟芳亭就去过。在莱阳的西留村也有一个从前的牟氏祠堂，是老八支长房后人的一个分支的祠堂，由族人牟振胜花1000元购买下来，供奉一世祖到本房十六世，自2005年起也在使用中。

四、当下的家族文化重建

当今，我国各地同宗、同族之间的联系不断加强，许多家族通过建立宗亲会联系族人，扩大影响，重建家族文化。牟氏家族在全国也行动起来了。在山东潍坊，牟氏较为活跃，他们属于铁口牟，他们提出了“天下牟氏为一家”的口号。2007年5月，潍坊牟氏建立了“牟氏宗亲”网站，2009年元旦创办了《华夏牟氏》杂志。2008年底，他们还组织了与栖霞牟日宝、牟芳亭、牟学兴等宗亲共同发起的“华夏牟氏中国行”活动，兵分两路，行程万里，足迹遍及7省市的多处牟氏聚居区，与各地的宗亲进行了深入交流和联谊。

由于栖霞是公安牟氏在山东的发祥地，牟氏庄园在全国又具有很大的影响力，更为重要的是牟宗三是栖霞人。因此，要弘扬所谓牟氏文化，栖霞公安牟氏是一个不容忽视的部分。2009年，潍坊牟氏两次到栖霞商讨成立牟氏文化研究会的问题。潍坊牟氏决定由他们发起在栖霞召开牟氏文化研究会暨牟氏企业家联谊会，但遭到栖霞牟氏的抵制，因为栖霞牟氏认为这个会议应该由栖霞公安牟氏组织，最后会议改在日照召开，之后到栖霞铁口牟氏祠堂祭祖。栖霞公安牟氏于2009年11月16日召开栖霞牟氏文化研究会。栖霞牟氏文化研究会推选牟志南为会长。牟志南，1942年出生，蛇窝泊镇大柳家乡人，老八支五房九世二房后人,牟氏二十一世,大专文化。初任教师,后历任蛇窝泊镇党委书记、栖霞政法委书记、栖霞县人民法院院长。推选牟志南为会长的主要原因是牟志南在栖霞有着很高的资历和威望,懂得法律,通过他便于开展工作。牟氏文化研究会决定在牟氏庄园每10年搞一次大型祭祖活动,5年一次中型祭祖活动,一年一次小型祭祖活动,由栖霞牟氏组织活动,形式上仿照曲阜祭孔进行。这种策划有利于提升牟氏庄园的知名度,对牟氏庄园的旅游开发有积极意义,得到了栖霞旅游局的支持。2010年11月5日上午,由栖霞牟氏文化研究会为首举办的"中华全国牟氏祭祖大典"在牟氏庄园进行。牟氏族人来自全国各地,如四川、重庆、湖北、云南、贵州、广西、河南以及西北和东北地区等,三百余人。这是中华牟氏"自两三千年前得姓氏以来,举办的第一次

2010年11月全国牟氏祭祖仪式

全国性族人祭祀大典”①。

栖霞牟氏文化研究会成立后，主要工作有三项：即建立中华牟氏网、创办《牟氏文化研究》杂志和继续办好报纸《中华牟氏望族》。这些工作主要由牟日宝、牟志南等与牟氏庄园有密切联系的人来组织。因为这些活动主要依托牟氏庄园进行，而牟家疃村与牟氏庄园的关系，按牟芳亭的说法已经不算是一家人了。但由于牟家疃村是发祥地，再加上牟宗三的关系，又必须有牟家疃村人参加，所以在牟氏文化研究会召开的时候，牟家疃村有牟芳亭、牟金超、牟红成（牟宗三的孙子）等参加，牟红成还在大会上作了发言。不过，在这些活动中，牟家疃村的牟氏不发挥主要作用。牟芳亭告诉笔者，主要原因是“没有人才。要么能说会写，要么有钱，这两样牟家疃村都不具有优势”②。事实的确如此。在牟家疃村最热心家族事务的是牟芳亭，可是他只有完小文化程度，他自己也承认不能写。《中华牟氏望族》报主要刊登公安牟氏的相关信息，已经刊印的23期上只有牟家疃村的两篇文章，一篇是牟芳亭的一小块书法，一篇是不到千字的关于三发果品公司牟金超的报道文章，作者也是牟芳亭。由此可见，村里牟氏对宣传家族的活动并不太关心。比牟芳亭有文化的人不关心这事儿，比如，在村里做过教师的牟德，初中毕业，在牟家疃村70岁以上的老人中算是文化程度较高的，但他根本不关心这些事情。年轻人中也没有热心人，牟红成是牟宗三的孙子，但实际上，牟红成也不十分热心牟氏族人事务。湖北利川牟氏只有三

---

① 《中华牟氏望族》2011年1月10日第1版。

② 侯风云：《牟家疃调查记录》（七），2010年3月3日。

千多人，但他们有一个非常能干的牟伦藩，在《中华牟氏望族》报上几乎期期都有湖北利川的消息和文章。

上述所有活动的经费都是靠族人捐款来维持。牟氏文化研究会创办初期，栖霞旅游局拨款5000元做启动经费，并且提供了一套普通民居住房做办事机构，这是牟日宝他们几十年来得到的栖霞地方唯一的一次官方资助。① 经济基础决定上层建筑。在这方面，牟家疃更不具优势。按牟芳亭的话说：“牟家疃没有一个大能人，也没有一个大企业，能够拿出许多钱来支持家族活动。”②牟金超算是牟家疃村牟氏中有点实力的，可是一年也就有十来万的纯收入。牟金超对家族的事情算比较关心的，可是按他自己的话说：“咱不会说也不会写，牟氏家族来咱这里了，拿出几箱苹果招待招待，请来人吃顿饭，花个几百、几千的咱没问题，拿得出，但是，要再多也拿不出来了。”③

随着牟芳亭、牟日宝这些热心家族事务的人年纪越来越大，上述工作很有可能面临后继无人的局面，对此，他们两人也表示无能为力：“等我们俩老人干不动了，我们就打算把《望族》报交给湖北公安的牟立明他们去办，他们有能写的人，也有钱。其他有关牟氏的事情就顺其自然吧。”④

① 参见侯风云：《牟家疃调查记录》（三），2010年1月20日。
② 侯风云：《牟家疃调查记录》（七），2010年3月2日。
③ 侯风云：《牟家疃调查记录》（七），2010年3月2日。
④ 侯风云：《牟家疃调查记录》（十一），2013年3月19日。

第四章　村落文化:现实面对历史的尴尬

第一节　村落学校教育的变迁

中国的教育,经历了早期的私塾到近代的新式学堂再到社会主义教育制度的变迁过程,对于乡村来说,经历了文化知识由少部分人拥有到逐渐普及到普通民众。这种变革,对村落文化有一定的影响。

一、早期的学校教育

牟家疃村最早的学校是私塾。牟氏家族兴旺的奠基人是七世牟时俊,约于明正德年间出生,为了振兴家族,“延明师,课诸子”,在家办起了私塾,并示诸子曰:“邻家日演一部戏,尔曹每课三篇文。”结果,牟时俊的8个儿子中有6个取得功名,27个孙子中有20个取得功名。① 从此之后,牟氏的私塾一直存在着。

① 参见牟日宝、牟珍主编:《栖霞名宦公牟氏望族》,《现代家教》杂志社1997年印刷,第61页。

"东楼"、"西楼"出了许多读书人,这在牟氏家族中人皆尽知。"东楼"的主人是牟曰广,他的爷爷就是康熙年间的进士、康熙《栖霞县志》的编纂者牟国玠。"西楼"的主人是有"江南第一清官"之称的牟氏十一世、康熙年间的进士牟悫,也是牟宗三的先祖。

幼年时期的牟宗三,早期的教育也在私塾,"九岁入学,读的是私塾"①。起初,牟宗三对于读书"并不见得衷心的喜悦",在最初的两三年里"虽然也好好读书,也怕先生,但我对于这些先生、秀才们,总觉着异样,不自在,不自然。我当时不知道讨厌,后来我才知道那实在是讨厌,我讨厌的是他们的那寒伧气、酸气"②。这种讨厌伴随了牟宗三一生,也许这就是他最初的启蒙教育?果真如此的话,他应该不可能成就后来的学术事业,他的真正启蒙教育或者说对他影响最大的是他的父亲。关于这方面内容,笔者将在本章第三节论及。

20 世纪之初,新式学堂在栖霞出现。1921 年,同盟会会员林景澍创办了蛇窝泊第一所新制小学——甄陶小学③,牟宗三即转入这所小学读书。④ 1924 年栖霞创建县立中学,这一年,15 岁的牟宗三考入该校,成为这所学校的第一批学生。"15 岁,我离开了家乡,进入县城的县立中学。"⑤

---

① 牟宗三:《五十自述》,台湾鹅湖出版社 1989 年版,第 16 页。

② 牟宗三:《五十自述》,台湾鹅湖出版社 1989 年版,第 16 页。

③ 甄陶小学,1921 年正月创办,是美国北长老会在栖霞创办的一所教会学校。学校主办者为林景澍,蛇窝泊村人,早年加入同盟会,任甄陶小学董事长,继任者为其子林鸣九。甄陶小学后因经费不足于 1924 年秋停办。

④ 参见林瑞生:《牟宗三评传》,齐鲁书社 2009 年版,第 16 页。

⑤ 牟宗三:《五十自述》,台湾鹅湖出版社 1989 年版,第 21 页。

牟家疃村在20世纪三四十年代也有了较正式的学校。据牟学敏回忆：

> 抗战前，我村有一所包括小学及中学的完全学校，校舍就是牟家疃村唯一的富农牟华翰的住宅及他周围的几栋房子。我曾经用八路军给我的慰问袋装着我家好几代人用过的去了两个角的破石板和石笔，去上了几天学。由于鬼子飞机轰炸，只好跑到村外大树底下上课，再后来轰炸太频繁，学校只好解散。①

二、新中国成立后和集体化时代的学校教育

1944年秋，牟家疃村解放。当时，牟家疃的村小学是一所完全小学，也称高级小学。据林会文回忆：

> 我1944年在牟家疃读书，那个时候叫高小，上到五六年级，是刘洪成家的大厅。刘洪成是牟氏庄园在牟家疃的佃户头目，村民叫刘洪成是“二地主”。读了不到一年，胶东公学招生，我1945年2月去了胶东公学。②

据牟芳亭、刘乐亭回忆，牟家疃村的学校在1946～1947年间学生比较多，当时有二三十个学生，老师就是本村的，大概3个老师，教师的文化程度一般是高小毕业。牟芳亭的父亲是莱阳乡师毕业，算是文化程度较高的，一直在有完小的别村教学，后来，为照顾家庭，才回到牟家疃村教学。当时主要读的是《三字经》、《千字文》。学校的制度不太规范，按刘乐亭的话就是：

---

① 侯风云：《牟家疃调查记录》（六），2010年2月23日。

② 侯风云：《牟家疃调查记录》（五），2010年2月4日。

"吊当着念,就是今儿去了,明儿又不去了,读5年恐怕就只有一年在读书,不正规。"①

1948年,牟家疃的学校是一所普通小学,不是完全小学,只有一年级到四年级,这种状况一直持续到1961年。1948年秋天,林会文调到牟家疃教学,一教就是13年。笔者曾经两次采访了林会文。林会文,1929年出生,榆子村人,虽然已经85岁高龄了,但思路十分清晰,耳不聋眼不花,说话声音洪亮:

> 我在胶东公立中学毕业,我是1945年2月考入这个学校,到1946年的6月,因为时局变了,学校疏散了,叫待命复学,而后我就参加工作了。起初,我是在前泥都和西荆夼这两个村教学。1948年秋天,把我调到牟家疃村,1948~1952年,就我一个老师。那个时候,学制是四二三制,小学四年级,再上两年完小,初中上三年。学生总共大约50人。所有的课就我一个人上,课程就是国语、算术,音乐、美术、体育、常识,这些副课也都上,都是我一个人,没有别人。除上课以外,还有妇女识字班,时间在中午,有夜校,夜校是民兵,还要办黑板报,都是我一个人干。一年的工资是300~400斤的谷子,后来发工资了,一个月23块5毛。那个时候,学习苏联的五大环节,就是上课的五大环节:备课、课前点名、说说要讲的课程的主题然后导入新课、布置作业、结束语,那个时候学的是苏联的教育学理论。学校是征牟华翰的房子,教室在正房,办公室在西厢房。学校管理,那个时候有村长刘振升,但是村长不

---

① 侯风云:《牟家疃调查记录》(五),2010年2月3日。

怎么介入,主要是靠老师。不像现在,有个教导主任,那个时候,就我一个人。新中国成立以后,增加了二三个人,我就是主任教师。1946年、1947年的时候学校是在刘洪成家南厅,我去的时候学校是在牟华翰家,是土改的时候改出来的地方,时间是1948年到1956年。后来又搬到牟华昆的房子,那个时候,3个老师,另外两个是义务教师,学生按班级分开教,一个教师带一两个班,副课还是一起上。我是1961年4月不在那里教书了。①

牟芳亭于1949年在村里小学读书,林会文是他的启蒙老师,师生感情很好。几十年来,牟芳亭每年都给老师林会文拜年问候,平时也有来往。据牟芳亭回忆,读完小时,功课只有国语和常识两门。他读完四年小学后又去蛇窝泊镇读完小,功课有国语、算术、历史、地理、自然五门,副课是体育、唱歌、美术。完小读了一年半,1954年夏收时毕业。牟芳亭家还有他小时候的两本课本,一本是三年级的《国语》课本,一本是六年级的《国语》课本。牟芳亭现在还记得小学三年级《国语》课本里的一些内容,第一课是《我们的国旗》,第二课是《我叫什么》,还有《曹冲称象》。他说只要说课文的名字就能记得大概内容,他给我讲了曹冲称象的故事,内容与课本几乎一样。但是完小的课程内容他就不记得了,一是课程多,二是那时主要的学习时间是演戏,像排演《刘巧儿》之类。②

新中国成立以后,教育受到的冲击比较大,许多人的命运也

① 侯风云:《牟家疃调查记录》(五),2010年2月4日。

② 参见侯风云:《牟家疃调查记录》(五),2010年2月3日。

随之发生了变化。林会文回忆说：

> 变化最大的是1958年以后，学校要大炼钢铁。虽然是小学，但是学生的年龄不一定很小，因为那时候上学不受年龄限制，有的学生有十来岁了。学校还办了校办工厂。比如，给工厂的五金电器镀锌什么的，还有勤工俭学，就是领着学生参加秋收、拾花生什么的，也就是想尽一切办法解决经费困难问题。但是，也不是天天这样干，是劳动课干的。当时有个口号：“自食其力，自力更生。”总体上还是以学习为主。1960年以后就不行了，因为老百姓没有吃的了，饿肚子了，劳动课就少了，要帮助家里挖野菜什么的解决吃饭问题。到1962年以后，教学上正轨了，但是1970年以后，上学要推荐，高中、大学都要推荐，看成分，贫下中农才有机会。①

起初，教师少，学生少，校舍有限，一个班就二十多个学生，少的只有十来个学生。有两个年级合为一个班的，四个年级都在一个教室里上课，只有一个黑板，一个年级上课，其他年级都听。

村里有正式校舍大概是在1961年、1962年。学生开始正式分班上课，不再集中在一个屋里上课了。小学是5年制，学生读完5年级后就升学到蛇窝泊镇读联中，即初中、高中，上完联中就将9年制义务教育读完了。

牟德是村里学校教学时间比较长的资深教师。牟德，1935年出生，初中文化程度。他初中毕业后在蛇窝泊镇文石村完

---

① 侯风云：《牟家疃调查记录》（十二），2013年3月20日。

曾经的村学校

小教学，是公办教师，后来因病回到村里，成为民办教师。

我是从1966年起在村里教学。那时候学校在疃西头的油坊那里，后来，学校搬到礼堂南面，那时是咱村最兴旺的时候，也是咱村孩子出生最多的时候，一个班三十七八个人，同一个年级有双班。共6个年级，老师一般也是从一年级一直送到6年级。我是民办教师，拿工分。那个时候，咱村的工分到年底结算，一个月有四十来块钱，民办教师每月还补贴5块、3块。学校校长是个小年轻，是初中毕业，后来函授师范，是主任教师，叫牟云起。那个时候，当主任教师不主要看文化程度，而是看积极性、能力和人品。那个时候，咱村是典型，经常有人来参观，企业也不少。那个时候，宣传栏、标语、墙报特别多,会议也多,就推荐牟云起当主任教师。老师有我和牟玲、牟丰书、牟龙秀①四个老教师,共计六七个教师,还有一个叫牟永起的,后来也上了师范,字写得好,回来后不久调到十四中,后来调到栖霞教育局去了,后来到了党校。学校大概1983、1984年又搬到现在的那个苹果包装厂。学校大啊,有正房21间,还有厢房,共计35间。原来的学校房间零碎,只有12间。那时候,村里富裕,我二弟是支部书记。每一间房间里都拉有电线,安了开关,里面的设施够全的了,像体育设施啊很全,篮球、单杠、双杠、爬梯。教学教具很齐全,教具不用自己做,舍得花钱,需要就去购买。学校最兴旺的是1975、1976年前后,学生人数最多,能够有二百五六十个学生,6个班,有双班,教师七八个。学生后来又逐渐少了,像我的孩子1984年上学,一个班就21个学生,我1995年退休。②

三、当今乡村学校的萎缩

由于实行计划生育政策,到1984年后,村里的孩子越来越少,相应地,村里学校的学生也越来越少,学校规模也就逐渐萎缩了。刘玉华是1986年来到村里学校教学的老师。

我1986年来的时候,是新学校,是第四个地方,已经盖起来好几年了,就在北面,21间,再往北就没有房子了,就是苹果园,后来被人买了去,建了托盘厂。我1986年1

① 牟玲、牟丰书、牟龙秀,三人均为中学文化程度,在外地教学,1962年后回村教学。

② 侯风云:《牟家疃调查记录》(五),2010年2月4日。

月份来这里。我来时,学校共4个老师,两个正式教师,两个民办教师,我就是主任教师,主要由我来管理学校。牟德因为有病,就没有带班,学校就4个年级,3个班,就是一、二年级一个班,三年级、四年级各一个班,我们3个老师一人一个班,我来教的是四年级,每个年级二十三四个人,五年级就到蛇窝泊上完小去了。学生越来越少,1994年之后,四年级与荷叶村合并,到荷叶去上学。联中是在蛇窝泊镇上。1998年,村里的学校全部合并到荷叶去了。村里的学校就没有了,我就内退了,其他两个年轻些的到外村教学去了。①

四、村民教育状况的粗略统计

牟家疃有重视教育的传统。牟氏家族有“耕读世家”之称,因为正是基于“耕读”,才成就了牟氏家族栖霞第一望族的显赫地位。所谓“耕读”,即“通过读书之路跳出农门”。由于有重教的传统,在牟家疃村,只要经济条件允许,家里总是想方设法让孩子读书。若村里没有学校,就到镇上或者外村去读,即使是在兵荒马乱的时期也如此。比如,前面提到的牟华翰的三子牟玲(1928~1998),在本村读小学后,到蛇窝泊镇读完小,之后到观里镇的杨泊村读高小,然后又到莱阳的灵湖读中学。② 由此,村民的受教育程度较高。笔者对目前健在的70岁以上的村民进行调查统计,不识字率为42.74%,小学以上文化程度占

① 侯风云:《牟家疃调查记录》(五),2010年2月4日。

② 参见侯风云:《牟家疃调查记录》(七),2010年3月3日。

57.23%。在70~50岁的年龄段，只有5人不识字，但这个年龄段学历高的也很少。一位七十多岁的村民如是说：

像我这个年龄，念书很少，也就是个小学，念初中的更少，一般念初中的很少在村里，都出去了。有的是因为穷上不起学，有的是考不上学，也有的是成分不好不让上。我这个年龄读了初中的不多，有牟德，牟玲还要早，读书时候大概是1946、1947年，牟玲比我大10岁，比牟德大7岁。还有牟学敏的二哥牟伯瑞也是初中，后来又出去当兵，当兵回来开始集体化了。和我一个年龄的在牟家疃有8个，就两个读过书。主要是读不起书，就在庄稼地里干活。到我儿子这一辈，一般都能够读到初中，我儿子今年45岁。到我孙子，读到高中的很多了，我孙子就读到高中，念了职专。村里的大学生有不少，你问这些年轻人的事情，我就不大知道，村里的年轻孩子我都不大清楚，谁出去念书、念什么，不大知道。以前，我们那个时候，兄弟姐妹们五个、六个，大的没有长大，小的一拖罗，一般情况下大的就不能念书，要照顾小的、干活。现在条件好了，一家就这么一个孩子，怎么也供着孩子读书。①

对于1960年以后出生的村民的教育状况，笔者调查起来十分麻烦。从《户口登记簿》看，1960年以后出生的村民只有一个不识字。而在1990年以后出生的文化程度一栏是空缺。在20世纪七八十年代出生的年轻人考取了大学，就将户口迁出，户口已经不在村里。还有一些升学读书后，户

① 侯风云：《牟家疃调查记录》（八），2010年11月20日。

口在村里,人却不在村里。70 年代后出生的高中毕业生留在村里的比 80 年代后出生的多一些。90 年代以后出生的,大多在读高中,或者在外打工等。据村民讲,本村的孩子,家长都让念书,能念多高念多高,念不下去没有办法。那些孩子读书只读到初中或者高中就读不下去的村民,说起此事来都有些遗憾、后悔。而那些孩子读了大学特别是名牌大学的村民,说起孩子来,言语之间无不透露着骄傲和自豪。有位林姓村民对笔者说:"没有文化就是耻辱,我读书读得少,只读到初中,是学不进去,我觉得我读书少就是耻辱。"①这位认为读书少是耻辱的村民的孩子目前在英国留学。近些年,村里的孩子平均每年有 8 人考入大中专院校。

牟家疃村村民受教育程度调查表

	1940 年以前出生(70 岁以上)				1941~1960 年出生(50~70 岁)			
	男	女	共计人数	所占比例(%)	男	女	共计人数	所占比例(%)
不识字	14	39	53	42.74		5	5	1.59
小学	36	30	66	53.23	54	83	137	43.63
初中	3	1	4	3.22	68	59	127	40.45
高中(中专技校)	1		1	0.81	29	16	45	14.33
合计人数	54	70	124	100	151	163	314	100

资料来源:根据《牟家疃村户口登记簿》整理。

① 侯风云:《牟家疃调查记录》(十二),2013 年 3 月 20 日。

牟家疃村历年考入大中专院校的人数统计表(2000~2010年)

年度	2000	2001	2002	2003	2004	2005	2006	2007	2008	2009	2010
人数	6	7	9	11	10	8	9	9	8	6	6

资料来源:根据《牟家疃村户口登记簿》以及对牟家疃村会计潘玉春访谈整理。

第二节　村落的文化生活

农村的公共娱乐活动大多在数九寒冬的农闲季节。新中国成立前,胶东乡下文化生活中最有代表性的就是农闲时节演戏酬神的娱乐活动了。主要是一些专门以此为生的戏班之类,每逢这个时节走村串乡,到乡下演出。牟宗三曾经回忆过他少年时代在乡村看戏的情景:

> 数九冬腊,正是农闲的时候,乡村常演戏酬神自娱,正合张弛之道。说到戏,在乡下野台上出演,其技术自不会好,粗俗自所难免。然有传统的风范,有它的体统,有它的行规,这又是一种江湖人物。他们演戏总是贴合着人情人性,不失人伦教化之正,自然离不开悲欢离合、忠孝节义。……他们喜演关云长、包文正的戏。我则特别喜欢那戏装的关云长以及短打武生如林冲、武松、黄天霸、羊香五……①

从牟宗三的回忆可知,那个时候的乡村文化有它自己的时代特色,即符合传统的文化教义、宣扬忠孝节义等。

---

① 牟宗三:《五十自述》,台湾鹅湖出版社1989年版,第14页。

今天，牟家疃的村民们记忆最深刻的乡村文化活动恐怕是大集体时代的演戏活动了。

一、革命戏剧大家演

新中国成立之后，经过土改、社会主义改造等，农村的文化生活也打上了时代的烙印。在集体化时代，牟家疃的文化活动曾一度在蛇窝泊镇居于领先地位，在周围村镇十分引人注目。参加过村里文艺活动的牟芳亭还能饶有兴趣地回忆起当年的热闹来：

> 1958 年的秋后，公社成立宣传队，我就到宣传队里开始演戏了。1959 年我们到栖霞的大礼堂汇演，那个时候还卖 5 分钱的门票，汇演回来后，我们就成立了宣传队。1960 年我们就在荷叶、牟家疃、蛇窝泊、北庄子演了一年戏，演古装戏。农村是秋收后排练节目，正月演出，到这村那村的去演，是演吕剧。1960 年以后就不让演古装戏了，大概 1964、1965 年我们演《三世仇》、《刘胡兰》，就是现代戏了，是忆苦思甜的时候。1966 年“文化大革命”期间，我们村成立了“毛泽东思想文艺宣传队”。我们演了《狗碑恨》，我演穷人，牟亭演地主，是忆苦思甜。1968 年，牟省初中毕业回村排演《红灯记》，1969 年春天开始演出，我演李玉和，牟亭演叛徒，李铁梅是林敬爱演，林振卿演李奶奶，她是林振南的姐姐。我们自己还改编曲子，那个时候演样板戏也是吕剧，样板戏像《沙家浜》、《红灯记》、《红色娘子军》、《智取威虎山》，也有演吕剧的、豫剧的、越剧的，都叫样板戏，一个内容。那个时候，就是过了年到处演，走村串乡地演，《红灯

记》恐怕演了有20场吧！一般初一、初二、初三不出门，初四开始演。今天到这个村，明天到那个村，一直演到正月十五，那个时候没有任何报酬，但是也乐和。到1978年我们盖了大礼堂后又允许演古装戏了，我们又演了吕剧《胭脂》、《龙凤面》。这时我已经四十二三岁了。再往后我就不演了。1980年后村里也就不演戏了，也没有人组织了。①

现在，牟芳亭还会唱一些段子，比如，吕剧《红灯记》中李玉和的唱词："起来出门提篮拾煤渣，担水挑柴也靠她，里里外外一把手，穷人的孩子早当家。"

曾经负责过村里文艺宣传队的牟省告诉笔者：

我1968年初中毕业，1966年不是"文化大革命"吗？1966年村里成立的宣传队叫"毛泽东思想文艺宣传队"，是自发成立的。那个时候，部队都兴啊！刚成立时是一个叫林敬爱的负责，大概有五六十人参加。那个时候主要演样板戏、跳忠字舞和演小节目，小节目就是歌唱毛主席的诗词，歌颂毛主席的歌，比如，《北京的金山上》，就这些。农村就是冬天排练。宣传队男女差不多，根据情况需要，年老的，中年的，年轻的十七八的都有，联中念书的学生，下了学也排个小节目什么的，就是在大戏演出以前，先唱歌、跳忠字舞开场，他们还挺高兴的。我1969年当兵走了，我走后听说演了《红梅迎春》、《龙凤面》等节目，等我来家时，他们还演了《胭脂》。我当兵回来了，在公社里工作。宣传队解

① 侯风云：《牟家疃调查记录》(五)，2010年2月3日。

散是在 1979 年。①

村里的这些文化活动,村民还是很热情参与的:“我们那个时间,村干部主持,说演谁谁行,村干部就找他,不干不行。那个时候也不是强迫,也愿意。选准谁了,来演演试试行不行,还尽量想让行,还怕人家不录用你。”②

1978 年,村里动工修建大礼堂,次年完工,花费八万多元。大礼堂长 48 米,宽 20 米,16 间房子,其规模稍逊于柳口村的礼堂,在蛇窝泊镇排名第二。在一个小村里,在那个年代,有如此

曾经气派的大礼堂

① 侯风云:《牟家疃调查记录》(五),2010 年 2 月 2 日。

② 侯风云:《牟家疃调查记录》(五),2010 年 2 月 3 日。

大的建筑,实属罕见。大礼堂遂成为一个象征符号,象征着牟家疃村曾经的辉煌。笔者在采访中,一说到以前的牟家疃村,村民基本都会说到大礼堂:"咱村还建了大礼堂,全蛇窝泊镇也没有几个村有。"那时候,村里排了节目到外面去演出,同时也经常请外面的剧团来村里演出,像招远的吕剧、济宁的杂技,村里的大人、小孩都可以免费观看,当然这些活动主要是在冬天进行。"六一"儿童节时,全镇的学生还在大礼堂排演节目。大礼堂另外一个主要功能是放电影,看电影是村民的一项重要文化娱乐项目。村里买了16毫米的放映机,经常放电影。曾经的放映员牟金超回忆说:

> 我1978年当兵回来后,在大队放了一年电影。那时候农村有放映队,三天放一场电影,我骑自行车到栖霞拿电影片子,骑车到栖霞一小时路。都是老片,什么《甜蜜的事业》呀,老片,但是都不错。我跟电影公司的人关系不错,新片来了我先挑,我们村先放新片。我和我们村另外一个女的我们两个人放电影,她现在还在咱村。①

二、当今村落文化生活的主要内容

(一)看电视——主要娱乐项目

随着大集体时代的结束,那个时代烙印的娱乐活动也就退场了。村民自己排演节目的娱乐活动没有了,放电影也没有多少人看了,大礼堂从1985年后也不使用了。一切似乎在一夜之间就消失了。那么,村民的娱乐活动是什么呢?

① 侯风云:《牟家疃调查记录》(七),2010年3月2日。

1981 年，村里出现了第一台 14 吋的黑白电视。之后，电视逐渐普及，公共娱乐活动几乎被电视取代了，看电视成为村民主要的文化娱乐内容。在笔者的访问调查中，除了那些年纪太大、视力不大好的之外，大部分村民是靠电视来娱乐，有些人甚至基本就不出门，也没有其他的爱好，休闲的时间就是在家看看电视节目。

以前，看电影是令人兴奋的事情，尤其是孩子们，一听说放电影，兴高采烈地跟过节似的。而如今，每年镇政府虽也派人到村里放三五场电影，可是，观众很少，一千多人的村子，也就二三十人看，有的人出去看两眼就又回家看电视了。对现在没有公共娱乐活动的状况，许多村民觉得并不遗憾，他们认为，现在的电视节目很丰富，什么都有。

（二）懒汉市——信息交流的好地方

自从分散单干后，每家都在自家的苹果园里干活，即使在农闲的时候，只要天气好，有些村民也都要到果园里修剪枝杈或者捡拾树枝。农闲了或者天气不好的时候，有些村民就聚在一起打牌、打麻将，一起聊聊天。打牌的群体基本比较固定，即固定的几个人经常凑在一处打打牌，村里大概有三四个这样基本固定的打牌组。天热的时候，中午在街上打一会儿，冬天就在家里的热炕头上打，今天这家、明天那家不一定。年纪大的老人则在街上的懒汉市上走棋子儿、打牌、聊聊天。

说到懒汉市，也算是一个独特的地方。具体地方也不固定，冬天选被风、向阳的地方，夏天选阴凉、通风的地方。为什么叫这样的名字？牟芳亭说：“庄户人就叫这么个名字。我记得，我小的时候，懒汉市不在这儿。时间长了，去懒汉市的人也就基本

冬天的懒汉市

固定了。懒汉市前街、后街各有一个较为固定的地方。”①牟芳亭本来住在前街,可是他喜欢到后街的懒汉市去。他说,他与前街的耍不到一块儿,“没有共同语言”。有一次,笔者跟着牟芳亭去了后街的懒汉市。看见八九个七八十岁的老头坐在向阳背风的墙根儿,有一个六十多岁的妇女站在旁边,牟亭也去了,是被牟芳亭打电话叫出来的,笔者坐在牟亭旁边。牟芳亭先数人,大概缺3个,然后向大伙儿简单介绍了一下笔者。笔者发现都是年龄大的来这儿晒太阳,就问年轻人来不来。几个老人一起说:“年轻的不来,年轻的和我们这些老人耍不起来,没有共同语言

① 侯风云:《牟家疃调查记录》(五),2010年2月3日。

啊。他们在屋里边,热炕头上打麻将,大概有三四帮儿,天暖和就上山剪苹果枝。”①在懒汉市上,很少有男女聚在一起的,一般都是男的聚一块儿,女的聚一块儿,各聊各的天。一次,笔者和一帮年纪大的妇女聊天,有路过的男性村民,只是打个招呼,或者说两句就走开了。聚在一起打牌的年轻人也是男性,妇女很少打牌,最多在家看看电视节目。

(三)读书看报——文化人的业余消遣

在识字的村民家里,还有一项休闲活动是看书或者看报。在笔者调查的村民家里,基本都有一些图书和报纸。一些年纪较大的村民告诉笔者,以前他们订阅过报纸,现在年纪大了,视力不大好了,就不订了,但他们的孩子订阅。主要订阅的报刊有《烟台果树》、《大众日报》、《烟台日报》、《半月谈》、《烟台晚报》、《山东法制报》、《工人日报》、《烟台电视报》等。其中,订阅《烟台果树》的人家最多,因为这与他们的经济利益关系最为密切,从中可以学习如何将果树种得更好。他们也常互相借阅图书或者报刊。

关于图书,每家多多少少有一些书,有些是自己买的,有些是孩子买的,有些是在集市上免费发放的。刘乐亭告诉笔者,他家有十本左右,主要是自己购买和别人赠送的。下面是牟芳亭家的书籍目录(集市上免费发放的不列在内):

赠送:

1. 慕旭:《丘处机》,中国文史出版社 2003 年版,作者赠送。

---

① 侯风云:《牟家疃调查记录》(五),2010 年 2 月 2 日。

2. 柳晓春编著:《栖霞方山胜境》,中国国际广播出版社2006年版,牟日宝赠送。

3. 牟忠祥:《21年再聚首——潍坊二十八中84级同学聚会纪念》,作者赠送。

4. 李凌、朱亚荣主编:《中国戏曲唱腔精选》,中国广播电视出版社1996年版,牟志南赠送。

5. 牟文戈:《牟文戈诗选》,作家出版社2006年版,作者赠送。

6. 牟学敏:《路》,作者赠送。

7. 潍坊牟氏宗亲网:《华夏牟氏》杂志4期,2009~2010年。

8. 栖霞牟日宝主编:《中华牟氏望族》报,18期,2002~2010年。

自购:

1.《山东省地图册》、《栖霞县地图册》,集市上自购。

2.《新编实用中国地图册》,2000年在武昌火车站购买。

3.《新华字典》、《现代汉语词典》。

4.《万年历》、《蛇窝泊镇电话本》,集市上自购。

5.《三峡旅游手册》,2000年在三峡自购。

6. 刘慧荣编著:《怎样活到100岁?》,河北人民出版社1983年版。1984年购于莱阳石河头集市。

7.《烟台四季游》,1990年购于烟台毓璜顶公园。

8.《家庭养花》,2000年购于本村商店。

9.《名人与风水》,内蒙古文化出版社2003年版。2003

年自购于蛇窝泊集市。

10.《百家姓》。

11.第四次新编《栖霞名宦公牟氏世谱》一套。

另外,牟芳亭还保存有乾隆《牟氏世谱》、民国《栖霞牟氏家谱》第4卷,演出剧本《李二嫂改嫁》(吕剧)、《姊妹易嫁》(吕剧)。

牟芳亭认为他是本村他这个年龄段藏书较多的。他只有完小文化程度,但由于他喜欢看书,留心学习,比如看书或看报的时候,有哪个字不知道意思或者不知道怎么念,他马上会从炕头的窗台上拿出《新华字典》查,直到弄明白为止。他能够看懂旧的竖版本的谱书。年轻时,他还在村里演戏,加上最近十多年编写家谱的工作,使他的文化水平远远超出了小学的程度。他的思路之清晰,用词之准确,经常令笔者惊叹。

钓鱼是一部分村民的娱乐爱好。村里喜欢钓鱼的有十来个,主要是些小年轻的。村里没有大水库,一般都要到外村去钓鱼。牟芳亭也是个钓鱼迷:

我也是个钓鱼迷,每年8~9月去钓鱼。5年前,我在南榆疃水库钓了条23斤的大鱼。现在我们不去南榆疃水库钓鱼了,那里出了个混混,去了不痛快就不去了。现在去海阳南野路夼水库钓鱼,一天交10块钱钓鱼费,去年钓了五六回。我经常和中榆疃的一个姓林的、比我小12岁的去钓鱼,我骑我的三轮摩托车去。其他本村喜欢钓鱼的都是小年轻,合不来,他们也不叫我。我的钓友是蛇窝泊镇银行主任,我们一起钓了十多年的鱼,他退休后去了栖霞儿女那里,现在有八十多岁了吧!我们已经10年不在一起钓鱼了,也十多年没见面了。①

第三节 文化名人与村落认同

一、备受尊崇的先祖

有形的物质文明,经过岁月的洗礼,在牟家疃村已经很难寻觅了,似乎村子与过去已经没有什么联系了,但实际上并非如此。这个曾经有着辉煌历史的村子,有着令今人自豪的名人的村子,从骨子里散发着自足和骄傲。这种自足和骄傲从对村落的文化名人的认同中体现出来,这种认同是中国乡村社会村落认同的重要内容。比如,在科举制度取消一百多年后的今天,村民们仍然记得过去有过功名的祖先,对于如今考上名牌大学的孩子也是津津乐道。在编写村志、家族谱书的时候,往往要将这些名人写进去。

牟家疃的牟氏村民是名宦公牟敬祖的后人。牟敬祖因为在任时政绩优良,所以去世后以县令的待遇供奉于祠堂,供百姓敬仰,称名宦公,其后人被称为名宦公牟氏。对于这一点,牟家疃的牟姓村民都知道。

名宦公牟氏登上栖霞四大望族之首,主要靠的是发奋读书获得功名。在老八支的时候,有功名和出仕者 6 人,小八支出了两位进士,小八支的后人更是人才辈出,先后有 7 位进士、1 位举人,这些在清朝的《栖霞县志》上都有记载。这第一望族的风光

① 侯风云:《牟家疃调查记录》(四),2010 年 1 月 29 日。

无人能比，如今村里的牟氏后人说起来还是很自豪。虽然许多人说不完整，也搞不清楚自己家是几支几房，但是，他们知道祖上出了许多读书人，许多外出做官的。他们会说："老辈的名人太多太多啦！"有人会如数家珍，像大学问家牟庭、代替康熙出巡的牟恒、宜阳知县牟道行、南宫知县牟国珑等等。其实，上面说的这些人大多已经与牟家疃没有多大关系了，按村民的说法，他们是"古镇都的人"了。但是，古镇都的牟氏庄园如何兴旺有名，也都是牟家疃牟氏的后人，这个事实是无法否认的。对于牟家疃村来说，他们的名人古代当属牟懃，现在当属牟宗三。

牟懃（1664～1726），老八支四房九世长房，牟家疃人，36岁中举人，49岁中进士。官江苏武进知县，有"清初江南第一清官"之称。清朝《栖霞县志·宦绩》记载如下：

> 牟懃，字印宗，康熙壬辰进士，初知武进县。有恃绅而屡盗殃民者，懃至立除之。一僧暗毒其师，狱久不决。懃一讯得实即抵法。或报其妻缢于叔舍，懃视卧不瞑，知其冤也，细睇项下，衔两痕，鞫曰此两人所勒，非缢也。其人遽吐真实，而尸遂瞑。盖与嫂共毙之，而嫁祸于叔者。人曰：牟君，真神人也。后移宰睢宁。寻以清官第一荐。特旨召见，会道卒。命所在大吏饬护其丧归葬。而家属之在南者亦奉旨资送回籍。赐葬金一百二十两。县令之荣从无与比。①

牟懃应该是古代牟家疃最有名的名人了。牟懃是牟家疃西楼的主人，西楼是牟懃任武进知县时修建的。据村里的老人讲，西楼是两层楼的建筑，楼上楼下都是三间房子。牟懃生前的客

---

① 《中国地方志集成》第51卷，第139页。

厅在他去世后改成了祠堂，里面供奉着老八支四房牟道远以下至牟懿的牌位。这个祠堂也叫西大厅，是牟家疃的牟氏总祠堂。牟懿去世后，雍正皇帝还赐有封诰，供奉在祠堂里。村民认为一个县官得到皇帝的封诰是一个很大的荣耀，所以牟懿也就备受村里人的尊崇。

有这样一个备受人尊崇的先祖，其后再出现一个牟宗三也就不足为奇了。牟宗三是牟懿的后裔。牟懿是老八支四房九世长房的孙子，即牟懿是牟氏十一世。若从牟懿为一世祖算起，牟宗三便是牟懿的第八世后人，是牟氏十九世。

二、牟宗三记忆中的故乡

牟宗三的童年和少年是在家乡牟家疃度过的。牟宗三的父亲牟荫清是个秀才。牟宗三兄弟三人，有两个哥哥。在他的记忆中，童年是美好的，家乡是令他怀念的。在他的回忆性著作《五十自述》中，牟宗三以饱含感情的笔触描写了自己的童年和家乡，牟宗三对家乡的四季有着无限美好的记忆和生命最初的感悟：

> 清明寒食的春光是那么清美。村前是一道宽阔的干河，夏天暑雨连绵，山洪暴发，河水涨满，不几日也就清浅了。在春天，只是溪水清流。两岸平沙细软，杨柳依依，绿桑成行，布谷声催。养蚕时节我常伴着兄弟姊妹去采桑。也在沙滩上翻筋斗，或横卧着。阳光普照，万里无云，仰视天空飞鸟，喜不自胜。那是生命最畅亮最开放的时节。①

---

① 牟宗三：《五十自述》，台湾鹅湖出版社 1989 年版，第 4 ~ 5 页。

初夏时节，小麦覆陇黄，一切都显得秾华馥郁，丰盛壮大，比起清明寒食的清美，又自不同，那气候是令人昏沉迷离的。大人们午饭后，吸烟休息，或晒着太阳打盹。小孩们不知道休息，不知道疲倦，但也随着那昏沉迷离而混沌下去，东钻西跑，挖土坑，攀树木，穿墙角，捉迷藏。①

秋天是农家最忙之时，所谓秋收冬藏是也。……在秋收农忙之时，人人都是辛劳而愉快的，我的身体在那时是很壮健的。十五六岁时，我记得我能背负一百廿斤重的粮米走一里多路，就是那秋收时锻炼出来的。……我当时感觉着劳作收获是一种趣味，作起来很愉快。②

冬天来了，溜冰、踢毽、拍球、打瓦，一切泼皮的玩艺我都来。夜晚向火取暖，听长工们说故事。我又爱看那老头们在荒村野店里吃寡酒，我家里那时正开着一个骡马店。是祖父时留下来的，我父亲继续经营着。南来北往运货的骡马，在斜阳残照，牛羊下来的时候，一群一群吆喝而来。我当时十分欣赏那马蹄杂沓之声，又有气、又有势……人生总是西风、古道、瘦马，总是野店里求安息。这安息虽是一时的，也是永恒的。纵然是小桥流水人家，其安息好像是永恒，然而亦是短暂的。当我看见那些为生活而忙迫的赶马者，进了野店，坐着吃酒，简单的菜肴，闲适的意味，说着天南地北，也好像是得着了永恒的安息，天路历程也不过如此。③

---

① 牟宗三：《五十自述》，台湾鹅湖出版社 1989 年版，第 8 页。
② 牟宗三：《五十自述》，台湾鹅湖出版社 1989 年版，第 12 ~ 13 页。
③ 牟宗三：《五十自述》，台湾鹅湖出版社 1989 年版，第 13 页。

青年牟宗三

少年的牟宗三也十分喜欢农闲演戏酬神的娱乐活动：

> 我则特别喜欢那戏装的关云长以及短打武生如林冲、武松、黄天霸、羊香五之烦。戏装的关云长，那夫子盔，那红脸谱，那长发绿袍，那青龙刀，那配笛的歌唱，那威武正大的气象，那不同凡响的举动（关公戏的举动都有一定的特殊安排），一出台，必使人精神严肃，眼睛一亮。旧戏中最使人干净无邪而无憾的就是关公戏。……我在儿时一见关公戏，便神往。常持刀拿杖学关公的身段与姿势。至于短打武生，如：林冲、武松之类，则喜其矫健俊逸之姿。……矫健则灵活，俊逸则清新，这象征着生命的风姿、人格的光彩。这是最直接的人格，最直接的生命。①

由于对清新、俊逸的风姿和人格的赞赏，因此，当牟宗三看见马戏团的小女孩矫健的身段和清秀的面孔时，不免如醉如痴：

> 有一次，来了一个马戏团，正在天气严冷，风雪飘零之时，他们圈了一个广场，先是鸣锣开场，继之一个十三四岁的小女孩骑在马上，绕场一周。矫健的身段，风吹雪冻得红

① 牟宗三：《五十自述》，台湾鹅湖出版社1989年版，第14～15页。

红的皮色,清秀朴健的面孔,正合着上面所说的清新俊逸的风姿,但是可怜楚楚的,是女性的,不是男性的,我直如醉如痴地对她有着莫名其妙的感觉。先父严肃,不准小孩常去看这类江湖卖艺的把戏,我不知不觉地偷去了好几次,我一看见了她,就有着异样的感觉,既喜悦又怜惜。事后我每想起,这大概就是我那时的恋情。一霎就过去了,这是我一生唯一的一次爱情之流露,此后再也没有那种干净无邪而又是恋情的爱怜心境了。①

牟宗三认为童年和少年时代的这些乡村生活是他的自然生命在混沌中所放射出来的一道一道的清光。他认为,那一段时光才是真正的生命时光:

> 我回想,只有在那谐合的一套里,始可说有生活。小孩是小孩的生活,成人是成人的生活,老年是老年的生活。我现在想,我只有一段少年孩童的生活。所以我进县城入学校,是开始离开生活的第一步。……真正恰当意义的生活,生活如其为生活,当该是在生命中生活。唯农民的生活是在生命中生活。是生命"在其自己"之生活。②

牟宗三15岁离开家乡去县城读中学。对于他来说,是一个重大的变化。

> 从此以后,我再没有与父母兄弟姊妹相处的家庭生活了,再没有乡居的自然生活了。……我离开了,我开始作旅客,我的定常没有了,我开始作游荡。③

---

① 牟宗三:《五十自述》,台湾鹅湖出版社1989年版,第15页。
② 牟宗三:《五十自述》,台湾鹅湖出版社1989年版,第21页。
③ 牟宗三:《五十自述》,台湾鹅湖出版社1989年版,第21页。

如果说牟宗三儿童和少年时代对生命最初的感悟来自于家乡的自然生活,那么,他对生命意义的思考和终生的追求却来自先祖的坟茔——圈子茔。在《五十自述》的开篇,他这样追忆:

我的村庄是处在环山的一块平原里。村后是我们牟氏的祖茔,周围砌以砖墙,范围相当大,在乡间,也算是一个有名的风景区。白杨萧萧,松柏长青。丰碑华表,绿草如茵。苔痕点点,寒鸦长鸣。我对这地方常有神秘之感,儿时既已如此,一到那里,便觉清爽舒适,那气氛好象与自己的生命有自然的契合。我那时自不知其所以然,亦不知其是何种感觉。这暗示着我生命中的指向是什么呢?夏天炎热郁闷,那里却清凉寂静,幽深邃远,那不是苍茫寥廓的荒漠,也不是森林的浓密,所以那幽深邃远也不是自然宇宙的,而是另一种意味。

清明扫墓,茔春花趁早先开了,黄的花,绿的长条,丛集在坟墓上。纸灰化作蝴蝶。奠一杯酒在坟前,坟中人的子孙们前后有序地排着在膜拜。那生命是不隔的,通着祖宗,通着神明,也通着天地。这不是死亡安葬时的生离死别。这时没有嚎哭,没有啜泣。生离死别那种突然来的情感上的激动,因着年月的悠久,而进入永恒,化作一种超越的顺适与亲和。人在此时似乎是安息了,因着祖宗的安息而安息;也似乎是永恒了,因着通于祖宗之神明一起在生命之长流中而永恒。斋明肃穆之中,也有眼前的春光愉悦。那春光是配合着白杨松柏的肃穆之春光,是通着祖宗神明的春光,是一种圣洁的春光,而不是那种郁闷懊恼的春光。那愉悦是通着思古幽情的愉悦,想着祖宗如何如何,道古说今,也有一番闲适恬静。在儿时我总是兴会地跟着大人去扫墓,也总是这样愉悦地扫毕而归来。①

牟氏祖茔的确给牟宗三幼时的记忆留下了极为深刻的印象。大约在1990年,牟宗三在给其侄子牟伯琛的信中说:“前函你说,祖宗先贤有灵心当喜之,我见此信,心中甚感(慨),又甚悲痛。我的那一点灵感都来自我们村后的祖茔。悫祖的遗文‘志梦有感’对我小小的生命影响最大。现在一切都过去了,只剩下这一些书,供给社会文化,并用以报祖宗先贤之恩。”②虽然现在因为无法找到牟悫的“志梦有感”而无法了解牟宗三到底接受了哪些影响,但从他的回忆中,在祖茔中那种神秘、清爽、幽深邃远的感受和扫墓时对祖宗神明的春光的愉悦感受,似乎暗示了他“生命中的指向是什么”。因此,有学者认为,牟宗三之所以选择儒学作为终生的事业,与他儿时在祖茔中的感受有密切关系。③

牟氏家族自七世牟时俊起世代以耕读为本。到了牟宗三的祖父一代,家道中落,田产不多。“祖父弃世时,薄田不过七八亩,安葬时只是土圹,并无砖砌。”④牟宗三的父亲牟荫清受过几年旧式教育,身体强壮,精明能干,在村里乃至方圆几十里也算小有名气,人称“二掌柜”。在牟荫清的经营下,家道渐趋富裕。在牟宗三眼里,父亲是一个“刚毅严整,守正不阿;有本有根,始

---

① 牟宗三:《五十自述》,台湾鹅湖出版社1989年版,第3~4页。

② 转引自林瑞生:《牟宗三评传》,齐鲁书社2009年版,第4页。

③ 林瑞生:《牟宗三评传》,齐鲁书社2009年版,第5~6页。

④ 牟宗三:《五十自述》,台湾鹅湖出版社1989年版,第35页。

终条理"、白手起家的人。牟宗三幼小的心灵深受其父亲的影响：

> 伯父含混，不理家业。叔父年幼，体弱多病。他（父亲）一手承担起家庭的重担。十八岁即辍学，应世谋生。祖父留下来的骡马店，他继续经营了若干年。神强体壮，目光四射。指挥酬对，丝毫不爽。……当时二掌柜之名是远近皆知的。后来他常对我们说：开始原也是糊涂的，后不久忽然眼睛亮了，事理也明白了。人总须亲身在承当艰苦中磨练，这话给我的印象非常深。他看人教子弟，总说要扑下身弯下腰，手脚都要落实，不要轻飘飘，像个浪荡者。他最厌那些浮华乖巧，从外面学来的时髦玩艺。他是典型的中国文化陶养者。他常看曾文正公家书，晚上也常讽诵古文，声音韵节稳练从容。我常在旁边听，心中随之极为清净纯洁。写字整齐不苟，墨润而笔秀。常教我们不要了草，不要有荒笔败笔，墨要润泽，不要干黄。因为这关乎一个人的福泽。他是有坚定的义理信念的人。我觉得中国文化中的那些义理教训，在他身上是生了根的，由他在治家谋生的事业中生了根，在与乡村、农业、自然地理、风俗习惯那谐和的一套融而为一中生了根。①

父亲的处世之道、言传身教无疑给牟宗三的成长营造了十分有力的家庭文化环境。1928 年，牟宗三考入北京大学预科班，他是牟家疃走出去的第一个大学生。当时的北京，各种思想观念的冲击、革命的激荡，使从偏僻乡村来的牟宗三大开眼界，

① 牟宗三：《五十自述》，台湾鹅湖出版社 1989 年版，第 35 ~ 36 页。

也深受影响。特别是吴稚晖对他影响最大:“可谓达泛滥浪漫之至极,粗野放荡,几不可收拾。文字荒谬,不避肮脏,全为他所开启。”①后来,牟宗三这种泛滥浪漫的言行和文字被父亲察觉,父亲对他进行了严厉斥责:

> 有一次,先父看见了,大为震怒,斥责何以如此。我当时极为羞愧,答以外面风气如何如何。先父则曰:择其善者而从之,不善者而改之。何可如此不分好歹?外面那些风气算得了什么?我当时肃然惊醒,心思顿觉凝聚,痛悔无地。大哉父言,一口范住吴氏的浩瀚与纵横,赤手搏住那奔驰的野马,使我顿时从漆黑一团的混沌中超拔。那些光彩,那些风姿,那些波澜壮阔,顿时收煞、降伏、止息,转向而为另一种境界之来临。②

这也许是父亲对牟宗三最有影响力的教诲。此后,牟宗三对国民党人、对自由知识分子、浮薄的知识分子都保持着一定的距离,转向学理的思考,关注生命,关注文化。牟宗三终其一生认为自己关注的是生命学。

1929 年,牟宗三在家人的安排下,与比他大 3 岁的不识字的王秀英结婚,生二子,牟伯璇和牟伯琏。1937 年,牟宗三最后一次回家,幼子 1 岁,长子也才 5 岁,在他们的记忆中,父亲牟宗三似乎没有给他们留下太深的印象。1937 年后,牟宗三再也没有回到故乡。牟宗三从 1937 年离家到 1958 年与赵惠元女士结婚,生子牟元一,在 20 年的时间里,他一直四处漂泊。47 年后的

---

① 牟宗三:《五十自述》,台湾鹅湖出版社 1989 年版,第 35 页。

② 牟宗三:《五十自述》,台湾鹅湖出版社 1989 年版,第 35 页。

晚年牟宗三

1984年,牟家疃牟宗三的子孙们才在香港与其相见。1995年,牟宗三在香港去世。1998年夏秋之交,参加在济南召开的"牟宗三与当代新儒学国际学术会议"的牟宗三的弟子们专程到牟家疃拜见了师母王秀英。从此,牟家疃的村民才知道,牟家疃村有一个世界级的名人——牟宗三。

三、故乡记忆中的牟宗三

牟宗三对故乡有着难以割舍的怀恋,那么故乡对牟宗三的记忆又是如何呢?在牟家疃,那些与牟宗三同时代的人都渐渐离世,活着的基本没有见过牟宗三,大家知道的有关牟宗三的情况也大多是传闻。对牟宗三最了解的应该是他的原配夫人王秀英,很遗憾,笔者没有见到王秀英本人。笔者初访牟家疃时,王秀英刚去世一个多月。在林瑞生①的文章中,有一段王秀英对牟宗三的评价:

> 宗三这个人心眼好,没有架子,从不小看人。在北京读书时,假期回家,和家里人吃一样的饭,干一样的活,经常脱

① 林瑞生,栖霞人,1941年出生,1967年毕业于山东大学哲学系,著作有《牟宗三评传》等。

下衣服和长工一起跳到粪坑里挖粪、抬粪。从不挑饭,有时候饼子糊了,做饭的人都不能吃,他不声不响地吃下去。家里人不让他吃,他说,不吃,做饭的人会难过的,再说,不吃,丢了多可惜。他很疼爱他的子侄。每次回家,他都和孩子一起玩耍,给他们洗脸洗澡,不嫌孩子脏。

文章紧接着又说:

他(即牟宗三)从不肯背后说别人的短处过错,也不许家人乱说。有一次,王夫人背后说了一位客人的短处,他非常生气,严厉批评夫人,不该对人说长道短,人谁能没有缺点?议论别人的短处就是对客人的不尊重。王夫人印象最深的是牟宗三这样一位当时少见的大学生能够不嫌弃她这个普通农家女子。当时,牟家曾经议论退亲的事情。牟宗三说,王家闺女已经23岁了,人家肯定不愿意退亲。要是我的姊妹叫人家退了亲,咱能够愿意吗?①

村民牟宗显是牟宗三的堂叔弟,他比牟宗三小十多岁,他一直与牟宗三的父亲生活在一起。在他的记忆中,牟宗三没有文人的架子,很谦逊、随和、亲切、朴实。

牟家疃村距离县城有30公里的山路,每次回乡,他都是让"赶脚"(受人雇用驱赶骡马送人或者驮东西的人)在村头停下,徒步走进村。回家后,牟先生总是先到父母屋子里看望问候,并且逐一看望每一位长辈,向他们讲述外面的事情。然后才回自己家里与妻儿团聚。牟先生对爷爷、奶

① 林瑞生:《生命之光——家人及学生心目中的牟宗三》,《霞光》第1期,作家出版社2008年版,第163页。

奶很有感情。1937年,牟先生的母亲去世,电话打到北京,牟先生放下手里的工作,日夜兼程往家奔丧。第四天,当牟先生赶回家时,母亲的灵柩已经到了村西的场园。牟先生非要把母亲再抬回家,他要替老人家再守一天灵。在家人的劝说下,牟先生在场园上脱下长袍,换上了布衫,含泪郑重地给母亲磕了三个头。为母亲送行,这是牟先生最后一次回到故乡。

在村里人的眼中,牟先生是从北京回来的知识青年,乡亲们总是另眼相看。可是牟先生丝毫没有文人的架子,看起来是那样的亲切、朴实。回乡以后,他便换下长袍,戴上草帽,扛起锄头与家里人一起上山劳作。闲下来的时候,便在屋里看书、写字。村里人有什么红白喜事,要写写画画,他都欣然应允。①

牟宗三自1937年后再也没有回到牟家疃,他的原配夫人王秀英却一直生活在村里,直到2009年4月去世,他的儿子、孙子、孙女、曾孙、曾外孙十多个,也大多生活在牟家疃。在次子牟伯琏家和孙子牟红成家的书柜里,整齐地摆放着牟宗三的书籍,所以村民对牟宗三并不陌生。在笔者的采访中,提到牟宗三,大家都知道他学问做得好,在世界上很有名。有些村民还从牟伯琏那里借阅过牟宗三的书:"在牟伯琏家看过牟宗三的书,看过一本书,牟宗三的书是哲学书,研究佛学,看不大懂。"②"我看过

---

① 林新忠等:《哲学大师牟宗三鲜为人知的家事》,《霞光》第1期,作家出版社2008年版,第174页。

② 侯风云:《牟家疃调查记录》(七),2010年3月3日。

牟宗三的书,但看不懂,我念书太少了,不理解。”①的确,牟宗三的书一般人很难看懂,不要说只有初中、高中文化程度的村民,就是那些文化程度较高者也认为牟宗三的书太难读懂。栖霞五中退休教师林雨,栖霞《林氏家谱》的编辑者,他的中文水平已经相当高了,但他告诉笔者:“牟宗三的《五十自述》看了三遍才模糊看懂。”②牟宗三的侄女牟学敏也是退休教师,现居青岛,2010 年 2 月,笔者专程去青岛采访了她,她应该是牟氏家族中读牟宗三的书读得较多的一个,她也告诉笔者:“我叔叔的书读起来不好理解,要看好几遍才行。”③

读不懂牟宗三的书,应该不影响大家对他的评价。笔者本以为,作为一个名人,应该得到村民的尊敬和崇拜,而事实上并非如此。下面的这些观点有一定的代表性:

> 我对牟宗三的看法是,他对俺村应该说一点儿贡献也没有。再就是,他这个人也不回家,一直没回家,老少爷们也不认识他。他应该几年回来一次,和大家热乎热乎,搞点什么。再就是,我听他们说,他这个人是唯心论,咱这些人对这个唯心论就不信、不欣赏。应该说,这么大个人物,对故乡来说是好事,我的侄子在北京大学念研究生,他就给我说:“伯伯,你就不能带头建个牟宗三纪念堂?”北大是牟宗三的母校,他们对牟宗三很崇拜!他们北大的同学说他:“牟宗三是你们村子的,你跟牟宗三什么关系?”他说不上来。我说:“牟宗三纪念堂咱是不能建的。人家下面有儿有

---

① 侯风云:《牟家疃调查记录》(五),2010 年 2 月 3 日。

② 侯风云:《牟家疃调查记录》(一),2009 年 6 月 1 日。

③ 侯风云:《牟家疃调查记录》(六),2010 年 2 月 23 日。

孙,咱给他建什么?如果需要社会捐助什么,咱可以出。”应该说他牟宗三这么大个人物,在故乡应该得到崇拜,但是在牟家疃提起来不行,村里许多人也跟我的看法一样。①

牟宗三有名气,但是,我觉得无所谓。牟宗三才华是不浅,但是,对村子来说,没有贡献。那些做大官却不给老百姓办实事的,我觉得无所谓。②

我没有见过他,他在世界上有名气,但是村里对他的印象并不好,他在外面做官,从来没有对村里有什么贡献,比如帮助村里修个路什么的。当初,他的两个哥哥供他念书,他什么也没有给他哥哥。③

他在外面名声那么大,对村子里一点儿贡献也没有!要是换了我,我就给村里建所学校,再不济也修条路总是可以的吧?!这样的事情又不是没有,我们经常看报纸、新闻上说,谁谁给自己的家乡建学校,还是修桥、修路什么的,这样的事情多的是!他什么也没有,我们崇拜他什么?④

从总体来看,村民觉得,牟宗三有名气,是大人物,就应该给村子办些实事才对,牟宗三没有给村里修路、捐资助学之类的行为,大家就觉得村里有没有他这么个名人无所谓。其实,他们不知道,牟宗三终其一生也不过是一个教书先生,经济上并不富裕,可是村民们都没有意识到这一点,都不谈这一点。

牟宗三的侄女牟学敏比较清楚这一点,但是她也觉得牟宗

---

① 侯风云:《牟家疃调查记录》(七),2010年3月2日。

② 侯风云:《牟家疃调查记录》(五),2010年2月4日。

③ 侯风云:《牟家疃调查记录》(四),2010年1月29日。

④ 侯风云:《牟家疃调查记录》(十一),2013年3月19日。

三在人情世故这方面做得不够好。她说:

其实啊,我叔叔在栖霞,我们家族的人都不了解他。他在台湾有名气与村里有什么关系?他跑外面去了,家里老婆也不管,也不往家里捎钱,自己也顾不上。我这个叔叔啊,我们并没有沾上他的光,他没有给家里人什么。我尊敬他,因为他爱国,学问好,但是世俗的人际关系处理不大会,太愚了。家里人因为他受了多少连累?他读书的时候是我的爷爷和我父亲当家,供他读大学,可是,在他的《五十自述》中只说到我爷爷,就是他父亲,从来就没有提他的大哥,也就是我父亲。……村里人对他有看法,总觉得他是"逃"出去的。他对村里也没有贡献,没有说给村里捐建学校、捐钱,他也穷教授一个,拿死工资,他又不是大企业家,他没有那么多钱,也就是写稿、出书,他那些书也卖不出去,就是一些研究学问的人买。他的那些书一般人也看不懂。①

笔者曾采访过牟宗三的孙子牟红成。牟红成,1961年出生,高中文化程度,是牟宗三长子牟伯璇的长子。他与妻子在牟家疃村生活,以种苹果为业,也兼做有关苹果的生意,算是牟家疃比较富裕的村民,在蛇窝泊镇的北道上买了楼房。他的儿子大学毕业后在青岛工作。他对有关牟氏家族的事业较为热心。那么,他是如何评价他的爷爷的呢?

我们是1974年与爷爷联系上的。那年,我们给台湾的爷爷寄了张全家福的照片,照片上13口人。据说,爷爷看

① 侯风云:《牟家疃调查记录》(六),2010年2月23日。

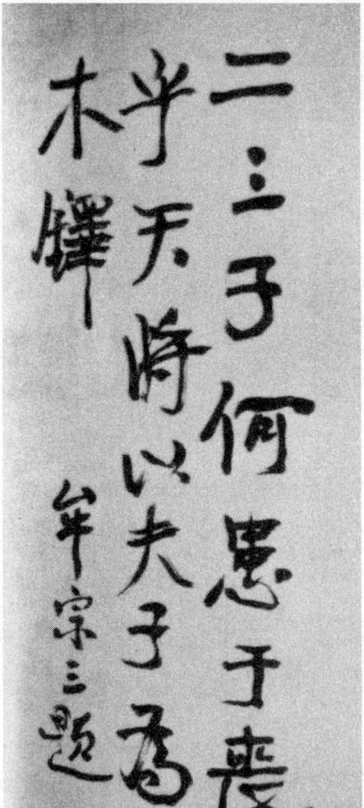

牟宗三手迹

了很惊奇:“啊!这么多人!”我对爷爷有些生气,我觉得爷爷把家庭看得太淡,我指的是把我奶奶和父亲他们扔在老家不管。奶奶一个人带着两个孩子过得很苦,多亏奶奶身体好、心态好。1974年与爷爷接上了联系,知道我爷爷在台湾又找了老伴,我奶奶很高兴:“好啊,有人照顾他了啊。”

1984年,我和我叔叔(牟宗三次子牟伯琏——笔者注)去香港看我爷爷,住了三个月。我说:“爷爷,你就是为你自己活的,不是为家族活的。”爷爷说:“我要是当时在家,‘文革’时我就死了。现在我多自在。”我说:“如果我们不找你的话,你会找我们吗?”爷爷哈哈一笑:“我以为你们早死了。”我生气爷爷这句话。我爷爷对村子最怀念的就是清水河和圈子茔。我对爷爷说想留在爷爷身边,爷爷说:“我对家庭没有贡献,你要是三兄四弟的,我同意你留下来,但现在你父母就你一个儿子,你要回去孝敬父母。”我三叔牟元一在美国读书,也没有成家,我说:“那你老了,怎么办?”我爷爷很轻松地说:“我们好办,进敬老院,需要什么一打电话就行。”

1990 年,我又陪父亲去香港看爷爷,在爷爷那里住了二十六七天。爷爷直到去世也没有回来看看,原因主要是两个:一是早先时候,国家政策不允许;二是后来政策宽松了,可是爷爷的身体不行了,老了。1995 年,我爷爷去世时,我父亲和叔叔去了台湾。爷爷丧事办得很隆重。①

对于村里人认为牟宗三对村子里一点贡献也没有的看法,牟红成又是如何看待的呢?他很诚恳地对笔者说:

这是真的,不要说对村子里了,对家庭也没有贡献。他自己也没有经济能力,收入有限,也已经退休了。我 1984 年结婚时,爷爷给了我 400 块钱;我叔叔家的孩子结婚,爷爷给了 600 块钱;我叔叔的第二个孩子结婚时,就没有给钱了。爷爷对子女的教育没有,对家族的贡献也没有,一生的贡献就是 32 本书,这是他一生的心血。家里有一套爷爷的书,我家是后 16 本,我叔叔家是前 16 本,都看不懂,真正看懂他的书的人很少。我想随着社会的发展,爷爷的学术会逐渐被发扬。对他不高兴是另外一回事儿。我还是很自豪的,有这样一个爷爷挺自豪的,出门在外,说是牟宗三的孙子挺自豪的。对我父亲也是一样,对有这样一个父亲他也挺自豪的啊!特别是在外面,一说是牟宗三的儿子,挺骄傲的。②

看着牟宗三对家乡、家族及亲人美好的回忆,听着家乡人对牟宗三如此的评价与认同,笔者常常感慨万千,为什么会有如此

① 侯风云:《牟家疃调查记录》(十一),2013 年 3 月 19 日。

② 侯风云:《牟家疃调查记录》(十一),2013 年 3 月 19 日。

大的差异？其实，仔细分析不难发现，这反映了两种文化价值的差异或者说是认同的差异，牟宗三的贡献是对于国家、民族而言的，不是对于家族村落的。而作为村落来说，村民的标准自然是村落的利益，而不是国家的利益，当然会由此产生分歧。此外，世事变迁给家族带来的命运又岂是牟宗三一人所能够改变的？村民将此归罪于他一身，满怀思乡之情的牟宗三若地下有知，不知又将如何之伤感！

第五章　日常生活:信仰与习俗

第一节　宗教信仰和民间信仰

一、宗教信仰及其认同

在栖霞,就宗教方面来说,曾经有影响的是道教、佛教和基督教,而最有影响力的当属道教。丘处机是栖霞历史上首屈一指的名人,他是道教主流全真道掌教真人。丘处机之前,栖霞就有道教;丘处机之后,全真道为主流,栖霞的太虚宫①就是全真道的中心。元、明、清初时期,栖霞道教比较兴盛,一些大的村镇皆有道观,供奉“三清神像”,道教徒也越来越多。民国以后,道教发展基本停滞,仅有道教徒四十余人。新中国成立初期,有道教徒 16 人,皆劝其还俗为农。②

佛教在元朝时期传入栖霞,清代发展较盛,在栖霞城内有佛教寺庙二十多座,民国初期渐趋衰落。1936 年,县城内设有中

① 太虚宫又称太虚观,在栖霞城北约 10 里,是我国全真道掌教真人丘处机修建的修道之所,因为地处滨都里村,栖霞人俗称之“滨都宫”。

② 山东省《栖霞县志》编纂委员会编:《栖霞县志》,山东人民出版社 1990 年版,第 769 页。

国佛教会栖霞分会组织,有佛教徒七十余人。新中国成立初期,栖霞尚有7人,不久皆还俗。①

现在道教和佛教在栖霞已经没有组织了,但是,在人们的日常生活和观念中来自道教和佛教的影响依然存在。

目前在栖霞有组织的宗教是基督教。1918年,基督教的天主教由临朐传入栖霞,民国时期兴盛。教堂分布在罗圈村、白马夼村、凤凰庄村、观里村、孙疃村、东荆夼村、唐家泊村、牛蹄夼村、东宋庄村、许家村等,有十多座,天主教徒约五百余人。1938年后,天主教衰落,其教徒大部分先后离开栖霞。新中国成立初期,县内仍然有天主教徒2人,但早已停止传教活动。基督教的新教是1901年由烟台传入栖霞的,民国时期较为兴盛,主要分布在县城北部的朱元沟、隋家集、小栾家、燕地、徐村、小杨家等村,共有新教徒四百余人。基督教会在朱元沟村设教会学校1所,招收栖霞、莱阳、牟平等地的青年学生130名,其中90%加入基督教。新中国成立初期,基督教徒仅剩25人,分布于臧家庄、庙后、管道、寺口、三家店等地。② 现在,栖霞市内基督教分基督教和天主教两派,以基督教为主,占信仰宗教人数的98%以上。教徒有二千五百多人,经市政府登记批准的宗教活动点有29个。教徒分布在全市十多个乡镇。③

在上述背景之下,牟家疃村的宗教信仰也受其影响。据笔

---

① 参见山东省《栖霞县志》编纂委员会编:《栖霞县志》,山东人民出版社1990年版,第770页。

② 参见山东省《栖霞县志》编纂委员会编:《栖霞县志》,山东人民出版社1990年版,第770页。

③ 参见孙铭浩主编:《栖霞风物》,华文出版社2005年版,第201页。

者了解，以前，村里没有人信仰基督教。现在，信仰基督教的村民较多。牟家疃村的基督教属于家庭聚会性质，与外面村镇的教会也有联系。聚会地点是在后街一个刘姓的村民家里。刘某，63岁，牟家疃村人，小学文化程度。刘某妻，62岁，栖霞杨础镇李家庄人，小学文化程度。他们有两个女儿，现已结婚迁出，他们夫妇两人都信仰基督教。笔者本想对他们进行采访，但担心遭到拒绝，便找了与户主关系较好的一位村民去了他们家。当时，刘某不在家，其妻在家。当推开大门进去后，女主人从正屋出来，她满怀戒备地问笔者要干什么。当笔者说明来意后，她非常警惕，对笔者下了“逐客令”：

咱不了解你，咱信仰不一样，信仰不一样，咱就不接触。你快走吧！咱不了解你，不能跟你接触。等我了解好了，等我问问我们的同工，是不是他的教堂需要你来啊？需要俺去了呀？我了解好了再叫你来，咱认得的人接触，不认得的一概不接触。咱俩你要是了解我了，我也了解你了，咱就是一个目标，这就行了。咱不用让你站门口，就让你上炕了。我不是不愿意讲，是我没有了解好你。①

遭到拒绝后，笔者就无法再采访刘某了。经过村民介绍，笔者又找到了曾经到刘某家参加过聚会的村民牟玉琴，通过她，了解了一些情况。

咱村信耶稣的有，也叫我去学，我去了两个周、三个周，我说，我学不进去。我觉得啊，耶稣教还是有迷信色彩，我这个人不信这个。聚会在人家家里，我也烦去。在人家家

---

① 侯风云：《牟家疃调查记录》（五），2010年2月4日。

里那么多人,女的多;再就是我的腿也不好。她们大部分的不识字,也有识字的,也有讲得好的。咱村的基督教是刘××两口子组织的。镇上也没有教堂,都在家里。耶稣教聚会的时间是星期一、三、五的晚上,礼拜天一天,不在刘××家里吃饭。每月农历十五、二十五有大的聚会,这就不是一个村了,是周围几个村一起聚会。每次在刘××家聚会。他们也不容易啊,缝制的垫子让人坐在炕上,炕上烧得很暖和。我就是冬天去了几天。平时,她们这些人团结一心,有什么困难一起帮,也帮助不信这个的。主要是刘××两口子组织,也有一个年轻一些的大概四五十岁的,是本村的。我第一次去还碰上了捐款,我捐了20块钱,她们捐了10块钱。她们高低不让我捐,说我在耶稣面前,还是个小孩。①

笔者又采访了已经信仰基督教14年的村民李某。李某,女,1938年出生,75岁。起初,她对笔者存有戒心,反复问“你了解这些干什么”,并且问笔者“反对不反对信基督教”,得知笔者并不反对后,她才比较坦诚地讲述了关于村里信仰基督教的事情:

我经常看《圣经》,已经看了几遍了。以前爱发脾气,现在自己能检查自己的问题。我是61岁的时候信仰基督教的,已经14年了。我以前也不信,认为我有信义、有孝心就行了,其实不是这样的。我家里丈夫不信,因为他说他是党员,不信,但是不反对我信。我们是家庭聚会,不去教堂。我们聚会是在刘××家,一开始就在他家聚会,人多的时候有二三十人,少的时候有十几个。也有月会,在荷叶、泥都,是周日聚会。本村的规

① 侯风云:《牟家疃调查记录》(五),2010年2月5日。

模小，没有大聚会。年龄大的多，女的多，男的少。一般是一家一个人信，另一个不反对。年轻人也有，二三十岁的。①

信仰基督教村民家的大门

生活在一个村子里，有什么事情，大家也多少知道一些。对于村里有人信仰基督教，其他村民基本都知道。当笔者问村民关于信仰基督教的事情时，他(她)们几乎无一例外地告诉说，村里有人信仰基督教，大概二十多个人，就在后街刘××家聚会，主要是些老年妇女。

有一回，他们聚会散了，我们数了数，有二十几个。有

① 侯风云：《牟家疃调查记录》(十一)，2013年3月19日。

一家两口的,也有单个儿的。他们聚会在礼拜天,上午一次,下午一次,再就是星期一、三、五有一次。他们够积极的了,有一些老人、病人够积极的了,也有年轻的,最年轻的也有二十来岁的。男的除了刘××,还有一个男的也六十来岁了,其他都是女的。①

笔者采访了上文中的这个六十来岁的男性村民。这位牟姓村民是牟宗三的叔兄弟的儿子,他说:

是我妹妹介绍我入教的。我又介绍我弟弟加入了,才一个来月。我们家基本都信,我父母也信,我家就我三弟和弟媳妇不信。我小女儿也信,但是和我们不一样,她是去教堂。村里人对我们信这个的也不歧视。现在信仰自由嘛,我信又不干别人的事。信仰基督教的基本都是些年纪大的妇女,男的少。男的为什么少,我也说不明白。也没有人当面说我什么闲话。②

对基督教信仰现象,村民的认同是怎样的呢?许多被采访的村民表示,他们对基督教"不感兴趣","不信这个"。但村民们普遍表示对基督教信仰者不反感,主要原因是"他们不说反动话,对他们不反感"③。另外,基督教信仰者能够互相帮助,并且也帮助其他的村民。这也是村民对他们不反感的原因之一。

我与村里信仰基督教的不来往,我不信。但是我不反对信,因为他们做好事,不做坏事,所以我不反对。为什么我不信呢?因为我觉得这里头有迷信色彩,我不信迷信。他们不

---

① 侯风云:《牟家疃调查记录》(五),2010年2月4日。

② 侯风云:《牟家疃调查记录》(十二),2013年3月20日。

③ 侯风云:《牟家疃调查记录》(五),2010年2月3日。

骂人,有些事情帮帮忙,不用大事,有些小事情能显示出来,他们爱帮助人。就拿今天来说,我在那儿劈木头,我的斧头的头掉了,他走到那儿,其实他就是村里那个的主持人,人都上他家去,他叫刘××,他走过来就帮我整好了。还有一次,我劈木头,我去借他的刨锤,他过来就几下帮我劈好了。咱也不反对他,也不歧视他们,这纯粹是个人自由,所以也没有觉得他们跟咱不一样,他们也经常上街一起聊天儿。①

基督教信仰者的日常生活、行为习惯以及语言等各方面的表现与一般村民不大一样。

平常,他们与我们不一样,像亲属死了,不戴孝,不烧纸,不烧香。后面的老头死了,他是信耶稣的,就请信耶稣的人去,唱耶稣歌,就这么包裹一下抬了就走,也不戴孝帽什么的,没有这些规矩。有的是婆婆信,带着媳妇也信。②

尽管不反对有人信仰基督教,但大多数村民还是觉得这些信仰基督教的村民古怪、不正常,甚至很好笑:

信仰基督教的和我们平常的人不大一样,他们学得都愚了,表现在什么地方呢?你说有些人吧,你和他说话,他笑笑就过去了,也不和你说话。叫他说就是经常爱帮助别人,咱也没见过。确实他就跟咱不一样,他不大放声(说话的意思——笔者注),也不大上聊天的地方去,不知道在那儿想什么,你说这不是愚吗?③

我觉得他们是聪聪明明的"愚板头"。你说,在那儿跪

① 侯风云:《牟家疃调查记录》(五),2010年2月4日。
② 侯风云:《牟家疃调查记录》(五),2010年2月4日。
③ 侯风云:《牟家疃调查记录》(五),2010年2月3日。

着,嘴里"嗫咕、嗫咕、嗫咕",这不是"愚板头"吗?!再就是有了病,你得相信科学,得进医院、吃药,你"嗫咕、嗫咕、嗫咕",病就好了?这些人总的就是去做一个精神寄托,就是这么个意思,觉得去"嗫咕、嗫咕"就好了。这就是"愚板头"。①

我对这些东西反对,没有用。但好像信这个国家也不反对。②

在家庭里有人信基督教有人不信,是否会产生矛盾呢?据笔者了解,一般情况下家庭成员不反对信基督教。上面提到的牟玉琴曾经参加过基督教聚会,她丈夫对笔者说:

她们来发展你大姨(指牟玉琴——笔者注)的时候问我反对不反对,我说只要不反对中国共产党,她信什么我都不反对,只要共产党不反对,我也不反对。③

由上述笔者的调查情况可见,信仰基督教的现象在牟家疃村里的确存在,基本属于少数年老体弱者的个人行为,在村落里属于边缘化的群体。对于这些群体的存在,尽管村民也表现出一定的宽容和部分认同,但双方还是难以沟通。笔者认为,产生这种状况的原因主要有以下几方面:

首先,信仰宗教和不信仰宗教本来就是两种价值体系与行为标准,因此,这种新出现的外来宗教信仰很难见容于几百年甚至几千年的中国传统体系。比如佛教,进入中国之后,经过了几百年的本土化,才终于和中国文化融为一体。而基督教更难。一则它进入中国的时间短,二则也是最重要的是它最初的进入

---

① 侯风云:《牟家疃调查记录》(五),2010年2月4日。

② 侯风云:《牟家疃调查记录》(十),2010年12月22日。

③ 侯风云:《牟家疃调查记录》(五),2010年2月5日。

是凭借着西方列强的坚船利炮和不平等条约而来的,让中国百姓本能地对其有反感。加上当代基督教的传播时间也就是改革开放后几十年的时间,还没有本土化,有较强的异质性,与中国传统体系的相容性较差。

其次,两种体系之间缺乏必要的沟通,这是产生分歧与误解的最重要的原因。中国社会实际上是没有明确宗教信仰的社会,或者说是多神崇拜的社会。通过对日常生活的观察,我们会发现,在中国的民间宗教信仰中,儒、释、道相互融合,是有着庞大的神仙队伍以及数不清的民间众神和偶像诸神的热闹共处;同时,我们也会发现,中国的民众更为关注现实生活中的利益。因此,信仰宗教的主要动机是趋利避害,有很强的实用性。而基督教不然,它具有很强的排他性,这就与中国民众早已习惯了的诸神共处甚至人神同乐的心理产生了冲突,出现分歧、误解便成为自然的事情了。

再次,基督教信仰者自我意识的重新建构所带来的行为规范的变化,比如,一些信基督教者不与不信者经常来往,生活显得很沉默,在一些日常生活习俗上的反传统行为等,也很难在短时间内得到村落其他人的认同和理解。

二、民间信仰

在牟家疃村,民间信仰比较淡薄。在调查中,无论哪个年龄段的村民都明确表示“不信鬼神”,有一位不识字的68岁的妇女说:“我不信鬼神,哪儿有鬼神?谁见过?咱没有见过。”①问他

① 侯风云:《牟家疃调查记录》(七),2010年3月3日。

们是否算过命,他们也说"从来没算过"。但是,也有矛盾的地方。比如说牟芳亭,他说他"不迷信,不相信鬼神",可是他又绘声绘色地给笔者讲了一个有关鬼的故事:

我听老人讲过,老社会的时候,我们牟氏祖茔还在的时候,至少80年前了,有一个姓范的人真的抓了个鬼,他喝了酒半夜在外面遇见了鬼,与鬼打了一夜,抓住硬打、硬打(使劲打的意思——笔者注),打到天快亮了,鸡叫的时候,鬼跑不了了,再说鬼身上沾上血了也跑不了了。鬼就被拉到一个碾子上,有些人还跑去看了,那个鬼像个猴儿似的,毛乎乎的。这事确实是有。一个叫牟宗显的,今年88岁了,他说看见过那个鬼,那人把那个鬼抓到他家的碾坊让大家看来着。我小的时候就有人告诉我这事,前些年还有人说来。大家都看见了,应该是真的,大家都说了,我能不信?①

由于不相信鬼神的存在,所以在牟家疃没有有关民间崇拜的公共活动场所,如道观、土地庙、佛寺等,连类似的遗迹也找不到。在家里也没有安置神仙、菩萨的现象。在大门上贴对联,不贴门神之类,基本都贴"福"字。

现在没有,以前有没有呢?据村民讲,传说很久很久以前,村里曾经有一个庙:

这个庙叫什么名字,不知道,什么时候建的,不知道。里面有个住持。据说有一天神仙托梦给这个住持,说这个地方要"水土沙压"。后来还真的应了这个梦,过了三五天后,真的来了洪水,把土地庙冲掉了。这大概是三四百年前

---

① 侯风云:《牟家疃调查记录》(十),2010年12月22日。

的事情了吧,是老人们说的。像我们现在叫的地名就叫"庙前"、"庙后",就是这么来的。①

有研究者指出:"华北地区的保护神是关帝。"②明恩溥则指出:"最可能建造的庙宇是两个,一个是供奉地方神的庙,另外一个是供奉战神的庙。"③"成千上万的村庄都满足于这两种庙宇,它们也差不多被认为是不可缺少的。"④不过,他也承认,"事实上,还有许多乡村根本没有庙宇。"⑤那么,牟家疃村属于哪种情况呢？上面提到的传说虽已不可考,但也说明村落对庙宇的认同。明恩溥所说的"供奉地方神的庙"就是指土地庙,土地庙是专管一个村的事务的。在1958年前,牟家疃有土地庙。

村里南北各有一个土地庙,本来一个村一个土地庙,咱村旧社会的时候是两个自然村。人死后,孝子拿着擗杖、孝帐等到土地庙去送水、送钱,这叫送浆水。祠堂和土地庙不一样,祠堂是祭祀祖先的地方。土地庙是人死后,人的尸体在家放着,家里人到土地庙开锁,告诉土地爷爷,我的老人死去了,开门收死去的人,到土地庙送水、送钱,让老的走好,叫"报庙"。我妈妈死的时候,这些我都做了,那时候,我

① 侯风云:《牟家疃调查记录》(五),2010年2月4日。

② 〔美〕杜赞奇著、王福明译:《文化、权力与国家:1900—1942年的华北农村》,江苏人民出版社2008年版,第110页。

③ 〔美〕明恩溥著,陈午晴、唐军译:《中国乡村生活》,中华书局2006年版,第103页。

④ 〔美〕明恩溥著,陈午晴、唐军译:《中国乡村生活》,中华书局2006年版,第104页。

⑤ 〔美〕明恩溥著,陈午晴、唐军译:《中国乡村生活》,中华书局2006年版,第103页。

13 岁,去土地庙给老人送钱、送水。土地庙没有人管理,土地庙很小很小,就是用石头做个土地爷爷在里面,小人不高不大,小庙很小,不过一米见方,人进不去,30 公分高,20 公分的宽窄,一个小口子算门,就在小门的前面磕头、烧烧纸、烧烧香什么的。土地庙和关帝庙都进不去人。到土地庙"报庙"后,晚上送净面纸,一般第二天就发殡埋到祖坟里去了。也有三日后发殡的,一般是些老年人要等远处的亲人来奔丧,一般是冬天,夏天不能等,尸体腐烂有味道。人埋葬后,就不再去土地庙了。每年正月初一也要到土地庙烧香、磕头、送纸。土地爷爷管一个地方,只收一个地方的香火。1958 年之后,土地庙被扒了、平了。至于这个土地庙什么时候建的,什么人建的,不知道,老辈人一代代传下来的。没有其他庙,别的地方像柳口、半坡都有关帝庙,也叫关爷庙。我都看到过,我们村没有。①

以前村里有两个土地庙,二月二到土地庙插旗杆,烧香,旗杆就是一个棍子,就像人拄的拐棍一样。我也不知道是什么意思、什么风俗。村里人每家基本都去一个人,但不一定一起去,你去了插上旗杆、烧上香走了,我又去插上旗杆、烧上香走了,他又去了,就这样,我也不知道什么意思。等我记事的时候,土地庙就不那么威严了。②

现在土地庙没有了,"报庙"的活动也没有了,村民们似乎也没有再修这类庙宇的打算。

---

① 侯风云:《牟家疃调查记录》(五),2010 年 2 月 4 日。

② 侯风云:《牟家疃调查记录》(九),2010 年 12 月 13 日。

咱村我不记得有庙会，也没有关公庙、观音庙什么的，也没有听说过有，南砦有关爷庙。不知道咱疃为什么没有，我也说不明白。求雨的活动咱疃也没有听说过有，但是邻村荷叶就搞过求雨，打锣鼓，放鞭炮，还有的请来唱戏。咱村不记得有，荷叶有咱村没有，那是因为他们村有那么一些人能鼓动起人来搞这些活动。西荆夼每年的二月十五、四月初十有庙会，就是赶山。因为就那个村有山，周围都没有。听老人们讲，那个山是一晚上长出来的，那个山现在还在。①

对于风水，村民的观念也不一样，有人表示不信，也有一些村民表示相信风水。笔者问这些相信风水的村民这算不算迷信，他们认为这不是迷信而是“有一定的科学道理的”②。牟芳亭说他相信风水，还从家里拿出一本《名人与风水》的32开的小书给笔者看。他认为，书上讲的有一定的道理。他认为，牟宗三能够成为村里的第一个大学生，就是因为祖上的风水好：“牟壺的茔地风水好，牟壺的茔地的横联是‘雨聚山泽’，就是滋润着后人和子孙的意思。”③邢家疃的牟日宝也曾经明确地告诉笔者他相信风水。在他编辑出版的许多关于牟氏家族的故事、传说中就有很强的风水观念，特别是说到牟氏祖茔，他认为，牟氏家族之所以在栖霞兴旺发达，与牟氏祖茔的风水好大有关系。在牟日宝主编的《栖霞名宦公牟氏望族》一书中专门有一篇讲到牟氏祖茔风水的故事：

---

① 侯风云：《牟家疃调查记录》（九），2010年12月13日。

② 侯风云：《牟家疃调查记录》（七），2010年3月2日。

③ 侯风云：《牟家疃调查记录》（九），2010年12月13日。

(老八支)五房牟道立,在他任职期间,学会了看地理(茔地风水),趁探家之机,把牟氏祖茔全部视察了一遍,父亲跟刘家争夺的那个"涝洼都子"虽然好,却只管几代人,为了后人的兴旺,众兄弟必须另选风水宝地。他发现祖茔以西,按对北下来的龙脉(山脉),一展平坦,乃"群雁落沙滩"的风水宝地。再向南看去,近处是东西流向的清水河,东南方向的老寨山呈三个顶峰,是一座笔架山。西南方向的兑子山,孤零零地坐落在清水河南畔,犹如官印。兑子山下有一处深水湾,好似墨盒。这真是一处绝妙的风水宝地。牟氏祖茔必定在这里。牟道立决定把自己的坟墓建立在这里。

不料,这个消息传到老六牟道行的耳朵里,这时,他已迁进栖霞城南门里居住,令子牟镗从城里步行到牟家疃,找五伯索要这块宝地。牟镗说:"五伯,我爹说你会看地理,再找块好茔地不难,就把这穴宝地让给我爹吧!"为了家族大义,兄弟团结,牟道立斟酌了一番,便爽快地答应下来。他决定把这块"群雁落沙滩"的宝地全部让给牟氏家族。

牟道行按照牟道立的吩咐,老八支兄弟五人选在圈子茔里,老二牟道一选在圈子茔外,只有老七牟道中不听话,自作主张,选到栖霞城南七里庄北山上,其子牟瑛又葬在五里堠北山,结果人丁不旺,在栖霞绝了支。

牟道行定陵圈子茔,牟家后世又继续兴旺而腾达,做官为宦及学者大师们比比皆是,诸如代天巡狩牟恒,九省军门总漕部堂牟昌裕,江南第一清官牟愿,全国著名学者牟庭,当代国际新儒学大师牟宗三等等,使牟氏家族成为栖霞第一大家族。

再说牟道立,把圈子茔的风水宝地全部让给了众弟兄之后,想再寻一处与圈子茔相同的风水宝地,走遍了栖霞南部的山山水水,最后,发现燕子夼北山像一朵盛开的荷花,花心由一蒂三瓣组成,两边又各有两个大花瓣,瓣尖都向花心并拢,左右一看,白洋河从它东北面的灵山发源,经过山前,又向西北而去。山下,有一股清泉,常年浇灌着这棵荷花。站在花心再向南看去,远山之间又露出釜甑山,像一块笏板挡在正前方。经过反复考察,这花心之处,就是一穴好地气,如果能葬在这里,子孙必定要发科,出进士的时间比圈子茔还要早,而且是圈子茔的开门钥匙,就这样,他把新茔址选到燕子夼北山上去了。

后来这处风水宝地果真应验了。

自从牟道立于天启甲子年(1624)六月初三日戌时过世,三个儿子按其意愿安葬之后,后裔相继兴旺。老大牟钰,考中了大明庠生。老二牟钫,大清顺治二年岁贡生,并出任临淄训导,后升莱芜教谕,正八品。老三牟钶,大清顺治五年武举,出任宝山、天城守备,封号明威将军,正四品。六孙牟国须,大清顺治十一年中举,十八年,果然考中了牟氏家族第一个进士,出任河南省渑池县知县,正七品。元孙牟曰笣,康熙丙子经魁,出任掖县、邹平教谕,后升安东卫教授,正七品。元孙牟曰篝,岁贡出身,出任寿张训导,从八品。元孙牟曰簻,岁贡出身,出任肥城训导,从八品。还有廪生与庠生多名,只是没有出仕。

说也奇怪,三四代往后,就再没有出过官。据后来的风水先生说,燕子夼的坟地与圈子茔一脉相承,好似一棵葫芦,燕子夼是根,圈子茔是蔓,它的果实是结在蔓上的,因此,圈子茔的后裔,不但人丁兴旺,做官出仕的也多。而燕子夼的后裔就不行了,前几代做官的那是沾了涝洼都子的光。也有人说不是那么回事,那是因为山下有了村庄,泉水受到了破坏。所以,牟氏后裔不许燕子夼村民乱挖井穴,直到20世纪50年代,燕子夼的村民还始终遵守着这个信条。

不过,燕子夼茔地真的成了圈子茔的开门钥匙,自牟国须发科后,圈子茔六代出了9个进士,占700年中全县28个文进士的三分之一,灵气之神,由此可见。①

另外,村民对于在家祭祖的仪式,认为这不是迷信,而是对先人的一种怀念。

我并不相信先人真的会来家吃供奉的东西。比如,国家把清明节扫墓规定为节日,这能够说是迷信?这是一种纪念活动。还有像寒食节,送灯、送冬衣,这些都是纪念活动。烧纸,这些是先人留下来的风俗。②

第二节 日常习俗

一、最重要的节日

在村民的日常生活中,最重要的传统节日就是春节了,也叫

---

① 牟日宝、牟珍主编:《栖霞名宦公牟氏望族》,《现代家教》杂志社1997年印刷,第409~412页。

② 侯风云:《牟家疃调查记录》(七),2010年3月2日。

“过大年”。春节的前奏是从腊月二十三开始的,这一天是农历小年,这一天的晚上要吃顿饺子。这天之后,过大年的味道就越来越浓了:打扫卫生,粉刷墙壁,清洗家具,蒸年糕,做饽饽,置办鱼肉、蔬菜等年货。除夕之夜,俗称“年三十”。这是一年的最后一天,所以民间很重视。这一天早饭后,家家忙着贴春联,也叫“门对”,以前都是自家用毛笔写在红纸上的,自家不会写就请村里会写的写,那时候谁能写一手好毛笔字,是很受村里人尊敬的。现在村民基本不自己写春联了,大多是在集市上买现成的印刷品。另外,还要打扫庭院、挂灯笼、挂年画、贴窗花、贴福字等,忙得不可开交。过去还要把水缸挑满水,备足三天的柴。大年三十中午全家老少围聚在一起吃团圆饭,主食是米饭,叫“吃

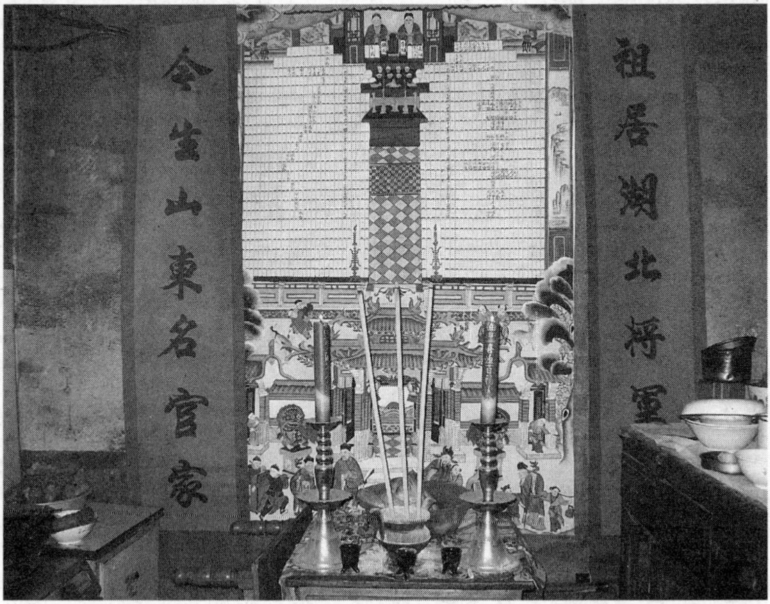

春节祭礼的祖子

干饭”。干饭就是黍米，也叫大黄米，也有用大米做干饭的，菜肴较丰盛，量多，不吃完，剩下来叫“隔年菜”，表示“余富”。

现在祠堂没有了，就在自己家里请神主。神主就是神主楼，神主楼里放着先祖牌位（神主牌），平时这些牌位放在神主楼里，祭祀的时候请出来，按顺序排放在神主楼前。神主楼在“破四旧”的时候都被烧掉了。现在用填写着先祖姓名的祖子（又称大画、家堂、家谱）代替，将大画高高地挂在方桌后面的墙上，备好香炉、灯笼、长钱、纸表、鞭炮等物，到黄昏时开始请祖。祭拜的形式与以前基本一样：摆上供品，点上香炉，给祖先磕头。

大年三十晚上要“守岁”，一家人一般通宵不睡。实际上，能够通宵不睡的不多。以前没有电视的年代，这天晚上要请长辈讲祖宗的故事，或者做各种娱乐活动。现在不讲故事了，由春晚电视节目代替。

严格地说，春节是从初一凌晨零点开始的。到了零点以后要“发纸”，就是把给去世的人买的用作纸钱的纸用模子打成钱点着烧了，然后再放鞭炮，放完炮还要吃五更饭，吃得比较简单：几个菜，几片饽饽，几盅酒。吃完五更饭后，各家各户家里留下年长的和女当家的，其余年轻人和小孩子都穿上新衣服，结伴结伙地走门串户去拜年，于是整个村子便笼罩在节日的热闹气氛中了。

春节拜年也很有讲究。大年初一男女老幼都必须穿新衣，清晨见面互问：“过年好。”首先进行家拜，一家中，晚辈给长辈拜年，平辈之间互相拜年；然后进行近拜，就是给没有出五服的长辈拜年；最后是远拜，给出了五服的长辈和亲朋好友拜年。晚辈给长辈拜年时，长辈还要给“压岁钱”。新媳妇给公婆拜年，公婆要给相当数量的“压岁钱”。

过去,大年初一早上要到祠堂里磕头,没有祠堂后,到家里去拜年,也要在神主或者祖子前磕头。现在磕头的情况也基本没有了,拜年越来越简化了。

初一忌讳很多,忌说不吉利的话,忌打人骂人,忌打碎东西,忌扫地,忌挑水,忌吃药,忌点灯,忌捣蒜,忌一切劳作等。

春节期间的拜年,主要还是在本家族和亲戚之间走动。平时大家很忙,过年又是在农闲季节,所以借助这样一个节日一家人聚一聚,是很难得的联络感情的机会。老年人、年轻人和小孩子对春节的感觉是不一样的。老年人和小孩子总体来说感觉过年好,特别是那些孩子在外地工作的或者女儿远嫁他乡的老人,很盼望过节孩子们能够回来。因为一年中也就这春节一家人能够有团圆的时间,平时,即便是离家较近的儿女也难得聚得很齐全,虽然他们也会经常回来看看老人。笔者在2010年春节后去牟家疃村调查访问,一些年岁大的村民就告诉笔者,春节期间,孩子们都回来过年了,很高兴:“春节期间村里可热闹了,大街上人多,车也多。”①小孩子很喜欢过年,以前主要是因为过年有新衣服穿,有糖果吃,有丰盛的饭菜,有鞭炮放,有热闹看等等,现在生活比以前好多了,新衣服、糖果、饭菜都不缺了,可是,孩子们还是觉得过年很好玩儿,因为有压岁钱,不用做功课,还可以到处玩耍又不受大人责备。年轻人过年的兴致不大,反倒很多人觉得挺累,且不说过年前的那么多准备,过年期间还要带着礼物、孩子去看望父母长辈,自己家里还要招待来往的客人等等。

---

① 侯风云:《牟家疃调查记录》(七),2010年3月2日。

但虽然有人抱怨过年没意思、累人,大家又觉得一直就是这样过的,也没有什么不好。

下面是笔者于2010年3月2日上午和牟芳亭、他的老伴儿的一段关于过年的对话。

问:大叔,你说说二十三我走后你们是怎么过的?

答:农历二十三是小年,晚上我们吃了顿饺子。

问:你们什么时候打扫房子啊?

答:腊八后哪一天都行。你走后,有时候天好到懒汉市上去耍,赶了个蛇窝泊集,主要是操持过年的菜吧,我还缺副门对。我还割了猪头肉打了炖,是二十八打的炖。

问:主要买了些啥菜?

答:买了些韭菜、豆芽、芹菜,白菜自己有,称了些大蛹,就是蚕蛹。

问:蚕蛹,你们怎么吃?

答:就是用水煮出来吃吧。我今年吃了不少。二十七我还买了猪蹄打炖。二十二我买了一只鸡,就是你走的那天,12块钱一斤,后来二十七我又去买,那样的鸡是17块一斤。笼子里面的鸡是9块钱一斤,它就不如散养的鸡好,散养的是15块一斤。我还买了鹌鹑蛋。二十八在家要着玩。二十九我去了榆子林会文那里,赶了个集,去前给我南榆疃的小姑娘打了个电话,问她去不去赶集,我拿了一小盆打好的炖给她,我还拿了一箱牛奶给她,我的小外孙13岁了,这是去榆子的主要原因。我顺便买了一副门对。三十我又赶了蛇窝泊的集,三十蛇窝泊还有个小集。

问:蛇窝泊的集不是二、七吗?

答:从我记事时候起,每年腊月蛇窝泊二十、二十五、三十还有三个集,这叫塞集,就是塞进去的。三十我买了捆韭菜,好贵的韭菜,5块钱一斤,我今天买的韭菜3块钱一斤,那些天蘑菇5块钱,今天才2块钱,豆芽2块钱,现在2块5二斤。你觉着能过了就行,一过年就贱了。

问:集市上人很多吗?

答:不多,连平常时候集市的二十分之一都不到。

问:因为这之前都赶够了?

答:一个是赶够了,一个是那天家家都忙贴对子,就是缺什么赶紧买了就回来,中午12点街上的商店也就关门了。这就没事了,初二赶集就没有人了,店铺都不开门,初七开门。初七赶集的人比三十多一些。十二人就多了,因为要过十五了。家家买的菜也吃得差不多,要到闺女家去,亲家见面什么的。现在有冰箱,那个时候,就是现吃现买,不能放太长,时间长了就放坏了。基本元宵之后就结束了,年就过完了。

问:三十怎么过的?

答:三十就是过年了,晚上就有人来拜年了。早饭吃过,挂灯笼,贴门对,大扫除,扫院子,还要把供养的祖子挂起来,香炉、蜡台,家里人忙得不可开交了,供养的菜也要弄好,弄了6个菜,果碟里有橘子、橙子、梨、柿饼、糖,还有饺子,三十中午吃干饭。

问:什么是干饭?我一直不知道你们说的干饭是什么?

答:哪天我给你做了吃!干饭就是黍米,我们叫大黄米。今年我儿媳妇不同意做黄米,我们就做大米干饭,做的菜里头有排骨、粉条、白菜,就一个菜,一般都吃不了,剩下来叫“隔年菜”,表示“余富”,专门剩了,初一根本就不吃,初二也不吃,初三、初四什么时候吃熥着吃就行,又放不坏。

问:祖子中午就摆上了?

答:嗯,中午我们就得磕头了!晚上吃饺子,再舀上几个饺子供养上。晚上我们吃了饭再磕头,把蜡点上,香点上。睡觉后,半夜起来,发纸了,就是把买的给去世的人用作纸钱的纸用模子打成钱,一般是12点以后吧!现在我们一般是4点起来,因为鞭炮放得太吵也睡不着。发纸的时候还要饽饽。

问:饽饽什么时候蒸的?

答:小年以后哪天都行。我们是二十六蒸的,蒸的时候泥都的大姑娘也来帮忙。发纸的时候,就是烧纸的时候,连发纸的饽饽一起烧。就在院子里烧,把饽饽也烧煳了,烧煳的饽饽就留在初一中午谁上山谁吃,就是谁是家里的主要劳动力谁吃。意思就是谁吃了这个饽饽就不懒了。我家的就是我吃啊。还有一半搁在那儿,烧得墨黑墨黑的,等搁干了再吃。发纸的时候还要把香点上,蜡烛点上,因为我们睡觉的时候就把蜡烛、香灭了,半夜起来发纸再点上。把发纸点上后就放炮。所以你听谁家在放鞭炮,谁家就在发纸。

问:你买炮花了多少钱?

答:我花了50块钱买了5挂大的。我二十六又赶荷叶(的集市),花了23块买了2挂,一共花了73块钱。我家里还有去年的4挂。我十五还要到我父亲的坟上送灯,就是十五傍晚,就是现在下午5点左右。拿灯点上,以前是老娘儿们用豆面做的灯碗,现在没有了,不做了,集市上有卖的放蜡烛的,我是拿两个大蜡烛,到坟前背风一点的地方点上,再点上纸,把供养的东西放上,本来是拿饺子,我看饺子没有包好,就拿了两袋点心,浇点酒,再放挂鞭炮,磕个头,一般磕四个头。今年十五雪大,我与我弟弟两个打着伞去的,看天气不好,我们四点来钟就去了。

问:就你和你弟弟去的?你儿子没有去?

答:我在我儿子他一般不去,赶我死了他就得去,现在三年、五年还不知道他能不能去趟。本来应该带上我的孙子,我可怜(疼惜的意思——笔者注)他,那天下大雪,路也滑,就没让他去。

问:去父母坟地就十五去?

答:就十五去,初一在街上耍,也有拜年的。以前是初四才开始拜年,现在初一就有拜年的。大街上小车、面包车,最不济也是三轮车,以前还有步行的,现在都有车了。

问:初一早上几点钟吃饭?

答:四点半。儿子打电话过来,我把门打开,他们进来后我又把门插上,因为要是门打开就有人来拜年了,因为人家以为你已经吃过饭了,初一早晨还是吃饺子。吃过饭后他们出去拜年去了。我们拉上灯,也有人给我们拜年的,今年最早来的是我远房的一个侄儿,是老八支四房的。也有不是老八支的。老八支四房的多,我叔弟的孩子来的多,一来一大帮。别的姓氏也有来的,姓潘的。一般是他的孩子到咱家,咱的孩子到他家。我小时候到他家,现在我就不出去了,是他们来,我招呼拿瓜子、拿花生、倒水什么的。

问:拜年来的在祖子前磕头吗?

答:现在哪有磕头的? 来问你好也不磕头。

问:你不是说过,过年来就是磕头吗?

答:我小的时候有祠堂供养,我哪个祠堂也去磕头,现在哪儿有祠堂? 再说年轻人都不讲究这些,退后20年前还磕头。近两年基本没有磕头的了。今年也有一个半个磕个头,过来跟我说几句话,问个好,就走了,到别人家去拜年去了,是谁磕头了我也不记得,是个年岁也不算太大的。我现在到别人家也不磕头了。就是到我叔弟家磕头。去年去牟亭家我还磕头了。今年没有去牟亭家拜年,打了个电话,牟亭接的,问了个好。就是初一吃了早饭,八九点钟的样子,给牟亭家打电话,又让他家二婶子接了电话,我说:"二婶子,祝你新年快乐,过年好啊! 青年人怀着远大的理想,老年人越活越年轻。"我是这样说的。我还给林会文电话拜了个年,说:"祝你虎年身体如虎。"我还给在掖县(莱州)的我完小的老师(电话)拜了个年,他比我辈分小,他叫我叔叔,但我从来都叫他老师,他比我大,今年83岁了。我打他家电话,是他老伴接的,问我是谁,我说:"我牟家疃啊。"她马上说:"快,老牟,老家来电话了!"我的老师他叫牟振芝,当时是教导主任。教我的老师多,还有班主任、校长。林会文是我的启蒙老师。

问:你还给谁打电话拜年了?

答:给我烟台的姑舅姊妹。

问:大年初一,你就没有出门?

答:就在大街上耍,大街上一街人,互相见面问个好,拜个年,就不去家里了。

(要吃午饭了,牟芳亭拿出酒来让笔者喝,笔者不喝,他展示了他的名酒,有杜康、茅台、杏花村、老村长等,这些酒基本都是过年别人送的礼物。)

答:以前过年要给孙子、外孙压岁钱的。今年我说,你们都大了,我不给了。我的外孙今年都25岁了。孙子21岁,最小的13岁了。外孙说:“姥爷,我不用你给了,该我给你了,我都挣工资了。”他给了我200块钱。

问:一般压岁钱给多少?

答:去年我每人给了50。以前少,10块、8块。外人不给,给就是自己的亲孙子、亲外孙、亲侄子。

问:过年大姨没有出门?

答:过年家里得有人,要不拜年的来了,没人给谁拜年?

问:初一也是吃三顿饭?

答:早上饺子,中午就是这个(炖子),晚上煮芋头吃,吃芋头“余富”——年年有余。初一和儿子、媳妇、孙子一起吃,中午的饭他们就回家自己吃。他来客叫我去,初三我的三个姑娘来就在他家。三个姑娘、三个女婿、三个外孙都来了,榆疃的是个闺女,其他两个是儿子,他们当天就回去了。来的时候我烟台的闺女的面包车到榆疃把我的闺女女婿都拉来,又走到泥都,外孙、闺女、女婿一看坐不下,我的外孙骑着摩托捎上我榆疃的外孙女,先来了,其他的坐我烟台闺女的面包车来了。到下午回去的时候,我儿子一个摩托,我外孙一个摩托,把我的榆疃的闺女、女婿、外孙送回去了。各人都有事情,怕家里有客,吃顿中午饭就都回去了。烟台的养了奶牛,有二十多头,不回去怎么办?

问:初二以后还是拜年?

答:伺候客啊！也不定什么客人来,今年初二我的侄儿、侄女从栖霞来的、从青岛来的、从东营来的,给我拜年,初二他们没时间在我这儿吃饭,我初五请他们来家吃饭。

问:他们是来看自己的父母来的?他们来都带礼物吧?初一的不带礼物?

答:初一的没有自己家里的,外人来给你拜年谁给你带东西?

问:不是也是你的远房侄子吗?

答:那些隔的远,是外人。

问:按你的话,什么叫外人?

答:差五六辈,出了五服了,出了五服,两家可以结亲了,就是外人了。

问:初一这些自家人不来拜年?

答:也来,三十的半夜来拜年。但是,年前就来了,二十七、二十八,把东西给你送来了。酒啊、鱼啊就早给你送来了。我叔弟5个侄子,大概就来了两个,其他的没有来,来也没有给什么。我自己村里的这个侄女,年后我请客,她来给我拿来“银鹭八宝粥”,还有两瓶酒。

问:大姨,过年累着你啦?!

(大姨)答:累不着我,过年我大闺女来家帮我做大饽饽。

问:大姨过年没有出门啊?

(大姨)答:我没有出门,都是他们来看我。我是我家的大姐。

问：村里亲戚家去了没有？

（大姨）答：我去了我侄女家。

问：村里都是男的拜年，女的年纪大的不拜年？

答：女的拜年的都是年轻的，女的年纪大的，就到自己的婶子、嫂子、大妈家去看看，没有就算了。

笔者听村里的老人们讲，过年的每一天都有一个特定的日子，初一至初十分别是鸡、狗、猫、兔、猪、羊、人、谷、果、菜的日子，也就是说初一是鸡的日子，初二是狗的日子……如果对应的那天天气好，这一年这些对应的动物或者植物就长得好，否则就不好。当然，这是除了人外，人日不管天气好坏。人日有3个，即初七、十七、二十七，分别为“小人七”、“大人七”、“老人七”。按照习惯，这一天要吃糕点，中午要吃碗面条，表示缠来缠去，长寿，不吃饺子，因为饺子表示人走了。

一年中另一个重要的节日就是中秋节。为什么村民觉得重要呢？因为这个节又叫团圆节。中国人喜欢一家团圆。当然，它不比春节那么盛大，国家规定这个节日只有一天假期，所以，只有离家近便的子女会尽可能地赶回家与父母团聚。另外，过这个节的时候，还要对长辈亲戚以及给自己帮过忙的人家送月饼之类的礼物表示孝敬和酬谢。而其他节日除了春节，没有这一层意思。

一年当中的其他节日，如元宵节、青龙节、清明节、端午节、夏至、中元节、重阳节、冬至、腊八节等，村民也会表示一下过节的意思，但是认为这些不是主要的节日。

二、婚俗的变与不变

结婚是人生的一件大事，人们对其极为重视。古时候认为婚姻是人伦的开始，结婚可以将两个姓氏合为一家，上可以侍奉宗庙，下可以延续后代，因此形成了一整套十分繁琐的礼仪制度。当然，那些主要是士大夫阶层的礼仪制度，平民百姓则相对简单得多，一般有议婚、订婚、迎娶等程序。这些程序延续流传至今，又随着社会的变迁有着较大的变化。

（一）议婚（看人）

在过去，男女婚嫁基本是父母包办，即所谓“父母之命，媒妁之言”，主要是由媒人来往于双方家长之间，商量缔结婚姻关系。因此，媒人起了重要的作用。两家能够结亲是有条件的，基本是门第相当，同姓不婚，年龄般配，当然也考虑人品才貌等。婚姻双方男女并不参与，甚至不知道这件事情，由父母或者长辈操持。牟宗三与原配王秀英的婚姻就是这样的。王秀英原籍是莱阳西河头乡南王家庄村，十几岁的时候被母亲送到栖霞朱留村的姨妈家学习织花边的手艺，牟宗三的姑姑正好是朱留村人，她看好了长相出众又聪明伶俐的王秀英，便为侄儿说媒。当时，牟宗三还是一名正在读书的中学生，就遵从了父母之命，把亲事定了下来。

新中国成立后，虽然提倡移风易俗，婚姻自由，但在农村，多数人仍然靠媒人说合的方式结婚，不过比较尊重男女青年本人的意愿，强迫婚姻基本没有了。在笔者采访的牟家疃村55岁以上的村民即1978年前后结婚者，基本都是靠媒人或者亲戚、邻居等介绍，也讲究门当户对、人品才貌等。如果听媒人等介绍后感到对方条件基本可以，就约个日子，在各自的母亲或者姐嫂姑姨的陪同下，到约定地方见面，一般都是在集市上，栖霞叫“看人”。这是双方第一次正式见面，主要是看对方如何。过去，因为穷，“看人”后，双方就是满意了，男方也不一定请客、送礼物给对方。现在，生活水平提高了，如果双方感到满意，男方就要到饭店宴请女方，并且买些礼物（烟、酒之类）请女方带回去。

虽然现在自由恋爱多了起来，但大部分农村青年还主要靠别人介绍认识。另外，即便是自由恋爱者要决定结婚了，也要找媒人提亲。村里人说这是规矩，否则，大家觉得不够重视。

（二）订婚（看场）

新中国成立前，民间将订婚叫“传小启”，也叫“换帖”，是双方初步落实婚姻意图的一种书面形式。就是议婚之后，由男方父母托媒人向女方家提婚，女方家同意后，将女方的年庚、生日、时辰转告男方家，如果男女双方的属相和生辰不相克，双方家庭就写柬帖（婚约），由媒人从中交换，俗称“下媒帖”，至此，即为订婚。

新中国成立后，“换帖”没有了，而是在“看人”之后，若双方都满意，就在介绍人的陪同下，女方及其父母兄嫂到男方家看住宅、陈设等情况，以便了解未来的家庭情况，另外，女方还要拜见未来的公婆和亲朋，俗称“看场”，即有订婚之意。男方对看场非常重视，要有较充分的准备。这天，男方的主要亲戚和本家长辈都要光临祝贺，客人到齐后，女方要一一问好。中午的饭菜特别丰盛，饭菜之后要吃面条，意思是要用面条拴住女方，晚饭要吃饺子，有团圆的意思。如果女方同意，男方要赠送给女方一些钱和衣物，称“看场礼”。20 个世纪 50 ~ 70 年代，生活水平很低，那时的"看场礼"很少,牟芳亭的妻子卢瑞英告诉笔者,她看场的时候,"看场礼"就给了 10 元钱。牟芳亭马上说:"那时候,10 块钱也不算少了,我一个壮男劳力一天最多才挣 1 块钱,现在的妇女到冷库干大半天活就能挣 50 块。"①也有不给"看场礼"的,1974 年结婚的刘秀云告诉笔者,她看场时,男方家就没有给"看场礼",是定亲时给了 40 元。② 1978 年以后,"看场礼"逐渐增加。"看场"时的饭菜也更加丰盛,不但给女方"看场礼",给陪同女方来的人员也一人一份礼物,至于礼物提包里面装的东西,则各有侧重。

(三)定亲(过红)

"换帖"之后,这门亲事就算定下来了,接下来是"传大启",也称"换大帖",是旧时正式签订婚约的一种形式。大启的内容,男方多写"久仰名门,愿结秦晋"、"不揣寒门,仰攀高门"等,在下方落款"眷姻弟××××暨子××现年×岁顿首",再写上×年×月×日。女方则写"幸借冰言,仰答洪章"、"谨遵玉言、愿结秦晋"等,在左下角落款写上×年×月×日。在旧时,大启是正式婚书,相当于现在的结婚证书,具有法律效力。两家传过大启后,表明婚约达成,已成眷属。传大启比较隆重,男家择日宴请亲族,男方要给女方送礼物,谓之"过红",女方家也要宴请亲族,这就是"定亲"。"定亲"之后,双方的婚姻关系便得到了社会的公认,无论哪一方再提出退婚,都会被认为是不道德的。1928 年,牟宗三去北京大学读书了,他的家人曾经议论过退亲

① 侯风云:《牟家疃调查记录》(四),2010 年 1 月 30 日。
② 参见侯风云:《牟家疃调查记录》(七),2010 年 3 月 3 日。

的事,牟宗三说:“王家闺女已经23岁了,人家肯定不愿意退亲。要是我姊妹叫人家退了亲,咱能够愿意吗?”①

新中国成立后,这种旧式签订婚约的方式有了很大的改变。在“看场”后,双方家长商定结婚吉日,男方备下彩礼(钱、衣物、首饰),由男方长辈(一般是父亲)和媒人送到女方家,就是“定亲”,栖霞叫“过红”或“过盒子”。彩礼的多少,自20世纪50年代后逐渐增加,开始是20元到40~80元不等,后来增加到101元,取“百里挑一”之意。再后来200元、800元,增加到1001元,取“千里挑一”之意。90年代后增加更快,为1万、2万元,最低也是8000元。当然,也有女方不要彩礼的,这是少数。

男女在定亲后,必须到当地政府婚姻登记处办理登记手续,领取结婚证书,结为合法夫妻。

(四)结婚

在栖霞,女方出嫁称“走媳妇”或者“发付闺女”。男方娶亲,俗称“将媳妇”。新中国成立前,大户人家娶亲讲究排场,大宴宾客,本族及亲朋好友皆备礼品前往祝贺,小户人家也会简单地进行一番庆贺。一般用轿子迎亲,有条件的还有鼓乐引路。1929年,牟宗三的原配夫人王秀英就是“坐着轿子,蒙着红头盖”进了牟家。85岁的王梅英,原籍在莱阳农村,她也是“用轿子抬过来的”②。在1950~1980年间,娶亲多用自行车、拖拉机或者汽车等迎亲。也有步行到男方家的,比如,1961年牟芳亭结婚时,新娘卢瑞英就是由娘家人陪着步行来的。

---

① 林瑞生:《生命之光——家人及学生心目中的牟宗三》,《霞光》第1期,作家出版社2008年版,第163页。

② 侯风云:《牟家疃调查记录》(二),2009年6月23日。

现如今,生活条件好了,婚礼的排场也越来越大。在婚礼前一天,女方家宴客,本族及其亲戚需备被面、袄面及其他礼物前往赴宴。男方家于前一天或结婚当天上午,派人到女方家搬取嫁妆。结婚这天,女方家一般安排两个人送新娘到男方家,俗称"送客"。男方家则大宴宾客,本族及其亲戚朋友也备礼前来祝贺。新房门边贴大红对联,新房到村口主要街巷的显眼处皆贴大红"囍"字。迎亲的基本是轿车车队,还增加了拍录像的内容。近些年,又出现了用花轿娶亲的现象。新娘迎进新房后,必须换上男方家备下的新鞋新袜,方能够上炕坐床。晚饭后,"闹房"、"听房"的风俗还继续着。

(五)看丈人

结婚后的第二天,男方要和妻子一起到岳父母家中问好。中午,女方家的亲朋好友要陪同新女婿一道进餐。

(六)看年

婚后第一年的腊月二十三以后,新娘的父亲要到女儿婆家看闺女、看亲家,吃完午饭后回去。

(七)看清明

婚后的第一个清明节,女方的母亲等要带着鸡蛋、糕点之类的礼物,到女儿婆家看女儿、看亲家。

三、丧葬习俗的延续

丧葬是人生礼仪中的最后一件大事。"事死者如事生",一般家庭都特别重视为死者治丧、送葬,力图以此安慰亡灵,并表达对死者的哀悼怀念之情。旧时,多采用土葬,礼俗相当复杂。随着社会的发展,丧葬礼俗有所变化,但是,在农村总体上还是沿用旧俗。

(一)初丧

过去很少有病人住院治疗,特别是老人,通常都在自己家中亡故。现在老人生病了,子女会送其到医院治疗,若是确定不能治疗了,就拉回家,让老人在家里去世。因为民间旧俗极其讲究寿终正寝,凡是正常去世的老人,尽量避免在病床上咽气。当病人生命垂危之际,就要沐浴更衣,即洗足、净面、理发,将寿衣、寿帽穿戴整齐。若病人没有来得及换上衣服就去世了,俗语谓之“老人光着身子走了”,死者亲属会因此终生遗憾。人去世了,忌讳说“死”字,一般说“老了”、“过去了”、“去世”,去世的人穿的衣服叫“寿衣”、“老衣”或“送老衣裳”。过去,一般是人年过50岁就开始准备寿衣的布料,年过70岁才预备做寿衣,凡是70岁以前亡故的,寿衣都是临时赶做的。儿女们在做寿衣时,不能啼哭流泪,否则泪水滴到寿衣上,死者穿去要经常想念儿女,心情会不安的。衣料以棉、绢为主。寿衣件数要单数,忌讳双数。无论何时亡故,都要以棉衣为主。

灵床通常设置在死者居住的堂屋明间中央。病人咽气后,用一块类似床单的布盖住尸体。过去有祠堂(也叫家庙)的时候,要把死者移送放置到祠堂里,如今没有祠堂,就安放在自家的正屋明间的屋子里,在两个板凳上铺上用高粱秆或者是芦苇秆类的东西编制的席子,当地人叫“箔”,把死者抬到箔上,在死者脸上盖一块红布,叫“蒙脸单”。过去,家人要在人死后当天到土地庙送浆水,也叫“报庙”。要在早、中、晚饭前连送三次,如果死亡的时间是下午,就要多送一次,即当天下午就送一次。现在没有土地庙了,也就不“报庙”了。

(二)吊孝

吊孝即吊唁。开吊之前,死者亲属要向死者亲友发出治丧通知的讣告,谓之"报丧"。要在死者家门边竖立一个板子,谓之"丧榜",就是告诉亲友死者开吊、发丧的时间。若是父亲去世,丧榜的内容一般为:严于本月×时寿终正寝,拟于本月×日开吊,×日发引。孤子×××泣血稽颡率齐期孙×××拉泪稽首谨告。如果是母亲去世或者父母都已去世,如果是意外伤亡等,"丧榜"的文字不一样。如母亲去世,丧榜的内容一般为:慈于本月×时寿终正寝,拟于本月×日开吊,×日发引。哀子×××泣血稽颡率齐期孙×××拉泪稽首谨告。过去,有儿子的才能够把"丧榜"竖立在门边,没有儿子的只能把"丧榜"平放在地上。现在,女儿也能竖"丧榜"。① 报丧的同时设立一个类似于现在的"治丧委员会"的组织来帮助处理丧事。当地人叫"举重"的,也就是在村里找一个经常帮助别人办过丧事的人。据村民讲,这样的人比较固定,村里大概有六七个。一般人家就找离自己家近便的那个"举重"的。

我们这里叫他们"举重"的。我们叫了几辈子了,不知道"举重"怎么写,是哪两个字。这个"举重"的有个头子,他找一些人。就是从人死后,这些年不做,退后50年前去,我们村有个土地庙,哪个村都有啊,那个头子领着到土地庙送水什么的,完了以后,把人放在棺材里,发殡,有的当天发,有的老人三天才发丧。现在没有土地庙了,不"报庙"了,"举重"的就是帮助料理抬上车(去火葬场),去几个人,

---

① 参见侯风云:《牟家疃调查记录》(八),2010年11月20日。

然后,拉回来,拿到山里埋了。①

(三)埋葬

过去,牟家疃村人去世了就埋在自家的祖茔里。1958 年后,圈子茔等祖坟被扒掉了,人死后也不再直接土葬,而是火化,然后将骨灰埋到山里。

1979 年,牟家疃村在村北面的高处耕地(村民称"北疆")上修建了骨灰室,30 平方米左右,门面朝南,有三间房子,两间用来存放骨灰盒,做了格子,按照人去世的时间顺序,存放骨灰盒。剩下一间用来祭奠。最多的时候,骨灰室里存放的骨灰盒大概有五六十个。骨灰室的前面也有烧纸的地方,谁家去烧纸谁家到上个烧过纸的人家去拿钥匙。

1984 年后,骨灰室无人管理,有人将骨灰室里面存放的骨灰盒拿出来,埋到自家的果园里。骨灰室的门也被人拆掉了,有的东西也被村民拿走了。

2010 年 2 月,在一个清冷的早晨,笔者跟随牟芳亭去看了牟家疃村的坟地,其实那里是一片果园。走在果园中间的较为宽阔的道路上,随处可见烧过纸的灰迹,牟芳亭说,这大概是农历十月初一烧的,不在地里的坟前烧纸,是害怕把果树烧了。原村长刘振升和他的儿子刘乐书的墓就在刘乐亭家的果园里,树了碑,还有红砖砌的半米多高的墓室。牟芳亭父母的坟前树了一座青色的 1.5 米左右高、40 厘米左右宽的石碑,碑面南背北,在碑前西南方向种有一棵柏树,碑后的坟头上是茂密的迎春树枝,因为是冬天,只有枝条。牟芳亭说,一到开春花就开了。这个碑

---

① 侯风云:《牟家疃调查记录》(五),2010 年 2 月 4 日。

牟芳亭父母的墓碑

是他1996年树的,花了六七百元,仅碑就是400元。因为竖的时候,亲戚朋友都来,还要请"举重"的,把他父亲的遗体起出来,重新安葬。牟芳亭的母亲死得早,没有坟地,就造了个假的。有的坟就简单地埋在地头。牟宗三夫人王秀英的坟墓旁边还有一个墓室,牟芳亭告诉笔者,那是一个空的,他们想让牟宗三的坟墓也埋在这里,但牟芳亭随后说"恐怕不能回来"。牟宗三的孙子牟红成也说:"奶奶的坟地边留有爷爷的位置,只是个意思,象征着奶奶有个伴儿,实际上,根本不指望爷爷的坟迁回来。"①骨灰堂的遗址就剩下一个水泥平台,在原来的门前有两个坟茔,是

① 侯风云:《牟家疃调查记录》(十一),2013年3月19日。

姓潘的夫妇俩的;在坟墓背后,原骨灰堂的南墙边砌出一个半米多高的墙,牟芳亭说,看来这个姓潘的把这个地方做了他们家的茔盘。骨灰堂遗址位于牟家疃村北面这块果园的一个高处,向西北方向看见的小村庄是北庄子,往南看,远远的牟家疃村尽在眼底。往回走的路上,笔者看见一个新坟,坟上有一个大花圈,还挂有“亡幡”。

(四)烧七、烧周年

丧葬礼俗方面,除了丧事期间的祭祀外,比较重要的祭祀还有“烧七”、“烧百日”、“烧周年”。

“烧七”,从死者去世之日起,每7天就要举行一次焚香烧纸祭祀礼仪,谓之“烧七”。一般是从第一个7天,一直烧到“七七”。在这7个七中,“五七”最重要。俗话说:“五七三周年,不烧不周全。”到“五七”时,死者的亲戚朋友都来上坟祭祀,也包括帮助料理丧事的“举重”的。

“烧百日”,死者去世百天这天,死者的亲属也要上坟祭祀,谓之“烧百日”,从此,儿女的孝服要求就不那么严格了。

“烧周年”,人去世满一年谓之周年,这天也称“忌日”,忌日祭祀亡灵谓之“烧周年”。民间特别重视“烧三周年”,祭祀仪式与“五七”基本相同,此后子女不再守孝,可以脱去孝服,恢复正常生活。对于死者来说,从此不再享受特殊祭祀,和其他祖先一样,逢年节时受子孙们的祭拜。

牟家疃的老人去世后的主要禁忌是三年不贴“门对”,就是三年不贴对联,也就是守孝三年的意思。

也有一些村民对这些传统的祭祀活动不以为然,主张趁着老人在世的时候多尽些孝心,不必追求丧葬的繁琐讲究。

我认为祭祀不重要，活着要好好孝敬父母，想吃给吃的，想穿给穿的，活着不孝顺，死了哭啊、烧纸啊、烧香啊什么的，有什么意思？没有意思。①

我对我父母是香也烧、纸也烧、头也磕，他们的坟地一年去个三趟两趟，也不多，孝心尽到了。我最反对的是那些人，老人活着的时候对老人不好，死了以后，哭得了不得，别人拉都拉不起来。我不喜欢这样的人。我尽量尽孝心，比方说，我母亲在的时候，下雨我也给她送些做的好饭去。要是哪天不在了，送头猪去也没用啊，孝心要尽到，我也不遗憾。如果孩子到外面工作了，就不能经常回来给老的烧纸。像我的孩子在东北，以后我们去世了，他哪能经常回来烧纸啊?! 我觉得海葬就挺好，纪念的时候，海边站站就行了，烧不烧纸无所谓。②

---

① 侯风云:《牟家疃调查记录》(七),2010 年 3 月 3 日。

② 侯风云:《牟家疃调查记录》(七),2010 年 3 月 3 日。

第六章　结语：村落文化传统及其思考

经过数百年的积累，一个村落往往就会在日常生活的细节中形成自己所特有的文化或文化形态。从大体上看，这种文化形态与同区域内的其他村落的文化形态相似，但是如果从细微处加以审视，还是有所不同，村民们自己在平常时可能是察觉不到的。但是，“由一个有文化的人类学训练的人自局外观之，则那些特点的存在毫无可疑。在不平常的时候与情形下，村民自己也能够觉察并指陈其村所具有的特殊优点。例如在任何一种村际比赛时，或不同村的人聚谈一处，各欲夸耀其自己之村、贬低别人之村时，都尽可能举述其自己村所独有的‘好处’，并加以夸大。一个农村之能有特殊文化，绝非于其创立时所俱来，乃经过无数岁月，在安定情形下，点滴积演而成。”①那么，对牟家疃村的文化形态要作一个怎样的概括呢？笔者认为，用“一家一

---

① 杨懋春：《近代中国农村社会之演变》，台湾巨流图书公司1980年版，第20页。

个天"是再恰当不过的概括了。这是笔者在采访中常听到村民说的一句话。

第一节 村落文化的变与不变

在当下来说,这里的"一家"就是血亲加姻亲的小家庭,这里的"一个天"就是自家的苹果园,每家在自家的那片天里忙碌着。村民所说的"一家一个天",主要是对照大集体时代而言,特别是那些大集体时代的"精英们",总结当下的村落是"一家一个天"时,多多少少有些怀旧的情绪,但那昔日辉煌的历史神话已然褪色,成为美好的回忆,仅仅是回忆,没有人愿意再回到那个时代。

实际上,大集体的时代又何尝不是"一家一个天"呢?在大集体时代,一切以集体的名义,这个"集体"难道不是一个"家"?整个国家难道不是"一个天"?因此,任何时代所展现的文化现象无不打上时代的烙印,现在如此,大集体时代如此,牟宗三少年生活的时代如此,此前数百年的村落历史亦如此。这"变化"中似乎又隐藏着"不变","变"与"不变"在不断地转换、回归。

在"一家一个天"不断地转换、回归中,牟家疃的村落传统文化已经或者正在发生着变迁,这是一个共识,就如同物理学上所说的"静止是相对的,运动是永恒的"一样,现实生活中"变化是永恒的"。不过,在这"永恒的变化"中也有"相对的静止"——有许多东西被传承和延续了下来,因此,在谈论"变"与"不变"时,大家觉得似乎也没有什么变化,生活还像从前一样,就像牟家疃村前那条清水河,河面变窄了,河水变少了,可是河还是那条河，水还是那样由东向西流淌。在调查访问中，一个有趣的现象就是，每当笔者问及村民现在与以前相比有没有变化时，无一例外地回答"变化很大"，他们能够说出许多变化的事情来。再深入具体问一些日常生活方面的问题，几乎又无一例外地说"差不多跟以前一样"，也能举出十分有力的证据来。很矛盾吗？当然不是。就拿祭祀祖先来说，祖茔没有了，祠堂没有了，这是"变化"的一面，另一方面，对祖先的祭祀并没有因为没有祖茔、没有祠堂就取消了，只是外在的形式、地点发生了变化，在核心的仪式和内容上"跟以前一样没有变"。一位村民告诉笔者：

> 老辈们最结结实实传下来的东西就是上坟送灯，清明上坟，阴历十月初一上坟，再就是正月十五去送灯。清明上坟，在坟头压一张纸，表示给老人家脱掉棉袄，换上单衣；十月初一压两张纸，表示换上棉衣。正月十五送灯，用豆面做的灯，里面用草或者棉花做灯芯，添上花生油，到坟地点上，等灯灭了，就把灯拿回家把这个豆面吃了。①

从类似这样一些具体的实例可以看到村落文化变迁或者传承的脉络。那么，牟家疃村的文化传统是什么呢？

第二节　村落文化传统概述

"耕读"是牟氏家族文化传统的核心。正是基于"耕读"而成就了牟氏家族栖霞第一望族的显赫地位，故自谓"耕读世

① 侯风云：《牟家疃调查记录》（十），2010年12月22日。

家"。所谓"耕读",并不是"亦耕亦读",或者"既耕且读",而是以耕种治家为本,走读书为官之路,即"通过读书之路跳出农门"。从牟氏家族的发展史中,可以非常清晰地看到,牟氏家族依托了中国历史上延续了千余年的科举取士制度之福,成功地实现了由衰而兴的逆转。在数百年后的今天,它无疑仍然是一个家族励志自强的成功范本。作为这一家族的发祥地,牟家疃也牢牢地保持着这一文化传统,否则,我们便无法解释为什么牟家疃能够走出牟宗三这样的儒学大师。虽然牟宗三没有走上为官之路,幼年时代的他也没有想过非读书不可,但是,他也深知"依传统的惯例,作父母的对于子女总得安排一个读书者"①。这里的"传统惯例"就是"耕读"的家族传统,因此,他的父亲安排他读书。如果没有这个"耕读"的传统,按照幼年牟宗三的天性,他更喜欢乡村农民的生活。牟芳亭给笔者讲述的他的家族史也反映了这一传统:

我奶奶给我讲,我爷爷的父亲,就是我的老爷爷,弟兄4个,就我的老爷爷生下我爷爷一个男孩,我的大老爷爷生了个女孩,我的三老爷爷是个光棍,我的四老爷爷十七八岁就死了。我的大老爷爷就是我爷爷的伯伯是个秀才,秀才虽然做不了官,可是那时候秀才还是受人尊敬的,比如,秀才能代表村里人到县里打官司,见了县长可以站着说话,不用跪着,在村里也不敢有人欺负。我爷爷不识字,我爷爷有两个儿子,我伯伯和我父亲,我父亲为什么念书啊?就是因为我伯伯给我奶奶说"供我的兄弟念书,家里好几辈没有念

① 牟宗三:《五十自述》,台湾鹅湖出版社1989年版,第16页。

书的,三辈不念书赶不上个驴”,就是三辈没个念书的连个驴也不如。我伯伯比我父亲大10岁。我的伯伯在家种庄稼供我的父亲念书。①

由于保持着这一读书的传统,牟家疃的村民们总是尽可能地让子弟读书,和平年代如此,动乱年代亦如此。牟宗三读书的时代还算是一个较为和平的时代,在1937年之后的战乱年代,村民还是尽量地让孩子去读书,比如前面提到的牟缙、牟玲、牟伯琛,等就是在战乱年代坚持继续读书的典型例子。后来由于时代原因,许多人家的孩子因不能继续读书而抱憾,牟芳亭就多次无比遗憾地提到自己不能继续读书的事情。今日的牟家疃更重视孩子读书,都希望孩子能够上大学,最好是名牌大学,读的越高越好。他们认为,因“读”而离开“耕”是最简便的道路,也是一条最好的道路。在笔者采访中,许多村民无不欣慰地讲述着他们的孩子如何有出息地上学、工作、做官。

但是,对于村落而言,这里便出现了一个危险的信号,那就是大量村落子弟因“读”而离开“耕”,使得村落精英丧失。从前,村里德高望重者大多是读书人,比如牟宗三的父亲牟荫清、牟宗三的恩师牟华翰、牟芳亭的父亲牟鸿奎等,他们在村里或耕种,或教书,教育子弟,惠及乡邻。而如今,人们只要读了书,便想方设法离开村子,不要说读了大学有了正式工作的,即便是没有考上大学的高中生,毕业后也不愿意留在村里,有些结婚成家后,才不得不回到村里料理苹果园。笔者认为,精英的丧失是当今村落发展滞后的一个重要原因。

① 侯风云:《牟家疃调查记录》(十),2010年12月22日。

“勤俭”是牟家疃的又一传统，大概源自于牟氏家族的家训“勤俭家风”①。勤俭，即勤劳、俭朴。牟氏先祖第四世迁居牟家疃村（时称杨刘村），直至七世，人丁贫弱。在七世牟时俊的主持下，勤俭节约，众子侄发奋读书，到八世方家道兴旺。此后，勤俭便成为牟氏家风，在牟家疃村也传承延绵至今。牟宗三在其《五十自述》中讲到他十五六岁时就能够“背负一百廿斤重的粮米走一里多路”，“扛、抬、挑、负我都得作”，是“一把好庄稼手”。②牟宗三的父亲是远近闻名的“二掌柜”，也十分勤劳，“每当傍晚，骡马成群归来，他都要帮着扛抬。那是很紧张的时候，很繁重的工作。无论人或马都是急着要安息。他安排照应，宾至如归”③。大集体时代，牟家疃村能够那样风光，村民们说是因为“孙子穿着爷爷的鞋”，是“祖上传下来的果园、菜园”。这些便是勤俭的见证。在最困难的时代，栖霞的其他村镇都有饿死人的现象，而牟家疃村没有饿死人的事情发生，这就是先辈的勤俭泽被了后人。今天的牟家疃人依然很勤劳、节俭。冬天，笔者去村里采访，村民告诉笔者，只要天气好，村里凡是能够干得动活的都到果园里，给果树剪枝，把树枝捡回家等。天气不好时，中年妇女大都去私人的企业干活（即到冷库打工）。所谓的“懒汉市”只是一个玩笑的说法，“懒汉市”上只有七老八十的已经干不动活儿的老年人晒晒太阳、聊聊天，绝少见到中年人和年轻

① 牟国玠《体恕斋家训》中有“一训勤俭居家善术，勤俭无忧。勤则事治，俭乃用优。无逸致戒，量入为筹。咨尔小子，开源节流”。牟日宝辑录：《牟氏家训》，中国文联出版社2006年版，第2页。

② 参见牟宗三：《五十自述》，台湾鹅湖出版社1989年版，第12～13页。

③ 牟宗三：《五十自述》，台湾鹅湖出版社1989年版，第36页。

人。即使有中年人、年轻人在懒汉市上玩耍,那也是在劳动之余偶尔路过聊几句而已。

村里没有懒人,有些人你看他经常在街上耍,不是不干活,活儿并没有落下,比如牟华翰的孙子,你看他成天在街上耍,打牌、打棋子儿,可是他的苹果摆弄得比谁都好,村里还没有第二个,苹果枝剪得好,也会打药,苹果长得大小也好,这是会摆弄的人。①

从衣食住行的问卷调查来看,村民大多数不讲究奢华,也不攀比,丧葬礼俗也不铺张浪费,不讲排场,尽心尽意足矣。为何如此?回答是“一直就是这样的”。

“知足常乐”这是一句古话,也是牟家疃村人给笔者印象最深刻的地方。每当笔者看见荒凉破败的村委会大院、村口堆积的垃圾、低矮破旧的房屋,笔者总会发出这样的疑问:这里的人们会过得愉快、满意吗?通过调查笔者发现,这些疑问是多余的。村民们对自己的生活现状很满意。一位七十多岁的阿姨,她患有较严重的糖尿病,每天要注射半针胰岛素,笔者问她对现在的生活满意不满意,她笑呵呵地说:“满意啊,有什么不满意的?生活挺好的,孩子们也都挺好,挺孝顺的。我从来不发愁什么,我得了糖尿病后就不上山干活了,就在家做做饭,收拾房子。”②村民们能够自豪地回忆自己村落和家族昔日的辉煌,也能毫不迟疑地回答说“现在也不差”:

现在比以前好的是,我们自由,想啥时候干活,就啥时

---

① 侯风云:《牟家疃调查记录》(十),2010年12月22日。

② 侯风云:《牟家疃调查记录》(七),2010年3月3日。

候干活，晚上一黑天就睡觉了，以前闲不住，不是开会就是干活，出的那个力气，老去了，一年到头还没有几个钱，除了口粮钱还得往外找。如今，是骡子是马拉出来遛遛，绝对不屈你。机遇也很重要。我如果现在三十来岁，我也会有魄力和胆量干些事情，比如在北道上弄房子，收苹果做生意。①

尽管村民对现在的村政不满意，但他们认为这只是一时的，以后会好的。正是因为有这样一种知足的心态，村里的人及其祖先世代居住在这里，许多人就住在自己先祖留下的老房子里，或者在老房子的地基上修建新房，或者就是翻修一下。也正是因为知足，牟家疃村是个长寿村，活到80岁以上的老人很多，牟宗三的原配夫人王秀英活了103岁（1906～2009），现在村里还有一位百岁老人。古语说“人生七十古来稀”，可是牟家疃村70岁的村民还没有想过自己的养老问题，那是八九十岁以后才考虑的事情。

“耕读”、“勤俭”、“知足”，作为牟家疃村的文化传统依然继续延续着，所以似乎没有什么变化，按村民的说法就是“老辈们一直就是这样生活的，没什么变化”。这种状况是否能够继续？未来的村落会是什么样子？没有人能够给出答案，但村民对笔者说：“我相信以后会越来越好的。”

① 侯风云：《牟家疃调查记录》（十），2010年12月22日。

第三节　关于村落文化的未来图景

一、隐秘的忧患:村落社会遭遇瓦解

牟家疃村是个中等发展水平的村子,主要靠种植苹果为业,村内没有集体企业,只有几家储存苹果的私营冷库。由于集体经济匮乏,而耕地带来的收入有限,人们开始向城市寻找财富。牟家疃村距离栖霞不到一小时的车程,长途汽车两个多小时到烟台,这样便利的交通使得牟家疃村的年轻人外出打工较为普遍。据笔者调查,村里三十多岁的年轻人留在村里种植苹果树为业的较多,能够占到百分之六七十。也就是说,70 后基本留在村里,但是 80 后、90 后几乎都不在村里了,一位年轻人是这样告诉笔者的:

> 年轻人都不待在村子里,因为种果树辛苦啊!城里条件好,父母都不希望孩子留在农村。出去的基本不回来,在城里买了房子、成了家,无论怎样都比在村里强。在家种苹果,一年刨去支出也就一二万元,而在城市一份工作一月怎么也在 1000 元以上,而且是净收入,不用投入。①

这个年轻人的观点十分具有代表性。笔者在村里调查时,遇见小年轻的总是要问,在哪里工作?以后还会不会回村种地?得到的回答基本都是“在外打工”,“不打算回来”。无论是不是大学毕业,也无论什么文化程度,年轻人不愿留在村里,已经是

① 侯风云:《牟家疃调查记录》(十一),2013 年 3 月 19 日。

一个趋势了。而且他们的父母也努力地创造条件让孩子出去，以孩子在外面工作而自豪。笔者调查的年纪较大的村民中，只有两三户人家的孩子留在村里，因为是60年代后出生的，读书不多，所以留下来了。但是，这些老人们接着告诉笔者，他们的孙子上大学了或者已在外地工作了。那些孩子很早就出去的老人们一提到孩子，便无不骄傲地说："我的孩子们都在外面工作，而且发展得很好！"那些较年轻的村民们的目标就是把孩子送出农村，村委会主任牟忠政就直言不讳地告诉笔者："我们现在最大的希望就是让小孩离开农村，我们就这一个孩子，不希望让他留在农村。家里只要有学生的都希望孩子到大城市去，不希望回到农村，尤其是男孩子，如果在农村，就是家境再富裕而没有文化的话，连对象都找不到。"[①]他的愿望基本要实现了，因为他的儿子2013年考上了烟台的一所大学，他希望儿子至少留在烟台，当然能够去更大的城市更好了。其实年轻人离村的问题也不是牟家疃村独有的，几乎在全国具有普遍性。笔者遇见过一个在烟台打工的山东农村女孩子，问她还回不回农村，她说："不回去了，回去连个好对象也找不着了。"有一次，笔者坐长途汽车到牟家疃村采访，邻座的一个大姐是牟家疃村南面南榆疃村的，她告诉笔者：

我是来烟台看女儿的，我有两个女儿，都在烟台打工，一个中专毕业，一个高中毕业，在烟台租房子住。现在就我和孩子爸爸在家种苹果，孩子肯定是不会回来种地了，到时候在烟台帮着出些钱买了房子，安了家就行了。女孩子好

① 侯风云：《牟家疃调查记录》(二)，2009年6月24日。

> 办些，不用父母出太多钱；男孩子父母出的钱多一些。现在都是这样，年轻人都不待在村里，村里哪有年轻人？城里买了房子就在城里待着了，咋也能够找到活儿干！①

不久前，笔者家里来了客人，他们来自威海文登，他们最大的感受就是："现在农村没有年轻人了，在农田里干活的都是七老八十的老人，大街上不要说年轻人，小孩子也看不见了。"

由此可见，以地域为基础的传统村落文化网络已经被打破了，以耕作为中心建立起来的联系也在逐渐地丧失其功能和力量。"村落社会是熟人社会"的论断在当下已经被否定。举例来说，牟家疃村是一个居住高度集中的自然村，绝大多数是世居居民，可是有许多人互不认识，笔者时常听到有村民说："咱是前疃的，他们是后疃的，咱不熟悉也不认识。"也就是说，住在前后疃的人来往不是很密切。即便是认识的人在路上相遇，也不一定打招呼。而老年人和年轻人之间互不认识是普遍现象，就是年轻人也互不认识。他们只认得和自己互动频率高的或者住在一条街上的村民。对此，他们有一个精彩的解释："你们城里人住在一个小区或者一个单元都互不认识呢！"②对村里情况较熟悉的是村会计，但是他对90后的年轻人的去向也不很清楚。以前村里出个大学生人人都知道，现在村里出个博士生或者留学生，很多村民都不知晓。家族虽然还存在着，在日常生活中仍然发挥着情感联络和提供社会援助的作用，但是对个体生活的干预在急剧削弱。在具体问题面前，人们更倾向于做理性的判断而

---

① 侯风云：《牟家疃调查记录》（十一），2013年3月19日。

② 侯风云：《牟家疃调查记录》（十一），2013年3月19日。

不是仅仅考虑血缘关系的远近。村庄和村民的联结出现断裂，尤其对于年轻人来说，村庄就是他们父母的居住地，他们对于村庄是否能够提供社会支持、文化认同、情感联络等没有迫切的要求。年轻人已经不太关心村庄的发展，外面的世界已经牢牢地抓住了他们的心。“村落社会”这一实体正在遭遇瓦解，“村落”还在，“社会”却变成一个空的概念。

二、城镇化：村落的未来前景

面对着以往的辉煌与落寞，正视着眼前的凋敝与隐忧，村民们又怎样去设想村庄未来的图景呢？这是笔者所关注的一个问题。在问卷调查时，或者在面对面进行访谈时，笔者常常会问及村民这个问题。把村民的回答整理之后，便有下列的图景，它们或清晰或模糊。这有些像某些电影——设计几个结尾供观众品味。

1. 延续现在的状态。即继续种苹果，靠苹果业维持生计。目前还看不出会变换成什么别的产业，因为苹果是栖霞最大的农业产业了。至少对于现在还在田间干活的人来说，大概就是这样了，等自己在果园里干不动了，就把果园送给儿孙辈，儿孙辈不在农村就转让给别人伺弄，靠自己的积蓄和孩子的照顾度过晚年。

2. 数村合并，集中管理。面对村政滞后的状态，有的村民提出了这样一个设想。现在的村干部不起什么作用，也没有人愿意当村干部；再则，村干部的事儿也少，用不了多少村干部。那就几个村合并成一个大的行政村，由上面派大学生村官管理。

3. 顺其自然，边走边看。持这种观点的村民居多数。问及未来,许多人觉得茫然:“谁知道呢?走着看吧。”

是啊,在大变革的时代,社会的变化岂是单个的人所能够预测的?未来的图景在村民头脑中还不是那么清晰的时候,急速的变化已然降临了。

2013年8月,笔者自牟家疃村委会主任牟忠政处获悉,自今年下半年起,栖霞要正式启动城镇化建设规划,该规划是由栖霞市委托山东省城镇规划建筑设计院、山东省城乡规划设计研究院和山东建筑大学来做的,对本市唐家泊、亭口、西城、苏家店、蛇窝泊、观里、桃村、臧家庄等镇和经济开发区的总体规划进行重新编制,并经过上级各个部门批准实施。蛇窝泊镇共有101个行政村,参加城镇化的是蛇窝泊镇周围的几个行政村,牟家疃村被列在其中。按照规划,村民将集体迁出村子,搬迁至蛇窝泊镇集中修建的居住区,居住区为水电暖一体化的小高层,与之相配套的有行政区、工业区、商业区、学校等。原村落耕地仍然以种果树为主,小城镇建设计划在3年内完成。对于这一规划的实施以及面临的问题等,笔者电话采访了蛇窝泊镇的有关领导。下面是采访内容:

问:关于新的村镇建设规划的情况,请你谈谈好吗?

答:这是栖霞市的一个规划,由山东省设计院帮助设计的,是一个非常好的规划,很完整。蛇窝泊镇有6个村要搬迁出来,集中在两个地方,划分为几个功能区,有居住区、行政区、教学区等。如果能够实施,将使村镇建设有非常大的改变。一个村也就三四栋楼房就够了,将会节省出许多土地来,对农民也有好处。

问:什么时候开始实施呢?

答:现在还没有具体的实施时间,因为这只是个规划。现在政策支持方面不成熟,就是具体的运作方案还没有制定出来。

问:制定这个规划前有没有在农村做过调查?

答:现在还没有。

问:如果实施起来,你认为村民的态度是什么?愿意还是不愿意搬迁呢?

答:恐怕农民不愿意的多,所以实施起来压力较大。因为涉及拆迁,农民不愿意搬迁。

问:农民不愿意搬迁的主要原因是什么呢?

答:我认为还是个观念的问题,他们就觉得住在那个自己原来的房子里挺好的,即便是房子很破旧,也不愿意搬出来。这是个观念的问题,我认为要改变农民的一些观念需要时间,大概以10年为一个周期。我给你举个例子,你就明白了。比如,在早先推广种植花生的一个新技术,就是花生铺膜技术,当时是政府出钱买来地膜,给农民铺上,可是许多农民就偷偷地把地膜掀掉了,前后用了将近10年才接受这个技术,现在你不让他们铺地膜他们又不干了。还有,比如苹果套袋也一样,开始不接受,后来接受了,大概也有10年左右的时间。

问:存不存在农民因为拆迁还要自己出钱住楼房的事情而不愿搬迁的问题?

答:这个问题基本不存在,一般都是一套换一套,还有的是一套换两套的,就是自己出钱也是很少很少的,农民基本上就不用掏钱。

问:如果有的农民就是不愿意搬迁,你们怎么办呢?

答:那就只有做思想工作了。那些实在不愿意搬的就先不搬吧,等思想做通了或者自己想通了自然就搬了。政府计划先建设好一个片区,让农民搬进来,让他们看到好处,以后的工作就会好做些。就像烟台以前不也主要是农民嘛,后来农民进城了,住了楼房,现在让他回到农村,他还不回呢!

问:那你认为这个计划多长时间能够完成呢?

答:不好说。按照规划是希望在 2~3 年的时间内完成。盖房子很快,可是农民的观念改变需要时间,可能短也可能长。

问:会不会因为老百姓不同意拆迁,而停止这个计划的实施呢?

答:不会的。这个计划肯定是要实施的,只是个时间的问题。①

由此可见,镇政府认为城镇化的主要困难是农民的观念问题。而村干部认为,这个规划将来实施起来最主要的问题是在房屋拆迁和评估中产生的矛盾:

住楼房谁不愿意?只是在怎么住的问题上会有矛盾,一是涉及拆迁补偿,怎么补偿?要根据村里人现在的房子进行评估,怎么评估?评估了,老百姓愿不愿意?这肯定会产生矛盾。再就是住楼房还要老百姓自己出一部分钱,虽

① 侯风云:《牟家疃调查记录》(十四),2013 年 9 月 3 日。

然数目很小,但是大家都不愿意拿出钱来,这也是个主要问题。①

对于搬迁,村民的态度是怎样的呢?由于政府还没有开始着手实施搬迁计划,也没有正式向村民发动宣传,这个问题似乎还只是偶然地出现在村民们茶余饭后的闲聊中,年轻人似乎无所谓:

关于搬迁这件事不大清楚,好像听说过有这么一件事情,但是真是假还不知道,因为我也不大在村里住,没怎么听说。我们年轻人在一起没有人说起过,要让我觉得吧,住楼房还不如住在村里,住楼房还是要花钱的吧?不花钱,不可能吧?要是花钱,现在苹果的收入又不好,哪里有多的钱住楼房?反正到时候再看吧。②

从政府的态度来看,村政改造是早晚的事情,现在只是时间的问题。对此,村民们也都明白:

说是新农村改造,政府要改造。但是说实在的,不愿意搬的占多数,我就不愿意搬。一是不习惯哪,农村祖祖辈辈就这么住着,突然转这么大个弯子,都接受不了,不习惯。再说,也不方便哪,比如,在农村放个柴草、农具方便,楼房哪有这么方便?住惯平房了,住不惯高楼,就是有电梯也不方便,还有农村住惯热炕了,虽说楼房有暖气,可是不一样。再就是,搬去楼房还要自己拿钱出来吧?本来就不乐意去住楼房,还要拿钱去住,更不乐意。总之,肯定问题不会少。

① 侯风云:《牟家疃调查记录》(十四),2013年9月4日。

② 侯风云:《牟家疃调查记录》(十四),2013年9月4日。

这得做思想工作,要把思想打通才行。像我当然不乐意搬,我在这里住得好好的,虽然破旧些,但是我觉得挺好的,我不想住楼房,可是我已经七十多岁了,也不想干啥,再几年就80岁了。政府让怎么办就怎么办吧,我就是这个态度。①

虽然从表面上看起来,拆迁的主要问题就是村民不愿意出钱的问题,但是,从深层次上分析,还是观念的问题。这里所说的观念问题,并不是如镇政府的领导所说的老百姓很难接受新事物的观念问题,这里的观念是指世居的观念、老宅的观念、老家的观念、根的观念,也就是老百姓朴实的一句话:“祖祖辈辈就这么住着,突然转这么大个弯子,都接受不了。”当然,在断裂的村落文化中成长起来的年轻人已经被外面的世界深深地吸引,他们对此没有多少觉察,只有上了年纪的人才能深深地体会到这些。当老宅、老家在他们眼前消失时,“根”也就被切断了,村落文化也将荡然无存,彻底瓦解,而只能留在尘封往事的回忆之中。

---

① 侯风云:《牟家疃调查记录》(十五),2013年9月4日。

附录一

牢记过去苦 珍惜今日甜

——牟家疃大队阶级教育展览馆解说词

(1974年11月)(节选)

前 言

在那个万恶的旧社会,中华民族在帝国主义、封建主义和官僚资本主义三座大山的沉重压榨下,苦海无边,多灾多难。广大劳动人民生活在水深火热之中,挣扎在无底深渊。

地主恶霸,心比蛇蝎狠毒,手比豺狼凶残,吸尽了劳动人民的血和汗,建立起自己荒淫无耻的乐园;日、蒋、汪互相勾结,狼狈为奸,烧杀抢掠,横征暴敛,对人民残暴屠杀,对革命血腥镇压。吃人的旧社会,洒向人间都是怨!想一想,我们贫下中农哪家没有阶级仇?哪户没有民族恨?这字字血、声声泪,我们永远牢记心间!

霹雳一声震天响,来了救星共产党!在党和毛主席的英明领导下,我村人民同全国人民一道,经过长期的、艰苦卓绝的英勇奋战,推翻了三座大山,建立了自己的政权!

忘记过去就意味着背叛。

——列宁语录

第一部分

农民的地狱　地主的天堂

——旧社会的牟家疃

由于帝国主义和封建主义的双重压迫，特别是由于日本帝国主义的大举进攻，中国的广大人民，尤其是农民，日益贫困化以至大批破产，他们过着饥寒交迫的和毫无政治权力的生活。

同志们，30 年前，牟家疃村是大地主牟二黑子的佃户村。那时候，全村 122 户，共有土地 1250 亩，其中贫下中农 94 户，仅占土地 350 亩，纯佃户 21 户，其余绝大多数农民也不得不租种牟二黑子的土地。富农 1 户，占有土地 30 亩。在大地主牟二黑及其爪牙的重租盘剥、敲诈勒索下，我村广大贫苦农民祖祖辈辈当牛做马，终年的奔波劳累，换来的却是数不清的仇和怨。

牟二黑及其爪牙，横行霸道，敲骨吸髓，榨碎了穷人的骨头，吸干了穷人的血汗。在我村霸占土地 600 亩，设立仓房 3 处，每年收租 120 石，木头库 1 处，佃户房子 150 间。这真是穷人的血汗填满了地主的粮仓！

旧社会，地主阶级不管穷人的死活，只管“剥削有理”，在牟二黑及其爪牙的迫害下，我村不知有多少人背井离乡，逃荒要饭，不知有多少人卖儿卖女，倾家荡产，又不知有多少人惨遭杀害，忍辱含冤！据不完全统计，全村被逼得逃荒要饭的有32户，看牛扛活的48人，逼上关东的34人，送童养媳的9人，当和尚的1人。这就是地主阶级剥削、压迫人民的铁证！

地主阶级对穷人哪里讲什么“仁”？哪里有什么“德”？他们要的是穷人的命，榨的是穷人的血。

下面再让我们看看贫下中农的悲惨家史吧！

佃户的仇恨

——牟文庆同志的家史

万恶的旧社会，是一座人间地狱。天，是阴沉沉的天，地，是荒凉冷落的地。灾难深重的土地上，农民尸骨遍野，血流成河。

新中国成立前，佃户牟文庆一家，终年过着饥寒交迫的奴隶生活。就在他爷爷牟修田38岁那年，本村有一农户，因生活所迫下了关东。他家的几口土坟上的山草，留给爷爷割了。这事被收官税的地方知道了，非把那户没交齐的银两加在爷爷头上不可！爷爷有苦难诉，有怨难伸，走投无路，气得浑身发抖，只觉得周围一片漆黑，他悲愤地呼喊：“老天，老天哪！这是什么世道啊！”

爷爷的眼气瞎了！全家人一口野菜，一口清汤，日子越来越难熬。

后来，三叔牟云珠被人贩子骗到关东，卖给一家煤矿，当了“煤黑子”，三叔整天在工头的皮鞭下挖煤、放车，出尽了苦力。吃的是橡子面窝窝头，喝的是掺着沙子和老鼠屎的高粱稀饭。年复一年地挖呀，推呀，过度的劳累和悲愤，使三叔终于病倒了。惨无人道的鬼子兵，用刺刀戳着他的脊背，强逼他拖着病身子干活，他支持不了，觉得天旋地转，扑通一声，跌倒在煤车上，狠心的汉奸把头，骂他是装病，举起榔头，朝三叔的头狠狠砸下去，三叔被活活打死了！工头还威胁矿工说："装病不干活，就和他一样！"在日本帝国主义的统治下，打死一个人，就像吹灭一盏灯，这哪里是矿山，分明是一座监狱！

苦难，就像魔影一样，跟随着穷人。生活的重担，全落在牟文庆父亲牟明珠身上。为了一家人的活命，父亲租了牟二黑的15亩地。这年种的小麦长势很好，全家人眼巴巴地盼望着打下小麦，剩个斗儿八升的，地主狗腿子也看着快要成熟的小麦眼红了，便借故下令抽地，下令不准收割！明珠不愤，只管领着孩子到地里去割，狗腿子史太荣看见后，硬说是父亲偷麦子，拾起扁担，朝父亲没头没脸就打。父亲被打得青一块、紫一块，昏倒在地。明珠被孩子搀扶着回到家里，可是家里锅空着，碗空着。再想想到了嘴边的麦子，连一棵秕草也没收回来，又气愤、又心酸，两眼发黑，一气之下，病倒在炕上，说："往后的日子可怎么过呀！"全家人哭成一团。

冬天到了，这更是穷人难熬的鬼门关。文庆的妈妈穿着破衣烂衫，赤着脚，沿街讨饭。家里的孩子无衣无食，背靠背地坐在土炕上，冻得浑身发颤！幼小的妹妹，哭声越来越低："妈妈，我要什么吃呀……"

山高啊，也有顶，水长啊，也有源。这苦难的日子却无边无际。还不清苛捐杂税，越垒越高，越背越重！

伪保长，挨门挨户，讨租逼债！他来到牟明珠家里，气势汹汹地把手一伸，吼道："老牟，拿钱！"明珠说："穷的这样，哪有钱！"这话激怒了伪保长，阴森森地嘿嘿了两声："你敢抗交官税，非给你点厉害看看不可！"说着上去拖着明珠就走，文庆和妈妈扑了上去,被伪保长一脚踏倒在地。牟明珠被拖到蛇窝泊鬼子炮楼里,受尽了严刑拷打和百般折磨。

牟文庆在苦水里浸泡着长大了。他还是和爷爷、父亲一样,两手空空,一无所有。十几岁的一个孩子啊,就外出给人家打短工、扛活、讨饭。到了年关,狗地主花天酒地,挥霍无度,他们一家却只得靠着借一包豆腐渣过年哪!就连豆腐渣还不能填饱肚皮,也要节省吃三天!

仇比天高,恨比水深。牟文庆同志血泪斑斑的家史,包藏着我们穷人多少怨,多少恨,多少苦楚和心酸哪!这就是旧社会的罪证,地主阶级的罪恶史啊!

苦难的童年

——姜义同志的家史

在那天昏地暗的旧社会,姜义一家祖祖辈辈给地主扛活,一家老小终日辛勤劳累,到头来还是钱无一文,粮无一粒。饥寒交迫的生活逼得全家背井离乡,流浪四方。

姜义10岁那年,家里糠菜糊不了口,被地主逼租气瞎了双眼的四爷和气疯了的妈妈,实在没有办法,只好把姜义送给集前恶霸林腾武家当"锅台转"。姜义一听,紧紧地抱住妈妈,哭喊着:"妈妈,我不去呀,妈妈,饿死我也不去啊!"妈妈紧紧地把姜义搂在怀里,眼泪刷刷地落在姜义脸上,心痛地说:"孩子啊,不是你妈心肠狠,是世道逼的呀!去吧,听妈的话,过几天妈去领你。"妈妈泣不成声,再也说不下去了。可怜的瞎爷爷蹲在墙角,老泪横流,半天才说:"孩子,去吧,找条活路挣碗饭吃吧!"无情的离别拆散了亲生骨肉。

姜义一进恶霸的家门，就像进了地狱。每天起五更，睡半夜，常常挨打挨骂。每天烧火、看孩、垫栏、端尿、端屎……做不完的营生。累得他筋疲力尽，晚上被赶进扛活屋，在乱草堆里过夜。经常深更半夜被拧着耳朵叫起来去哄孩子。没多久姜义就被折磨得不成样子。

一天，刚下过大雨，狗崽子让姜义背他上街耍。出去不久，就滑倒了。回来被林腾武的老婆一把摁在地上，抓起扫帚疙瘩，恶狠狠地乱打了一顿。姜义气急了，上去夺扫帚。可是十岁的姜义，哪能夺下来。豺狼的魔爪抓住姜义的头发，又是一阵拳打脚踢，姜义眼前一阵昏黑，一头栽倒在泥泞里，昏迷不醒。

姜义被打得吃不下、睡不着，但丝毫没有改变恶霸林腾武的兽心，相反的，更加残酷地逼他没黑没白地干活，打他还不准哭。姜义咬着牙，把仇恨的眼泪往肚里咽。过年了。他一直从早忙到晚，人家吃鱼吃肉，花天酒地。可他呢？只是啃了几块地瓜干，孤独地蹲在黑沉沉的扛活屋里，又累又气，越思越想越悲伤，想起了可怜的瞎爷爷，想起了重病缠身的妈妈，想起了年幼的弟弟……止不住的心酸眼泪，他整整哭了一夜。

就这样，姜义在林家当牛做马整整四年，连一个小钱也没有赚回来。

自从姜义离家以后，妈妈病重卧床不起，双目失明的四爷，万般无奈，只得由 8 岁的姜信拉着出去讨饭。数九寒天，刺骨的北风呼呼嘶叫，纷飞的雪花直往怀里钻。瞎爷爷拄着拐棍，一步深，一步浅，颤颤巍巍地走啊，走啊，直到夕阳落下天边，可怜的瞎爷爷和弟弟，一老一小的影子还在风雪中发颤。茫茫的雪地黑沉沉的天哪,究竟哪里有咱穷人的生路!

春荒时节,爷儿俩走东村,串西庄,不知要路过多少人的家门,不知要跨过多少家的门槛,可是要饭篓子依然是空的。路过文石地主公兴福的家门,一条恶狗狂叫着扑了过来。弟弟吓得躲在爷爷身后,瞎爷爷用棍子拨打着恶狗。终因眼瞎体弱,腿被恶狗撕得稀烂,鲜血直流。地主不但不管,反污爷爷打狗欺主,又指使狗腿子将爷爷毒打一顿。后来,妈妈的病越来越重。瞎爷爷连累带饿病倒了。年幼的姜信心里非常难过,一心想讨点残渣剩饭给妈妈和爷爷充饥。一大清早,就跑出去要饭。可是一连跑了五六个村也没有要着一点。后来硬着头皮到北庄一家财主家要饭。狠心的财主不但不给,还破口大骂,将姜信推出门外。姜信只得空着篓子,无力地回到家中。可是,妈妈已经被饥饿和疫病夺去了生命。姜信一头扑在妈妈身上,放声大哭:“妈妈呀!你醒醒呀,看看我吧!妈妈,您不能死呀,你死了我可怎么过呀,妈妈……”可是妈妈再也听不到孩子的呼喊声了。

就这样,一年又一年,姜义一家在死亡线上挣扎着……“长夜难明赤县天”,茫茫的长夜啊,几时才能天明?苦难的日子啊,几时才能熬到头?

同志们,在黑暗的旧社会,残酷的阶级压迫,苦难的童年生活,记下了姜义同志和千百万穷人的仇和恨!这血海深仇,总有一天要报,这吃人的旧社会,总有一天要把它打翻!

三代血泪仇

——刘振升同志的家史

新中国成立前,贫农刘振升一家,祖祖辈辈给地主当牛做马，出尽了牛马力，吃尽了人间苦，老人累断腰，儿孙筋骨瘦，终年在苦水里扑腾着。

刘振升 10 岁那年冬天，生活更是雪上加霜。患病的妈妈迎风冒雪，沿村乞讨，孩子们坐在家门口，急切地盼望着妈妈，等啊，盼啊，太阳落山了，妈妈还没有回来。姐姐流着眼泪劝慰弟弟："别哭，妈妈就要回来了。"可是，跑了一天的妈妈讨回来的却是只有几块咸菜和半碗渣。荒淫无耻的狗地主哪管穷人的死活？穷人越是大难之时，越是地主敲骨吸髓之机。一天，狗腿子瞎眼孙瞪着一只三角眼，杀气腾腾地冲进刘振升家，恶狠狠地对刘振升的父亲说："刘月，欠二爷的租子还不还？为你这笔账，我的鞋都跑破了！"母亲急忙解释说："不是不交，你看，家里老的老，小的小，连糠菜都吃不上，拿什么交呢？"狗腿子顿时暴跳如雷："哼！说得倒好听，二爷告诉得明白，今天下地挖三尺也要本利还清！要不，就抽地封门，让你儿女抵债！"晴天的霹雳像一把尖刀戳在老人的心窝。顿时，父亲觉得天昏地暗，接着吐了几口鲜血，昏倒在地。妈妈和孩子们放声大哭，急忙向前搀扶老人。狗腿子直逼到这般地步，才歪着嘴溜走了。后来，刘月卧床不起，不几天，就含悲忍愤死去了。

穷跑门子富闯京，死逼梁山下关东。刘振升兄弟四个，三个哥哥打了一辈子光棍，姐姐被送了童养媳。大哥万般无奈，拔腿上了关东。三哥流浪在福山给地主打短工。母亲流干了眼泪，盼瞎了眼睛，可后来大哥三哥连个音信也不见。二哥在家里因饥饿、劳累失去了生命。父亲那副沉重的担子又落在刘振升的肩上。一年秋天，阴雨连绵，地里的谷子生了芽，收下来的全是糠。粮食减产了，沉重的地租可丝毫没有减哪！刘振升劳累了一年，打下来的粮食全交了租还欠 14 斗。大年三十，地主花天酒地，祝福祝寿，可刘振升家里粮无一粒，炊烟不动，这真是富人过年，穷人过关。

奶奶走过的路子——讨饭，母亲走过了，孙子还得走。这白骨成堆的血泪满目的道路，穷人祖祖辈辈、世世代代何时才能走到尽头？再看看刘振升的儿子刘乐书童年的遭遇吧！

刘乐书 10 岁那年，流落到福山藏家给一家饭馆当跑堂的。掌柜的胖得肥头大耳，整天坐在富丽堂皇的高位上，拨弄着长脖烟袋。可消瘦的刘乐书一天到黑跑上跑下，稍不顺掌柜的眼，就有吃不了的苦头。刘乐书在那里什么活都得干。一天，刘乐书挑着一担猪食滑倒了。掌柜的见撒了他的猪食，便大发雷霆，举起文明棍朝刘乐书劈头盖脸打去，刘乐书惨叫一声，倒在雪地上。这时，伙计们一起冲过去，掌柜的见势不妙，夹着尾巴溜走了。刘乐书怀着满腔的仇恨，拔腿跑出了这阎王店。

天下乌鸦一般黑，东山有恶魔，西山有豺狼。一次，刘乐书帮着蛇窝泊街上一家看羊，一只小羊在恶霸“千千帮”的草场边上吃了几棵草，被“千千帮”看见了，当即破口大骂，抡起镢柄朝刘乐书猛打过去，“咔”的一声，镢柄断成两截。“千千帮”恼羞成怒，夺过刘乐书的鞭子，掐着刘乐书的脖子，边打边骂，嚷着：“你要赔我的镢柄！”狼心狗肺的“千千帮”又威逼着刘乐书把羊吃过的草重吃一遍，狠狠地把刘乐书的脸按在草茬上，戳来戳去。满脸是伤的刘乐书奋起反抗，一口口鲜血向“千千帮”喷去。穷哥们闻声赶来，压不住怒火，向“千千帮”冲去，一双双铁拳把“千千帮”打回了老窝。

刘振升一家三代所遭受的折磨和迫害，使我们多么悲痛，多么愤恨啊！

同志们，在那吃人的旧社会，我们广大贫下中农遭受旧社会迫害的痛苦和灾难何止这些！被逼得妻离子散、家破人亡的何止这几家！这一户户血泪斑斑的家史，是旧社会的缩影，是千千万万劳动人民悲惨生活的真实写照！同时也是对封建剥削制度和地主阶级滔天罪行的血泪控诉！

旧社会贫下中农为什么这样苦？难道是命不好吗？不是！绝对不是！我们一定要不忘阶级苦，牢记血泪仇，跟着毛主席，永远干革命！

> 帝国主义和中国封建主义相结合，把中国变为半殖民地和殖民地的过程，也就是中国人民反抗帝国主义及其走狗的过程。
>
> ——毛主席语录

第二部分

深仇大恨誓要报　血债定要血来还

同志们，在黑暗的旧中国，我村广大人民和全国人民一样，不但遭受着地主阶级残酷的经济剥削和政治压迫，而且还遭受着日本帝国主义、国民党反动派及其爪牙的摧残和蹂躏。在残酷的民族压迫和阶级剥削下，广大人民生活在水深火热之中。

1937年"七七事变"后,日本帝国主义的铁蹄踏进了胶东,国民党反动派的军队望风而逃,我区人民陷入了苦难的深渊。1938年春天,日寇的飞机时常盘旋在我村上空,到处扫射,到处轰炸,人民的生命受到严重威胁,群众的财产横遭破坏。

1940年,下乡扫荡的日本强盗,杀气腾腾闯进我村,烧杀抢掠,无恶不作。野兽们闯进家里,翻箱倒柜,抢粮劫财,搅得全村乌烟瘴气。他们又抓住牟国昌给他们带路,牟国昌不肯,结果被鬼子拧着耳朵,拳打脚踢拖到疃西头,又被一脚踢进大沟里。这群凶恶的野兽,残暴的强盗,给中国人民带来多少灾难!乡亲们个个义愤填膺,满腔的阶级仇,民族恨,像一座火山一触即发!

1942年11月25日,地方民贼林德一、牟东镒勾结日寇在蛇窝泊修建胶东第一大碉堡。日伪一到蛇窝泊就成立了"五乡办事处"。下令大伐群众的树木,强迫农民扒房拆砖。我村被抢去的大树、扒去的青砖无计其数。人们看着被二鬼子拦腰截断的大树,谁不痛心,谁不气愤!

日伪军逼着四乡农民到蛇窝泊挖壕沟,修炮楼。我村离着近,青壮年都被抓去出苦力。乡亲们非常气愤,便以磨洋工的办法对抗敌人的残暴。一次,牟立清、范京福、牟国昌等九人出工晚了,狗爪牙凶狠又暴毒,硬逼他们双膝跪地,抡起棍子,没头没脸地乱打。满腔悲愤的人们又记下了强盗们的一笔血债!

日伪军和汉奸走狗,像血吸虫一样,任意搜刮民财,达到了无以复加的地步,连伪镇长、伪保长打牌输了钱,也得挨门挨户地抽款。如若抗拒,不是被绑架,就是挨毒打。匪徒们经常窜东闯西,下乡骚扰。八路军便衣在我村开会,被坏人告密,二鬼子直扑我村,由于八路军便衣早有警惕,二鬼子扑空了。匪徒们抓不到八路军，就把正在干活的牟绍洲绑架到炮楼，狠狠地毒打了一顿。伪军的奸细刘言四和刘言春，窝藏在我村，大肆盗窃我八路军的情报，随意抓人打人。牟荣昌、牟义昌和他妹夫等人就是被他们抓送到栖霞蹲了监狱的；听说潘宾是八路，就把他绑到小楼上打了一顿；因住的地方受到监视，就三番五次强逼潘桂令限期三天另开门子……这个奸细在我村做尽了坏事，欠下了人民累累血债，激起了人民无比的愤怒。

在党组织的领导下，我村人民与日伪军展开了针锋相对的斗争。日夜活动在敌人炮楼周围。白天挖出的壕沟，夜间就填平了，周围的公路挖得坑坑洼洼；“打倒日本帝国主义”、“打倒汉奸卖国贼”的标语贴满了街头，贴上了炮楼……搞得敌人终日惶惶不安，龟缩在炮楼里不敢出动。

1943 年 4 月 19 日，在广大人民的大力支持下，人民的子弟兵一举炸毁了炮楼。120 多个敌人除了 44 个被击毙外，其余的全部被俘就擒。广大人民欢欣鼓舞，拍手称快。

在日伪猖狂、横行霸道的同时，土匪三区队为虎作伥，趁火打劫。我村牟振合一伙十几人，丧尽天良，一头栽进土匪三区队的怀抱，他们为非作歹，无恶不作，对人民犯下了不可饶恕的罪行。我村乡营长牟世昌、乡营副牟新贤、革命群众牟维亭、刘钦国等烈士都是惨死在匪三区的屠刀下，匪三区屠杀人民的滔天罪行，罄竹难书，这血海深仇我们是永远不会忘记的。

下面让我们看看，在我村“六・一九”和“七・一〇”两次事件中，匪三区欠下人民的累累血债吧！

甘洒热血为人民

——"六·一九"事件

为了积极开辟抗日根据地,发动群众,扩大武装,我十区中队于1943年6月19日来牟家疃。乡亲们无不欢欣鼓舞,纷纷涌上街头,热情迎接子弟兵。孩子们高兴地围着战士们欢蹦乱跳,又说又笑。

匪三区得到特务情报,马上纠集大股土匪,妄想出其不意地消灭这支革命队伍,疯狂地直扑我村。顿时枪声四起,匪徒们嚎叫着冲进村子,包围了十区中队的驻地。在这危急的时刻,我十区中队战士英勇还击。片刻,屋内外硝烟弥漫。

指导员一面指挥战斗,一面掀倒方桌,掩护着三个未能及时转移的小孩子。突然,匪徒们扔进了一颗手榴弹,落在孩子们身边,指导员立刻俯在孩子们身上,保护了孩子们的生命安全,自己却受了重伤。

战斗在激烈地进行着,枪声、冲杀声、手榴弹爆炸声,响成一片。我16名战士牢记毛主席的伟大教导,决心同敌人血战到底。勇士们的枪声喷射着仇恨的火焰,可耻的敌人随着枪声,一个个倒下去。经过半个钟头的激战,战士们的子弹打光了,两名战士光荣牺牲,另有几名战士负了伤。被打退了的匪徒又冲了上来,形势十分严重。但是,指战员们仍然英勇顽强地同敌人展开了浴血奋战。

匪徒们凭借着人多弹足,气势汹汹地蜂拥而上。在这千钧一发的时刻,指导员抓起最后一颗手榴弹,一个箭步冲进敌群。一声惊天动地的巨响,炸得敌人心碎胆裂。在火红的光芒中,指导员犹如刚劲的青松，傲然挺立。

野火烧不尽，春风吹又生。党的优秀儿女为革命流尽最后一滴血的光辉形象，永远活在人们心中，革命英雄英勇顽强、不屈不挠的斗争精神，永远鼓舞着人民前进！

革命烈火扑不灭

——“七·一〇”事件

1944 年，日伪反动派正在进行着垂死挣扎，其反动爪牙匪三区也时常袭击和破坏我抗日力量，杀人放火，残害百姓。为了有力打击敌人，在党的领导下，我村成立了抗日团体——青抗先。

七月初九日晚，青抗先的队伍宿营在村东河滩上。次日，天刚拂晓，土匪三区队悄悄地偷袭过来。在土匪突然逼近的危急情况下，青抗先立即进行自卫还击，村团副刘坤一声令下：“打！”队员们一排手榴弹甩向敌群，响声震耳欲聋，打得土匪晕头转向。可是因为敌众我寡，力量相差悬殊，队员刘钦国当场英勇牺牲，牟忠顺、牟玉庆中弹负伤，8 名同志被抓走了。为了保存有生力量，青抗先队伍迅速撤退转移了。

匪徒闯进村子，见人就抓，见东西就抢。村内村外，打骂声、哭叫声乱成一团。整个村子被闹腾得鸡犬不宁，最后匪徒们抓走了 35 名群众，抢走 22 头牲口，劫走的财物不计其数。

匪徒们仓皇地逃窜回莱阳城南砦口，把抓去的 43 人集合在一个场院上。伪栖霞县长葛日民满脸横肉，瞪着阴险的狗眼瞅着大家，追问谁是村干部，谁是民兵骨干。问了半天也没人回答。大家昂着胸,一双双眼睛喷射出愤怒的光芒。葛日民气急败坏,暴跳如雷,阴险地把脸一沉,妄想杀一儆百。指令四个匪徒气势汹汹地把牟维亭架出来,牟维亭面不改色心不跳,紧握双拳,一声不响地怒视着敌人,吓得敌人索索发抖。残暴的土匪吼叫着,惨无人道地把牟维亭枪杀了,烈士的鲜血染红了大地。

死亡吓不倒英雄的人民。牟维亭惨遭杀害,更加激怒了革命人民,他们决心为死难的烈士报仇雪恨。42 名革命群众,紧紧团结在一起,经过 44 天的狱中斗争,终于逃出了虎口。

同志们,国民党反动派在日寇面前屈膝投降,奴颜卑色,而纠集匪三区残酷地屠杀人民,镇压革命,这祸国殃民的滔天罪恶在历史上永远洗刷不掉！他们欠下人民的一笔笔血债,一定要他们偿还!

哪里有压迫,哪里就有反抗！日寇、国民党反动派及其爪牙匪三区疯狂地烧杀抢掠,激起了我村广大人民的满腔仇恨,他们怒火万丈,在党的领导下,迅速地组织起来,广泛地开展了对敌斗争。青年们踊跃参战,勇敢杀敌;人民群众积极支援前线;民兵们站岗放哨,防奸防特,日夜守卫着家乡,保卫着生产。广大人民满怀信心,黑暗即将过去,曙光就在眼前!

一唱雄鸡天下白。1944 年秋,我们家乡解放了。穷哥们成立了自己的新政权——农救会。在党的领导下,进行了伟大的土改运动。1947 年又进行了轰轰烈烈的土改复查运动,彻底地斗倒了地主阶级,夺回了牟二黑子在我村霸占的土地和房屋。往日的劳苦人个个欢天喜地,扬眉吐气,充满了大翻身的自豪和欢乐。地主"老爷们"的威风一落千丈,被斗得抬不起头来。我村那些参加过匪三区的家伙也都受到了应有的惩罚。人民政府根据广大人民的要求,公审、枪毙了罪大恶极的土匪爪牙牟振台,罪恶严重的被判了刑。看到这些为非作歹的家伙受到了制裁,真是大快人心!

在伟大领袖毛主席的英明领导下,全国人民经过长期的艰苦的卓越的斗争,终于赶走了日本强盗,埋葬了蒋家王朝。1949年10月1日,中华人民共和国宣告成立,伟大的中国人民从此站起来了。我村广大翻身农民一道,正沿着毛主席的无产阶级革命路线,为建设社会主义新中国而努力奋斗!

同志们,“夺取全国胜利,这只是万里长征走完了第一步。……中国的革命是伟大的,但革命以后的路程更长,工作更伟大、更艰巨。”让我们牢记毛主席的伟大教导,高举起革命先烈的旗帜,迈步前进吧!

第三部分内容略。

第四部分

艰苦奋斗炼红心　自力更生开红花

十年来,俺大队鼓足干劲,力争上游,自力更生,艰苦奋斗,全大队的生产面貌发生了巨大变化,粮食产量连年超千斤,对国家的贡献越来越大,公共积累逐年增加。社员生活不断提高,仅就1973年来说,粮食亩产由1964年的483斤增加到1205斤,粮食总产量达到124万斤。向国家交售爱国粮由8万斤增加到28万斤,公共积累由13000元增长到97000元,集体储备粮由8400

斤增加到20万斤,社员每人平均收入由73元增加到150元,口粮由420斤增加到510斤。

战天斗地创大业

为了彻底改变自然面貌,党支部和老贫农组成的规划小组,跑遍了俺村的南山北疆,上下河套,对水、土、林、田、路进行了全面规划,绘出了一幅综合治理山河的宏伟蓝图。

在毛主席"愚公移山,改造中国"的伟大号召指引下,俺大队党支部以与大自然斗不怕掉肉的坚强决心,带领广大群众首先打响了根治清水河、改造乱石滩的战斗。

清水河自古成灾,我村地处洼地,受害异常严重。每当洪水泛滥,全村遍野一片汪洋,滚滚的河水像脱缰的野马,横冲直撞,抢走庄稼,夺走果园。洪水过后,田园变成了乱石滩,全村变成了烂泥湾,树倒房塌,一片惨景。

在治河造地的紧张战斗中,广大干群意气风发,干劲冲天。沸腾的工地上,人来车往,战歌飞扬,呈现着一派繁忙景象。党支部书记牟维新和副书记牟亭和群众想在一起,汗和群众流在一起。推小车、运泥沙、扛石头、垒大坝,样样工作一马当先。在干部的带领下,广大贫下中农以只争朝夕的革命精神,迅速筑起了大沙坝,又从4里远的南山运来石头,砌墙护坡。一条长千米,宽6米、高3米的防洪大坝建成了,它像一只铁臂紧紧地护卫着堤内的庄田、果园。1970年的特大洪水也只得乖乖顺流而下。

初战的胜利,使广大干群欢欣鼓舞,大家又以革命加拼命的精神继续改造乱石滩,在寒风凛冽、大雪漫天的日子里,大家干得更是热火朝天。社员们捡石头,手冻麻了,磨破了,全然不顾,仍然以最顽强的毅力坚持战斗。为了提高工效，七队队长姜义和社员研究发明了取石铁叉。党支部立即向其他各队推广，大大加快了造地速度。

造地推泥时，民兵排长牟秀奎、牟云高等发挥带头作用。在他们的带动下，广大基干民兵和共青团员为革命出大力，流大汗，立下了汗马功劳。

广大干群就是这样，靠着“愚公移山”的精神，前后经过两个冬春的苦战，河滩造地 200 亩。艰苦奋斗，换来了农业连年大丰收。

在重新安排山河、努力改变生产条件的战斗中，俺大队统一规划，统一领导，统一行动，统一标准，进行了大规模整地运动。在整完泊地后，党支部决定大战红旗岭。贫下中农大破胸无大志、无所作为的懒汉懦夫世界观，在工地安营扎寨，顶风冒雪，破坚石、挖冻土，日送三餐，昼夜奋战。62 岁的老贫农牟国升刨断了镢头，换一把再干，虎口震裂了，鲜血直淌，还是坚持不下火线。参加战斗的女社员，刨地、推泥、敲石头，样样工作毫不示弱，充分发挥了半边天的作用。

广大干部和群众，大干苦干 3 个冬春，把整个北疆翻了个遍。过去的“地瘦土薄石头多”的不毛之地，经过以小改大，铲高填凹、炸掉一百多个大石寨子，填平 12 条深沟，整出二百多亩梯田。六百多亩泊地经过深翻、整平、挖沟、筑渠，如今变得千亩良田，变得平展展。整地做畦建田园，沟渠纵横能排灌，粮食连年夺高产。

毛主席说：“水利是农业的命脉。”1968 年，大队党支部根据本村的自然条件，因地制宜，决定在村东靠近大河修建一座扬水站，这一决定立即得到广大群众的拥护和支持。

一百多人的水利大军由书记挂帅,土法上马,自己测量,自己设计。在紧张的战斗中,牟维新同志第一个挽起裤腿,跳进冰冷的水里挖沙清基。大家都为他的精神所感动,纷纷脱下鞋袜,冒着春寒,带水作业。推车的小伙子挥汗如雨,浑身上下水淋淋,坡度越来越陡,他们的干劲越来越大。拉车的姑娘手勒肿了不叫苦,肩膀磨出血来不喊疼。大家为了抗旱夺丰收,越是艰险越向前。

人心齐,天低头。广大干群发扬硬骨头精神,经过 17 天日夜奋战,胜利建成了第一座扬水站。扬水站当年收益,贫下中农尝到了自力更生、战天斗地的甜头。广大干群再接再厉,于 1973 年春又以二十多天的功夫在下河口突击抢修了第二座扬水站。现在两座扬水站同时浇灌,600 亩泊地 7 天就可以浇完。

群众运动,威力无穷;自力更生,威力无穷。在短短的 9 年里,俺大队干群靠着一颗红心两只铁手,为绘出伟大祖国最新最美的图画增添了绚丽的色彩。下面就是最近几年俺大队战天斗地、改变自然面貌取得的成绩。

最近几年牟家疃大队战天斗地成绩表(1974 年)

工程	总数	工程量(平方米)	
		搬运砂土方	搬运石方
修筑防洪大坝	2 条,总长 2500 米	3 万方	5 千方
河滩造地	200 亩	3 万方	外搬石渣 4500 方
整大寨田	800 亩	4 万方	外搬石渣 1500 方
建扬水站	2 座	3 千方	1 千方
水利配套	修大小干渠 12 华里、建筑物 71 个 地下水泥管道 1000 米	—	120 方

科学种田夺高产

大队党支部在生产实践中认识到:要想打好农业翻身仗,必须大搞科学实验,在农业技术上来一场革命。在这种思想指导下,党支部在大搞农田基本建设、努力改变生产条件的同时,带领广大群众积极开展科研活动,实行科学种田。

自 1964 年成立农业技术队以来,俺大队在公社技术员的指导下,大搞群众运动,大量培育新双一、烟山等杂交玉米优良品种,对小麦的不同品种和栽培技术进行了十多个项目的科学试验,培育了八十多个新品种。几年来,不仅全大队实现了良种化,而且还为兄弟大队提供了小麦良种五万余斤,提供玉米良种 43 万斤。

党支部领导成员亲临农业第一线,和群众一起,认真地研究改革耕作制度和栽培技术,把学习外地经验和总结本村经验结合起来,在耕播、施肥、田间管理等方面认真地实行一系列改革措施。小麦的播种由大队统一播种,按照统一标准进行播种。在作物的生长过程中,由农业技术员作指导,统一追肥,统一浇水,统一防治病虫害,这样就充分发挥了地力、肥力、水力和良种的能力,使粮食总产量不断增加。

由于俺大队坚持科学种田,庄稼连年获得大面积丰收,小麦单产由 1964 年的 233 斤提高到现在的 512 斤,玉米单产由 233 斤提高到现在的 820 斤。粮食亩产 1967 年就过了长江,自 1972 年闯过千斤关。我们决心全面贯彻农业八字宪法,在农业科学实验中,不断创新路,敢于攀高峰,夺取农业生产的更大丰收。

农林牧副齐发展

俺大队在大力发展粮食生产的同时，统一规划，加强领导，农林牧副合理布局，粮油菜果妥善安排，多种经营，全面发展，为人民提供了生活物资，为农业生产扩大了资金，促进了农业的发展。

1966 年，大队党支部根据毛主席“很多农民养蚕是一项相当大的副业”的教导，决定发展蚕业生产。但是，在前进路上遇到了很大阻力，植桑刚刚开始，县里来了一个“大人物”，借口栽桑占地，粮桑矛盾，硬逼我们拔掉桑苗，村里也有些人认为栽桑不如栽梨挣钱，很不重视植桑养蚕，党支部便组织大家认真学习，反复讨论，认识到：栽桑养蚕不是单纯为了挣钱，更重要的是为了支援国家建设。党支部带领广大群众，从 1968 年到 1969 年苦战 2 年，河滩造地 100 亩，育桑成园。填平了 2 个蛤蟆湾，建起了两排高大的蚕室，又安排共产党员刘乐书同志带领十几名中年妇女从事养蚕工作，蚕业生产逐年上升，创造了一年四季养蚕的奇迹。现在每年向国家贡献蚕茧七千多斤，可为农业社提供资金一万二千多元，优质肥料约 100 万斤，化肥 11000 斤，有力地促进了农业生产。

俺大队的果园已有很长的历史。到了秋收时节，鲜艳肥大的苹果、香甜清脆的大梨累累地挂满了枝头。可是，过去果园并不丰收，棵产量在最好的年景也不过几十斤，而且破烂虫口就占半数以上。现在，果园队坚持实践第一的观点，大搞科学实验，加强管理，使产量大大增加，质量大大提高，好果率迅速达到 90%以上。随着生产的发展，俺大队又积极开垦荒地，进行适当添栽，新栽果树2000棵，到现在为止，果园有400亩，总产量由1964年的40万斤提高到现在的132万斤，收入从不足3万元提高到15万元。果园生产的发展，有力地支援了国家出口和社会主义建设。

俺大队响应毛主席“绿化祖国，实行大地园林化”的号召，十分重视植树造林。几年来，在林业队长牟文庆、牟汉章的带领下，大搞群众运动，在沿河荒滩上造林140亩，育树苗70亩，在路边屋旁栽树一万三千多棵，如今东河南河果树成林，河旁树木茂密成荫，河荒变成了绿色长廊，一片桑园气象更新。

遵照毛主席“大养其猪”的指示，俺大队狠抓了积肥，办起了养猪场，全大队养猪416头，其中大队养猪68头，生产队养猪87头，社员户养猪271头。去年向国家交售毛猪220头。由于养猪事业的发展，每年可为农业增加大量有机肥。现在每亩施肥可达万斤以上。

1971年，俺大队在上级党委的大力支持下，经过一年奋战，建成了一座机械化面粉加工厂，大大方便了广大群众，现在面粉厂可为农业扩大资金二万五千多元。

目前，俺大队的多种经营除了果业、林业、养猪、养蚕、面粉厂外，还有菜园、油坊、磨坊、编条等共十多项。每年多种经营总收入达21万元，占全年总收入的60%。用这些资金，添置了拖拉机3台，胶轮大车8辆，大牲畜51头，20千瓦的发电机1部，柴油机、汽油机等动力机械8台，共310.5马力，脱谷机、播种机、粉碎机等25部，还购置了一些半机械化的农机具，使耕地、灌溉、运输、粮食加工、饲料粉碎等基本实现了机械化和半机械化。另外，还架设了全村的电线、广播线，家家户户安上了电灯，挂上了喇叭。在基本建设方面,几年来,大队共建设公房 327 间。掌握的原则是"宁肯多出力,不占可耕地",到现在为止,光填村里的烂泥湾面积达 15 亩,填沙 4000 方。

十年来,由于我们正确贯彻执行了毛主席"以粮为纲,全面发展"的方针,坚持以副养农,有力地促进了集体经济的巩固和发展,实现了农林牧副业互进促进,共同跃进!

(《蛇窝公社牟家疃大队》档案　案卷顺序号:36)

(部分内容有删改)

附录二

这里永远是春天

亲爱的读者：在祖国的北方，在一无条件、二无设备的情况下，你听说过露天养蚕和夏、冬养蚕的事吗？

这时，有的同志会惊讶地说："春、秋养蚕嘛，既听说过，又看见过，至于在露天，在夏天、冬天也能养蚕，这倒是个新闻。"

这时，或许还有人将信将疑地问："是真的吗？奇怪事！奇怪事！"

说奇怪也不奇怪，时代不同了，英雄的人民学会了辩证法，就能把过去根本不可能做到的事情变成现实。

在美丽的胶东半岛，在富饶的栖霞山区，就出现了这样的奇迹！

（一）

清晨，大地披上金光，朝霞辉映着桑田，牟家疃大队养蚕小组的人们愉快地劳动着，他们一边劳动，一边展开了热烈的争议。

"露天养蚕的事，大家可以多发表意见，一块合计合计。"

说话的人个头不高，络腮胡须，粗黑的眉毛下嵌着一双炯炯有神的大眼睛，这个人就叫刘乐书，是这个小组的组长。他昨天刚从烟台开蚕业会议回来，晚上就传达了大会精神，并提出了露天养蚕的计划。他的计划一提出，人们就争执起来了，直到昨晚十二点，这不，今早大家还在议论这个事。

一个叫春华的姑娘嗓子最尖：“依我看哪，这露天养蚕，完全可以办得到，过去的黄历不能翻。只要我们敢想敢干，就没有克服不了的困难！”

“黄毛丫头，你懂个啥！”牟大爷瓮声瓮气地说下去，“俗话说，蚕是娇娇虫，在露天地里，又是风，又是雨，虫子咬，日头晒，它哪能抵得了，恐怕这么搞，是瞎子点灯——白费蜡！”

这时，刘乐书站了起来，严肃地对大家说：“露天养蚕，我反复考虑，困难肯定很多，但只要我们用毛主席的哲学思想作指导，困难一定能够克服，胜利是属于我们的！”“对！只要我们按照毛主席的教导去做，齐心合力，什么人间奇迹也可以造出来！”一个洪亮的声音在人们的耳边响起，大家回头一望，是党支部书记来了。

露天养蚕的计划得到了党支部的支持。试验之前，党支部书记语重心长地嘱咐道：“露天养蚕是个新鲜事，旧的习惯势力会来干扰，大自然也不好征服，这里充满着斗争啊！遇到问题要多向毛主席著作请教，多和群众商量。”

果然，露天养蚕的事情刚刚传出，就刮来了冷风，说什么：“刘乐书是坐飞机放爆竹想（响）得真高。”有说什么：“他搞露天养蚕，是想一鸣惊人。”

刘乐书是个硬汉子，做事从来没有含糊过。这些冷嘲热讽怎能阻挡他前进的步伐！他决心用实际行动粉碎流言蜚语！

困难毕竟是客观存在的。露天养蚕遇到的第一个问题就是稚蚕期怎样在室外度过。刘乐书和养蚕组的同志们根据小蚕喜欢高温多湿的特点，决定取白菜窖和地瓜育苗床的长处，先建设一个地下蚕室，让蚕儿在这里度过幼龄。

就这样，春蚕没有辜负人们的殷切期望，像破土的幼苗，在地下蚕室诞生了。当然，刘乐书还是那个习惯，蚕到哪里，宿舍就搬到哪里。

小蚕进入三令之后，要搬到露天饲养了。迎着朝阳，刘乐书他们把一小匾胖胖的小蚕儿搬进了提前打好的像菜畦一样的蚕匾上做试验。

人忙了，时间过得也格外快，不知不觉天晌了，大家都催促刘乐书回家去吃饭。谁知，他回家刚吃了几口，春华就气喘吁吁地闯进门来："大叔，你快去看看吧，有些蚕不知咋的，死了！"说着，春华那涨红的脸上掉下一颗颗泪珠。刘乐书也感到意外，他二话没说，把饭碗往桌上一撂，拉着春华就走。

这个时候，大家正围着蚕匾争论不休。有的人一筹莫展，不知道如何办才好，有的人在当事后诸葛亮，埋怨既有今日，何必当初。

面对着这场严峻的斗争，人们会不会打退堂鼓呢？亲爱的读者，你听听刘乐书是怎样说的吧："同志们，失败是成功之母。我们一定要从死的这部分蚕中找出教训，另外，要从活的这部分蚕中看到希望，你们看，这不是还有很多蚕活着吗？"

窗子不开屋不亮，经刘乐书一说，大家紧张的心情缓和了。

"哎，你们看，这蚕也和人一样，爱找个阴凉地方。"牟二婶打趣地说道。"这么说那些蚕是晒死的！"春华大声喊了起来。

人多出智慧。牟二婶这个突然的发现，使人们额上的皱纹一下子舒展开来。

找到了原因,也就有了办法,人们马上搭上苫遮阴,让蚕在背阴处生活,接着,他们又把大批春蚕搬到了露天蚕场。

这时,人们或许要说,这回蚕儿可该自由地生活了吧!但是,事情并不是像大家想象的那么简单,可恶的大蚂蚁、不知羞耻的麻雀和又熊又不老实的癞蛤蟆都蠢蠢欲动了,妄图剥夺蚕儿享受这美好春光的权利。为了消灭和抵御这群自然里的敌人,刘乐书和战友们觉睡不好,饭吃不下,经过反复研究,终于想出了诱杀、扎草人、挖沟等办法,很快制服了这伙蟊贼。

春蚕在刘乐书他们的精心护理下,长得又白又胖,多么逗人喜爱。然而困难和胜利往往是一对孪生兄弟,刚克服了飞禽走兽和昆虫的危害,暴风雨又紧接着跟人们作起对来。

每逢下雨,他们总是忙着用苇席、草帘遮雨,雨后又忙着晒帘晾席。随着蚕体的增长,苇席、草帘越来越不够用了。

一天中午,乌云翻卷,狂风大作,一声闷雷响过,大雨随着降落下来。

刘乐书望着滂沱大雨问大家:“蚕怕不怕雨淋?”没等乐书说完,牟二婶插了嘴:“哎呀!那可是不行,这么大的雨,它哪能扛得了!”春华说:“二婶,我们可以做一下试验嘛!”“对!”刘乐书说:“实践出真知,来,咱们还是趁着大雨试验一下吧!”

雨越下越大,远处近处雾气茫茫,整个世界沉浸在大雨的浇灌中。你看,那匾在雨中的蚕儿昂首挺身,显得多么精神!雨过天晴,这些经过大雨洗礼的蚕儿,把身子一抖,又开始吃桑了。试验结果证明:“蚕不怕雨淋。”

“蚕不怕雨淋”,这个结论打破了多少年来的陈规旧习!给了我们多么深刻的启示！

伴随着人们的辛勤劳动，蚕儿在茁壮地成长，收获的时节到了，一筐筐银茧担进了公社采购站……

在铁的事实面前，有老脑筋的人服输了，就连当初那最不同意露天养蚕的牟大爷也伸出拇指，赞不绝口地说："真想不到啊！"

这仅仅才是开始……

（二）

初夏，大地布满了生机，麦浪翻滚，万木争荣。

牟家疃大队的百亩桑园更是呈现着一派朝气勃勃的景象：那园内春伐复壮的桑树，长满了又大又厚的叶子，油光闪亮，夏伐的桑树，也抽出了新的枝条，枝条上长出了一簇簇嫩嫩的幼芽，青翠盎然，长势喜人。

刘乐书看了，他的心啊，简直要跳了出来！原来在春蚕刚刚作茧的时候，他就想能不能试喂一期夏蚕，但是考虑一直不成熟，现在看到油光发亮的桑叶，他的决心下定了！

当他把这个设想交给养蚕小组的同志们讨论时，人们都很感兴趣，个个跃跃欲试。

夏天气温那样高，又有蚕蝇，没有特殊设备，有谁相信能够喂出夏蚕呢？然而共产党员是用特殊材料制成的，他们就能够创造出人间奇迹！

刘乐书养夏蚕的设想得到了养蚕小组大多数同志的同意，也得到了大队党支部及各级领导的坚决支持。

随着夏蚕的诞生，困难也一个接一个地降临了。首先是大蚕需要较低的温度,而气温一天比一天地热起来了。开始刘乐书用了凉水降温的办法。后来气温猛升到华氏98度,蚕室里像个蒸笼,蚕被热得放扁伸长了,刘乐书灵机一动,急忙打开窗户,这一来气温虽然降低了,贪婪的蚕蝇却趁机而入,进来"偷袭"大蚕了。人们急忙关上了窗户,歼灭了这批飞贼,然而气温又回升了,直升到华氏100度。那蚕儿热得嘴不住地颤动,仿佛向人们发出呼救。

蚕室沉默了。刘乐书的眉毛拧在一起,黝黑的脸上还是那么平静、刚毅。突然,他的目光落到春季养蚕用过的草帘子上面。原来,刘乐书认为草帘浸湿挂在窗上,既能降温又能挡住蚕蝇。同志们都觉得有道理,于是,大家立即行动起来。

温度高的矛盾基本解决了,更为严重的问题却发生了。

这一天,他们正在喂蚕,突然发现一个蚕室里有一部分蚕身上流黄水,肛门脱出。

"蚕发病了!"人们几乎同时叫了起来。

春华早就急得坐不住了,马上去打电话,请来了一位技术员,那位技术员看了看病蚕说:这是由于温度高引起的空头性软化病和肠胃性脓病并发症,技术员并说这是一种不治之症,需要把蚕马上埋掉。

埋掉?!大家一听,愣住了。看着那一匾匾经过精心喂养的夏蚕要被埋掉,真比剜掉自己身上的肉还要难受。这时党支书闻讯赶来,他看到大家的表情说:"路是人走出来的。只要我们看清了方向,就要敢于走前人没有踩出的路!我们掌握了毛主席的哲学思想这一锐利武器,就能攻克一切难关!"

党支书的一番话,使刘乐书的心里更加亮堂了!"不能埋!"

刘乐书把手一挥，果断地说：“坚决不能埋！”

“不埋掉会传染其他蚕的！”那位技术员又劝了一句。

“同志们，我们要给蚕治病！”刘乐书望了一望那位技术员说：“人得了病可以治，蚕得了病为什么就不可以治呢？”这位技术员听后感到有道理。

刘乐书的话也使大家增添了希望。但是怎么个治法，心中没有数。

刘乐书一字一句地对大家说：“毛主席不是教导我们要抓住矛盾吗？现在什么是主要矛盾？”

大家异口同声地说：“这还用说，湿度大呗！”

刘乐书说：“对呀，现在主要是解决湿度大的问题。现在我们就是要创造条件，使湿度向小的方面转化，使病蚕向好的方面转化。”这么一说，大家心里豁然开朗。

用什么方法降湿呢？刘乐书想起在部队行军时，用风化石灰粉放在鞋里吸汗防湿。于是，就建议大家用这个方法试一试。

随着石灰粉不断更换，蚕儿得救了。被视为不治之症的病又被征服了。可是刘乐书并不满足，他想：要彻底解决这个问题，光采取被动的措施不行，要争取主动权。夜间温度低，是不是可以夜间喂蚕？这样既可以不用凉水降温，又可以避免湿度大的问题。但是，有的资料有“春蚕晚上停止饲育”的记载，怎么办呢？

“你要知道梨子的滋味，你就得变革梨子，亲口吃一吃。”要知道夏蚕能不能夜喂，也要实践一番。

他取出两组蚕，每组各10条，重量相等，涂上不同颜色。夜间一组喂，一组不喂，每天对比着称一次。

从此,刘乐书昼夜观察,很少休息。

盛夏的夜晚,蚕室闷热。连夜蹲在蚕室里的刘乐书,汗水涔涔,喉干舌燥。成群搭伙的蚊子也来凑热闹献殷勤了,他的脸、手、胳膊以及所有露在外面的皮肤,被蚊子叮得红疙瘩一片连着一片,又痛又痒。但是,刘乐书好像根本不知道似的,只是专心致志地观察蚕的吃桑情况。

由于日夜的过度劳累,刘乐书的身体消瘦了。他的眼睛布满了血丝,脸上的皱纹更深了,嘴唇也裂开了一道道的血口子。

这已经是第六个夜晚了。

刘乐书仍然在蚕室里继续观察。近几天来,他感觉到肝炎又在捣乱,肝区一阵比一阵疼痛。"今天晚上休息一下?"这个念头刚在脑子里一闪,耳边又想起了一个伟大的声音:"共产党的哲学就是斗争哲学。"毛主席的教导顿时使他浑身增添了无穷的力量,疼痛早已无影无踪。

这时,党支书走进了蚕室,他看着明显消瘦的刘乐书,为我们党有这样的好党员而骄傲,也为他的身体羸弱而担心。

"老刘,"党支书深情地叫了一声,走了过去,把刘乐书的手紧紧地握住,又把一瓶治肝炎的良药塞在他的手里,说:"带上它回家休息吧,一切由我来做!"

刘乐书接过药,热泪盈眶。党的关怀,阶级的深情,激起他潮涌般的思绪:

刘乐书出生在一个祖辈佃户的家庭里。他 12 岁就给人家放羊。有一次,羊吃了地主地堰上的草,地主发现后,把他按倒在地上用棍子打,棍子打断了,又用锨柄劈头盖脸地打。幸有穷哥们的帮助,他才逃出了虎口……是共产党把他从苦海中救了出来，是毛主席给了他幸福的今天，使他从一个拖着要饭棍的苦孩子成为一名光荣的中国共产党员……

想想这些，看着眼前的情景，他万感交集。刘乐书有多少话要和党支部书记讲啊，但是，他的嘴唇只是不住地颤抖，过了半天才从喉咙里挤出了这样一句话：

“支书，你回去吧！”

一句平常的话，道出了一个共产党员誓为共产主义奋斗终生的坚强决心！

这一夜，两个人共同在蚕室度过。

经过九天九夜的观察，刘乐书向大家兴奋地报告说：“夜间喂的蚕，体重增加百分之二十五。”

人们掌握了夏蚕饲育的主动权，把喂蚕的时间由白天改成黑夜，这给夏季养蚕开辟了一条新路。

20 个日日夜夜过去了，每张蚕种获得 80 斤的好收成！

望着丰收的夏茧，人们的心潮似滚滚的长江，汹涌澎湃。是的，叫谁能不激动呢？这洁白的夏茧，哪一个不凝集着刘乐书及养蚕小组的心血呢？这洁白的夏茧，不正是那灿烂的哲学之花结出的又一丰硕的成果吗？

丰收的喜悦鼓舞着人们，也更加激励和鞭策着养蚕人乘胜前进！

（三）

刘乐书和他的战友们，在攻克了露天和夏天养蚕的难关，送走了秋蚕后，又开始试育冬蚕了。

大家或许知道，喂冬蚕可不是一件容易的事。且不说那朔风怒号、寒流滚滚的恶劣天气会给桑蚕的生存带来不少困难,就拿桑叶来说吧,你得到哪里去找呢！然而事情往往是这样,只要你下决心去办,困难终究会向你低头的。

刘乐书和他的战友们决心开创一条在祖国北方能够养育冬蚕的新路！

迎着凛冽的寒风,冬蚕问世了。

刘乐书这个不知疲倦的人,就像久经沙场的老战士,愈战愈勇。他日日夜夜忙碌在蚕室里,把全部心血都倾注在小蚕的身上。

时间在一分一秒地过去,蚕儿由小到大,日益变长,摇晃着滚瓜油亮的胖脑袋,一会儿"刷刷刷"吃食,一会儿静静地休息。大家看着冬蚕的长势,都打心眼里高兴。

俗话说"过了十月节,翻天就是雪"。在一个风紧云低的夜晚,老天突然翻了脸。一股强大的寒流夹着碎雪恶狠狠地向人间袭来。气温急剧下降到 -2 度。蚕儿紧缩着身子不住地打着颤,养蚕小组同志们的心也不住地紧缩着。

就在这个时候,党支书带着一伙社员涌进了蚕室。大家一起动手架起了几个火炉,顿时,炉火通红,室内温度回升,冬蚕又正常地蠕动了。

生火御寒,需要耗费大量柴草。对集体的一草一木都爱护备至的刘乐书,眼睁睁地看着大捆大捆草填进了火炉子,他是多么心痛啊！他决心试验一下冬蚕的御寒能力。夜间他们把几只蚕放在室外的窗台上,第二天蚕虽然像死了一样,但拿到屋里暖和一会儿就慢慢地复苏过来。经过多次试验,他们发现蚕有相当大的御寒能力。于是,根据冬天的气候特点,他们白天集中生火加食,晚上就不生火了。在他们的精心护理下,冬蚕在茁壮成长。

过度的劳累，不知疲倦的工作，使得刘乐书的肝炎近来又严重了。同志们多次劝他休息，他总是乐呵呵地说：“嘿！病这个东西，最爱欺负人了。你硬它就软，你软它就硬。只要和它斗，它就老老实实地投降了。”说着弯下腰举起手，逗得大家哈哈笑了起来。

养蚕人的欢乐，使蚕室里充满了春意。他们在不断地克服困难，向胜利进军。

喂冬蚕，桑叶的储藏是个大问题。他们根据冬藏大白菜的道理，采了一部分桑叶收藏起来。谁知桑叶不易储藏，放了不久就有一部分烂掉了。

时间一天天地过去，桑叶一批批地减少。蚕进入四令以后，胃口越来越大，情况越来越不妙了。

“干脆把蚕扔掉一部分！”有人提出了这样一个简单而粗鲁的建议。

“扔掉？不能那样做！”刘乐书斩钉截铁地说，“蚕，这是国家的财富，哪怕是扔掉一个，也是对革命的犯罪！”

这时，贫下中农关心地送来了各种菜叶，一次次地试喂都失败了……

深夜，为了探索冬蚕的代食品，刘乐书在灯下认真地学习。这时，年迈的贫农刘大爷推门走了进来，说：“乐书，你还是多注意点身子，半宿多了，快歇着吧！”

“大叔，眼下蚕缺吃的是个大问题，不解决我睡不着啊，你帮我出个点子吧！”

“点子？哪能这么现成！还是多向内行的人学习呀！”刘大

爷说着,深情地望着刘乐书。

老贫农的一句话提醒了刘乐书,使他想得很远很远。蚕场老工人的熟悉面孔又一个个展现在眼前。他决定亲自到蚕场去一趟,向老工人请教。

翌日清晨,刘乐书踏上了征途。这时老天却不作美,偏偏下起了大雪。他拄着拐杖,迈着吃力的步伐,一脚深一脚浅地向蚕场走去。

天傍晌,刘乐书才走进蚕场,刚站下脚,他就与老工人亲热地攀谈起来,工人们向他提供了干桑叶可以试喂的线索。刘乐书听后,沉闷的心就像阴云的天空,被一缕清风吹开了一道缝隙,豁然亮堂了许多,他不住地点头,脸上堆满了笑容。最后工人们给了他一部分干桑叶,并热情地鼓励说:"冬天养蚕在祖国的北方还是头一回哩! 这个空白你们填补上了。这是一个创举,望你们反复实践,取得胜利!"

刘乐书满载着工人阶级的深情厚谊,挑着一担干桑叶急急忙忙走回家来。雪愈下愈大,被狂风卷起的碎雪打在脸上,生疼生疼的。两腿每向前迈一步都要使出很大的力气。来到老虎嘴,天黑了下来,寒气更加逼人。大概由于走得过急的缘故吧。他觉得肝区又钻心地疼痛起来,走着走着,两腿僵直,头昏脑涨,接着一阵天旋地转,眼冒金花,不由自主地倒在雪地里。不知过了多久,他苏醒过来了,咬着牙爬了起来,挪动了几步,又昏倒了……亲爱的读者,你不要担心,刘乐书这个钢浇铁铸的共产党员是不会倒下去的!

寒风又慢慢地把他吹醒了。他默默地想着,难道我再不能为党工作了吗? 三十年来,自己虽然忙忙碌碌,但对党对人民的贡献太少了。想到这里，他万分惭愧。不！不能倒下去，生命不息，战斗不止，要为党为人民献出最后一滴血！顿时他觉得浑身有了力量，翻身爬了起来，又挑着担子继续前进。此刻，他心胸坦荡，好像能装得下五洲风云。他仿佛看到张思德正挑着一担木炭，乐呵呵地走在自己面前，快，追上去！他脚步轻盈了……

这时，党支书迎来了，他亲切地叫了一声："老刘！"说着就去抢担子。刘乐书哪里肯让，但终因太劳累，担子还是被支书抢了过去。

两个人一前一后地走着。支书望着刘乐书的背影，一种爱慕和崇敬的心情从心底油然升起，多少往事浮现在眼前：刘乐书，多好的同志啊，为了革命事业，你耗尽了心血！在那培育桑林的日子里，你病成那个样子还在昼夜奋战，白天嫁接，晚上栽培。记得在一天半夜，你点着汽灯在园里植桑，为了催你回家休息，我把汽灯提了回来。谁知道回家后，你又偷偷地回到桑园，一直忙到天亮。你呀，就是这样一个人，完不成任务不死心！

夜深人静，两个人才进了村，径直向蚕室走去。

蚕室里，春华和牟二婶正在用绿豆面做小油饼，研究蚕的代食品，看到他们两人遍身是雪走了进来，有说不出的心痛。大伙儿一起说："看您累的，快回家歇歇吧！"刘乐书哪里肯走，连忙解释说："这不是休息的时候，等有了空我全补上。"接着他边解绳子边把喂干桑叶的想法说了一遍。

干桑叶撒在蚕匾上，蚕儿急忙伸长脖子啃了一会儿，啃不动就离开了。接着他们又用水把干桑叶泡开，蚕还是不吃。刘乐书的心又骤然紧缩起来。难道喂干桑叶不行吗？他看着肥肥的蚕儿又思索开了。忽然，他想出一个办法：把干桑叶碾成细粉，撒在喷过水的桑叶上试喂。

他们这样做了。当他们清清楚楚地看到粘附在鲜桑叶上的细粉被蚕吃进去的时候,都高兴地跳了起来。后来通过实践证明,采取这种喂法,对蚕的发育成长没有任何不良影响。他们称这种方法叫"喂水桑"。

冬蚕吃着水桑,长得又胖又嫩。经过七十多天的喂养,冬蚕终于吐丝结茧了。

"冬蚕吐丝结茧了!"

"冬蚕吐丝结茧了!"

这一激动人心的消息迅速传遍了整个山村,山村顿时沸腾了。男女老少蜂拥赶来,争先恐后地观看这冬蚕吐丝的动人情景。78 岁的刘大爷挤到了人群的前面,银白的胡子笑开了花……

人们说着,笑着,雀跃着……也不知是哪位姑娘说了一句风趣的话:"你们看,冬蚕向我们致敬了!"一双双饱含热泪的眼睛,一起向银灿灿的蚕匾投去。看吧,冬蚕愉快地吐着锦丝,好像在说:"谢谢你们,又给了我们一个美好的春天!"

是的,这里永远是美好的春天!英雄的人民能够巧夺天工,使锦绣山川璀璨烂漫,四季如春!

《霞光》

(通讯地址:栖霞县"革委会"政治部宣传组)

(《蛇窝公社牟家疃大队》档案　案卷顺序号:36)

(部分内容有删改)

附录三

乡村文化调查问卷

亲爱的村民朋友，您好，我们是山东大学乡村文化调查小组。为了反映改革开放以来我国农村文化方面发生的巨大变化，我们拟在贵村组织关于乡村文化方面的问卷调查。本调查仅限于资料统计，为了保证问卷的准确性和科学性，请您认真填写，对于您的热心参与和支持我们表示感谢。

一、基本情况

您的性别：男□　女□

您的年龄：__________　　您的文化程度：__________

您的第一职业：__________　您的职务：__________

您家有几口人：__________

您的子女情况：儿子__________人，女儿__________人

您的工作地点：本村□　本镇□　本区□　本市□　本省其他□

是否世居________________　来村时间________________

您是否参加某方面的文化组织：是□　否□

您对您目前的生活状况是否满意:满意□　不满意□　不知道□

二、家庭经济

家庭上年纯收入(元):1000 以下□　1000 ~ 3000□　3000 ~ 5000□　5000 ~ 8000□　8000 ~ 10000□　10000 ~ 20000□　20000 ~ 50000□　50000 以上□

家庭上年总支出(元):1000 以下□　1000 ~ 3000□　3000 ~ 5000□　5000 ~ 8000□　8000 ~ 10000□　10000 ~ 20000□　20000 ~ 50000□　50000 以上□

平均每人每月基本生活费(元):100 以下□　100 ~ 300□　300 ~ 500□　500 ~ 700□　700 以上□

主要经济来源(只选一项):家庭种植业□　家庭副业□　运输业□　服务业□　打工□　其他______

您目前有平房______间,楼房______套,平(楼)房建房时间:______建房花费______元

您建房目的是(只选一项):结婚□　房屋翻新□　住的好□　投资□　其他______

您以后有无建房的打算:有□　无□

您是否愿意从平房搬入楼房居住:是□　否□　不知道□

您家有的电器(可以多选):电视机□　电冰箱□　电话□　洗衣机□　电风扇□　空调□　其他______

您家用的日常燃料:有机燃料(木柴、草等)□　液化气□　电□　其他______

您家平时饮食(只选一项):很丰富 天天有荤菜□　丰富,

经常有荤菜□　一般，不经常吃荤菜□　不好，只有过节才有荤菜□　很差，很少有荤菜□

三、家庭生活观念

家中事情一般由谁做主：丈夫□　妻子□　共同商议□　男主外女主内□　其他______

您认为怎样才算是一个完整的家庭：______________

家里遇到困难，您依次求助的对象是：亲戚□　族人□　朋友□　熟人□　村委会□　政府□　其他________

您认为生活中最大的困难是（只选一项）：医疗□　养老□　教育□　房屋□　人际关系□　其他______

您认为分家的原因是（只选一项）：传统习惯和观念□　长辈去世□　结婚□　经济独立□　减少家庭矛盾□　更好的发展□　其他______

关于老人赡养，您倾向于（只选一项）：儿子赡养□　女儿赡养□　子女共同赡养□　子女谁条件好谁管□

您的实际状况是：__________

当老人不能自理时候，您倾向于（只选一项）：同儿子住一起□　同女儿住一起□　由子女轮流照看□　进敬老院□　其他______

您的实际状况是：__________

关于家庭财产继承，您倾向于（只选一项）：儿子继承□　女儿继承□　儿女平等继承□　儿女不平等继承□

您的实际状况是：__________

您认为什么是幸福（有顺序选）：生活条件好□　身体健康

□ 事业发达□ 儿孙满堂□ 家庭和睦□ 其他______

四、家族观念

您的家族中是否存有家谱或神主：是□ 否□

您觉得家族力量在村庄生活中有无影响：有□ 无□

如果有，主要体现在哪些方面（有顺序选）：经济援助□ 政治选举□ 文化娱乐□ 祭奠仪式□ 平息争端□ 其他______

您是否常为与本家族有关的喜事而感到荣耀：是□ 否□ 无所谓□

您是否认为族内人比和族外人的关系更密切：是□ 否□ 不一定□

家庭矛盾的解决（只选一项）：有威望的人裁决□ 邻里调解□ 村委会调解□ 法律解决□

村里矛盾的解决（只选一项）：有威望的人裁决□ 邻里调解□ 村委会调解□ 法律解决□

五、消费观念

您家主要的财政支出是（按顺序）：教育□ 娱乐□ 医疗□ 食品□ 服饰□ 房屋□ 人情往来□ 仪式活动□ 生产投资□ 其他______

您挣钱的第一目的是为了（只选一项）：子女教育□ 子女结婚□ 生活好□ 置房□ 其他______

您认为村民借钱的原因（只选一项）：生活困难□ 扩大生产投资□ 置房□ 婚丧嫁娶□ 医疗□ 其他______

您家是否借债：是□　否□

借债的原因（只选一项）：生活困难□　扩大生产需要□ 置房□　婚丧嫁娶□　医疗□　其他______

您认为借钱人的主要求助者是（按顺序）：亲戚□　族人□ 朋友□　熟人□　银行□

六、婚姻观念

你认为合适的婚姻年龄是（只选一项）：20～22 岁□　23～25 岁□　25 岁以上□　其他

您是哪年结婚的：______，当时多大年龄：______，结婚的总费用是多少：______

您的对象的选择（只选一项）：父母安排□　媒人介绍□ 邻居介绍□　自由 媒人介绍□　朋友介绍　□自己认识□ 其他______

村里的年轻人在选择对象时对父母的意见（只选一项）：从来不考虑□　考虑一些□　比较听从□　完全听从□

您选择对象最看中对方的（只选一项）：家世□　贫富□ 相貌□　人品□　远近□　年龄□

结婚前，您对象（她）的家是：同村□　外村□　本地城镇□　外地农村□　外省□　其他______

结婚前，您家和您对象家距离约为多远：______

您认为现在和过去相比，离婚率是高还是低：高□　低□ 差不多□　不知道□

您认为离婚的原因是：______

七、生育观念

您认为生育的目的是(只选一项):延续后代□　养老□　增加生活乐趣□　天经地义□　维系家庭□　其他______

您认为生孩子(只选一项):很重要□　重要□　一般□　不重要□　很不重要□

您更喜欢生男孩、女孩(只选一项):男孩□　女孩□　无所谓,都一样□

您是否同意"养儿防老"、"多子多福":是□　否□

您是否积极响应国家的计划生育政策:是□　否□

您个人认为最理想的子女模式是:一男孩□　一女孩□　一男孩一女孩□　其他______

八、子女观念

您是否经常给您的孩子讲父辈或您以前的经历或故事、歌谣:是□　否□

如果是,您的目的是为了:教育孩子□　随便说说□　增加乐趣□　其他______

您是如何教育孩子的:______________________

您希望子女受教育的程度:初中□　高中□　大学□　能上多少上多少□　无所谓□

您希望您的孩子在家务农吗?是□　否□　无所谓□　尊重孩子的意见□

您对子女的工作地点的期望是:本地乡镇□　本地城市□　外地乡镇□　外地城市□

您最希望子女从事的职业属于：社会地位高□　经济收入高□　权力重□　声誉好□

九、教育文化观念

1. 你的孩子去幼儿园吗(只选一项)：常去□　不去□　不常去□

2. 你的孩子去幼儿园(只选一项)：很方便□　方便□　一般□　不方便□　很不方便□

3. 村里的男孩女孩受教育平等吗(只选一项)：平等□　不平等□　基本平等□

4. 你对孩子是否能够上大学(只选一项)：很在意□　一般□　无所谓上不上□

5. 对村里有文化的人(只选一项)：很尊敬□　尊敬□　一般□　无所谓□

6. 对著名人物知道哪些？

十、休闲娱乐观念

您是否订报：是□，订阅的是何种报纸：__________　否□

您是否看报纸：是□　否□

您最关注的是报纸上的哪类栏目(只选一项)：新闻□　文化娱乐□　体育□　招聘□　生活□　房产□　影视□　故事小说□　其他______

您每天用于读报的时间约为______小时

您是否经常购买图书：是□，购买的图书是哪一类的：经济□　生活□　健康□　家庭□　故事□　时尚□　休闲娱乐□

历史□　其他______　否□

您每年用于文化方面消费的费用约为多少:50 元以下□ 50 ~ 100 元□　100 ~ 200 元□　200 ~ 500 元□　500 元以上□

您是否经常看电视:是□　否□

您每天用于看电视的时间约为______小时

您是否经常听广播:是□　否□

您每天用于听广播的时间约为:______小时

您对电视和广播新闻中的哪类事情最关注(只选一项):经济□　文化□　军事□　体育□　娱乐□　教育□　医疗□　生活□　国际□　其他______

您有什么娱乐爱好(可以多选):影视□　棋牌□　球类□　音乐□　其他______

您家里有何娱乐工具(可以多选):棋牌□　球类□　影碟机□　乐器类□　其他______

您是否经常和家人娱乐游戏:是□　否□

您如何打发空闲时间(可以多选):读书看报□　看电视□　喝茶□　串门□　聊天□　下棋□　打牌□　球类活动□　旅游□　其他______

十一、信仰观念

您是否信仰宗教:是□　否□

您是否认为信仰宗教的人和不信仰宗教的人在日常生活和交往中有所不同:是□　否□

您是否相信"命中注定"、"因果报应"等观念:是□　否□

您如何看待"梦":人体生理现象□　事情发展的征兆□

说不清□

您是否相信“风水”:是□　否□

您出于什么原因去算命(只选一项):感情□　子女□　财运□　健康□　平安□　没算过□

您及家人是否佩戴平安符或护身符:是□　否□

您是否相信有鬼神存在:是□　否□

您家中是否供养神灵:是□,都供奉什么神:______　否□

十二、传统文化观念

您是否了解关于本村或本家族的起源的故事和传说:是□　否□

您都崇拜哪些历史人物:____________________

您是否认为村中某些传统文化技艺已失传:是□　否□　不知道□

您所了解的村内传统文化技艺有:________________

十三、人情观念

邻里、朋友间是否经常“礼尚往来”:是□　否□

在村里,您送礼是为了(只选一项):联络感情□　找关系□　孝敬长辈□　礼尚往来□　获得帮助□　其他

您每年在礼物上的花费约为(只选一项):200元以下□　200~500元□　600~1000元□

您是否觉得礼物上的花费是一项负担:是□　否□

十四、信息、空间观念

您都通过哪些方式获得信息(可以多选):广播电视□　报纸书刊□　串门聊天□　外出见闻□　网络□　其他□

朋友聊天,一般都聊些什么(可以多选):身边的事□　国家大事□　什么都聊□　其他______

您平常的活动范围:家—村□　家—镇□　家—区□　家—市□　其他______

您到过最远的地方是:__________,去的原因是__________

十五、集市观念

您是否经常去集市购买物品:是□　否□

您平均每月去集市______次

您去集市一般购买(可以多选):日用品□　粮食、肉油果蔬□　五金电器□　农具、种子□　服装、箱包□　食品□　礼品□　其他______

十六、服饰与饮食观念

您对您的服饰品牌是否在意:是□　否□

您对衣服的态度:简单朴素□　时尚流行□　有啥穿啥□

您的衣服一般从何处购买:集市□　裁缝制作□　服装店□　大商店□　其他______

您及家人佩戴的饰品有(可以多选):金饰□　银饰□　玉饰□　骨饰□　木饰□　其他______

您是否种植瓜果蔬菜自己食用:是□　否□

您家中是否饲养鸡鸭等家禽以获得肉、蛋:是□　否□

对饮食营养的态度是:注重□　不在乎□　吃饱了就行□　吃得好就行□

十七、医疗与卫生观念

您身体不适时,您会选择:去医院□　去诊所□　自己对症治疗□　其他______

您对农村医疗合作制度的看法是:好□　不好□　不了解□

您对农村养老保险制度的看法是:好□　不好□　不了解□

您加入农村养老保险了吗:没有□　已加入□

如果您家里有人生了大病:用土办法应付□　钱不够,去不了医院治疗□　去医院看,但是尽量少花钱□　尽量借钱去医院治疗□　其他______

您村的老人去世的地方一般是:在家□　在医院□　在其他地方□

您觉得当前的村庄环境卫生比过去:好□　不好□　差不多□

十八、认同观念

您是否关心国家的前途和发展:是□　否□

您对国家关于农村的各项政策、法规的了解程度:精通□　了解□　不清楚□

您是否积极参加村里的选举:是□　否□

导致您不参加选举的原因：不感兴趣□　不知道□　不在家□　其他______

您是否在意村里舆论对自己的评价：是□　否□

您认为现在村里哪些人属于“精英（能人）”行列______

您认为“村庄精英”应该具备的条件有哪些（可以多选）：学识广□　能力强□　经济条件好□　品行好□　威望高□　其他______

村里中受尊敬的是哪些人：______

您觉得外来人员和本村村民的关系如何：好□　不好□　一般□

身份上您是否能把外来人员同村民同等看待：能□　不能□

十九、乡土观念

你愿意外出打工吗：愿意□　不愿意□

不愿意外出打工的原因是（可以多选）：没有外出门路只好在家□　文化程度低没有技能□　胆子小不敢出去□　没有外出习惯□　家里劳力少□　家里有病人或自己不方便外出□　在家做生意□　是村干部、教师□　其他______

您怎样看待那些外出打工的：佩服□　有本事□　懒，怕干活□　没有感觉□

你外出打工的原因主要是什么：在家没事干□　不爱干农活□　外面的世界很有吸引力□　想出去长见识□　挣钱补贴家里□　其他______

您要是外出打工从事（可以多选）：种植业□　工业制造□

建筑业□　服务业□　其他______

您外出找工作(只选一项):很难□　难□　要花些工夫□　容易□　很容易□

您找工作通过(可以多选):熟人介绍□　中介介绍□　报纸广告等媒体□　自己主动上门□　其他______

您对外面的工作(只选一项):很满意□　满意□　一般□　不满意□　很不满意□

您在外打工的月工资(只选一项):600 元以下(含 600 元)□　600 ~ 900 元□　900 ~ 1200 元□　1200 ~ 1500 元□　1500 ~ 1800□　1800 以上□

您愿意让您的孩子出去打工吗(只选一项):愿意□　不愿意□　由孩子决定□

您在外打工后还愿意回到农村务农吗?:愿意□　不愿意□　边走边看□

您最大的愿望是什么:______________________________

参考文献

一、调查资料、档案资料及文献资料

1. 侯风云:《牟家疃调查记录》(一),2009 年 6 月 1 ~ 2 日。

2. 侯风云:《牟家疃调查记录》(二),2009 年 6 月 22 ~ 24 日。

3. 侯风云:《牟家疃调查记录》(三),2010 年 1 月 20 ~ 21 日。

4. 侯风云:《牟家疃调查记录》(四),2010 年 1 月 29 ~ 31 日。

5. 侯风云:《牟家疃调查记录》(五),2010 年 2 月 2 ~ 5 日。

6. 侯风云:《牟家疃调查记录》(六),2010 年 2 月 23 日。

7. 侯风云:《牟家疃调查记录》(七),2010 年 3 月 2 ~ 4 日。

8. 侯风云:《牟家疃调查记录》(八),2010 年 11 月 20 日。

9. 侯风云:《牟家疃调查记录》(九),2010 年 12 月 13 日。

10. 侯风云:《牟家疃调查记录》(十),2010 年 12 月 22 日。

11. 侯风云:《牟家疃调查记录》(十一),2013 年 3 月 19 日。

12. 侯风云:《牟家疃调查记录》(十二),2013 年 3 月 20 日。

13. 侯风云:《牟家疃调查记录》(十三),2013 年 7 月 29 日。

14. 侯风云:《牟家疃调查记录》(十四),2013 年 9 月 3 ~ 4 日。

15. 乾隆《栖霞县志》,《中国地方志集成》第 51 卷。

16. 牟家疃村委会档案:《栖霞县新中国成立前后各村庄党的组织史资料调查统计表》,牟家疃村委会藏, 1985 年。

17. 牟家疃村委会档案:《牢记过去苦　珍惜今日甜——牟家疃大队阶级教育展览馆解说词》(1974 年 11 月),牟家疃村委会藏。

18. 牟家疃村委会档案:《村志——蛇窝泊公社牟家疃大队》(1959 年 1 月 20 日),牟家疃村委会藏。

19. 牟家疃村委会档案:《农村历史统计资料(1949 ~ 1975)》(牟家疃大队),牟家疃村委会藏,1977 年。

20. 牟家疃村委会档案:《蛇窝泊公社牟家疃大队 1961 年各种统计报表与分配汇总表》,牟家疃村委会藏。

21. 山东省《栖霞县志》编纂委员会:《栖霞县志》,山东人民出版社 1990 年版。

22. 中共栖霞县委党史资料征集研究委员会:《栖霞党史资料》(内部资料)第一辑,山东省出版总社烟台分社 1991 年版。

23. 中共栖霞县委组织部等:《中国共产党山东省栖霞县组织史资料(1931 ~ 1987)》,山东省出版总社烟台分社 1988 年版。

24. 牟日宝:《牟氏家训》,中国文联出版社 2006 年版。

25.《中华牟氏望族》,2011 年 1 月 10 日 ~ 2013 年 8 月。

二、专著及论文

1. 费孝通:《乡土中国》,人民出版社 2008 年版。

2. 费孝通:《江村经济》,上海人民出版社 2006 年版。

3. 闻均天:《中国保甲制度》,商务印书馆 1935 年版。

4. 林耀华:《金翼　中国家族制度的社会学研究》,生活·读书·新知三联书店 1989 年版。

5. 庄孔韶:《银翅　中国的地方社会与文化变迁》,生活·读书·新知三联书店 2000 年版。

6. 杨懋春:《近代中国农村社会之演变》,台湾巨流图书公司 1980 年版。

7. 周大鸣:《凤凰村的变迁　〈华南的乡村生活〉追踪研究》,社会科学文献出版社 2006 年版。

8. 钱杭、谢维扬:《传统与转型:江西泰和农村宗族形态》,上海社会科学院出版社 1995 年版。

9. 张佩国:《地权分配·农家经济·村落社区——1900—1945 年的山东农村》,齐鲁书社 2000 年版。

10. 王兆成:《乡土中国的变迁　美国学者在山东邹平的社会研究》,山东人民出版社 2008 年版。

11. 张学强:《乡村变迁与农民记忆　山东老区莒南县土地改革研究(1941—1951)》,社会科学文献出版社 2006 年版。

12.〔美〕马若孟:《中国农民经济》,史建云译,江苏人民出版社 1999 年版。

13.〔美〕杜赞奇:《文化、权力与国家:1990—1942 年的华北农村》,王福明译,江苏人民出版社 2008 年版。

14.〔美〕明恩溥:《中国乡村生活》,陈午晴、唐军译,中华书局 2006 年版。

15.〔美〕许烺光:《宗族·种姓·俱乐部》,薛刚译,华夏出版社 1990 年版。

16.〔美〕明恩溥:《中国人的素质》,秦悦译,学林出版社 2001 年版。

17.〔美〕施坚雅:《中国农村的市场和社会结构》,史建云、徐秀丽译,中国社会科学出版社 1998 年版。

18.〔美〕黄宗智:《中国农村的过密化与现代化》,上海社会科学院出版社 1992 年版。

19.〔美〕黄宗智:《华北的小农经济与社会变迁》,中华书局 2004 年版。

20.〔美〕弗里曼、毕克伟、赛尔登:《中国乡村,社会主义国家》,陶鹤山译,社会科学文献出版社 2002 年版。

21. 复旦大学历史学系、复旦大学中外现代化进程研究中心:《近代中国的乡村社会》,上海古籍出版社 2005 年版。

22. 王沪宁:《当代中国村落家族文化——对中国社会现代化的一项探索》,上海人民出版社 1991 年版。

23. 杨青松、陈新颜:《南京乡村调查》,东南大学出版社 2007 年版。

24. 中国社会科学院农村发展研究所组织与制度研究室:《大变革中的乡土中国　农村组织与制度变迁问题研究》,社会科学文献出版社 1999 年版。

25. 杨善华:《城乡日常生活:一种社会学分析》,社会科学文献出版社 2008 年版。

26. 魏宏运:《二十世纪三四十年代冀东农村社会调查与研究》,天津人民出版社 1996 年版。

27. 唐军:《蛰伏与绵延　当代华北村落家族的生长历程》,

中国社会科学出版社 2001 年版。

28. 王先明:《变动时代的乡绅——乡绅与乡村社会结构变迁(1901—1945)》,人民出版社 2009 年版。

29. 张鸣:《乡土心路八十年——中国近代化过程中农民意识的变迁》,陕西人民出版社 2008 年版。

30. 张鸣:《乡村社会权力和文化结构的变迁(1903—1953)》,陕西人民出版社 2008 年版。

31. 吴毅:《村治变迁中的权威与秩序——20 世纪川东双村的表达》,中国社会科学出版社 2002 年版。

32. 吴毅:《转型社会的乡村政治》,中国农业出版社 2006 年版。

33. 胡燕鸣:《平峰村的文化转型》,中央民族大学出版社 2001 年版。

34. 庄孔韶等:《时空穿行　中国乡村人类学世纪回访》,中国人民大学出版社 2004 年版。

35. 于建嵘:《岳村政治　转型期中国乡村政治结构的变迁》,商务印书馆 2001 年版。

36. 李金铮:《民国乡村借贷关系研究》,人民出版社 2003 年版。

37. 郑起东:《转型期的华北农村社会》,上海书店出版社 2004 年版。

38. 张思:《近代华北村落共同体的变迁》,商务印书馆 2005 年版。

39. 江沛、王先明:《近代华北区域社会史研究》,天津古籍出版社 2005 年版。

40. 行龙:《走向田野与社会》,生活·读书·新知三联书店2007年版。

41.〔美〕阎云翔:《私人生活的变革:一个中国村庄里的爱情、家庭与亲密关系(1949—1999)》,龚小夏译,上海书店出版社2006年版。

42. 兰林友:《庙无寻处——华北满铁调查村落的人类学再研究》,黑龙江人民出版社2007年版。

43. 赵世瑜:《狂欢与日常——明清以来的庙会与民间社会》,生活·读书·新知三联书店2002年版。

44. 段友文:《黄河中下游家族村落民俗与社会现代化》,中华书局2007年版。

45. 钱理群、刘铁芳:《乡土中国与乡村教育》,福建教育出版社2008年版。

46. 林瑞生:《牟宗三评传》,齐鲁书社2009年版。

47. 吕俊伟:《民国山东史》,山东人民出版社1995年版。

48. 牟宗三:《五十自述》,台湾鹅湖出版社1989年版。

49. 牟日宝、牟珍:《栖霞名宦公牟氏望族》,《现代家教》杂志社1997年印刷。

50. 牟日宝、牟珍:《栖霞名宦公牟氏世谱》(上、下册),《现代家教》杂志社2001年印刷。

51. 栖霞县政协文史资料委员会等:《牟墨林地主庄园》,山东人民出版社1990年版。

52. 曾却:《栖霞历史人物》(上册),山海书社1992年版。

53. 孙铭浩:《栖霞风物》,华文出版社2005年版。

54. 王兆军:《黑墩屯 一个中国村庄的历史素描》,中国青年出版社 2006 年版。

55. 牟学敏:《路》。

56. 王日根、张先刚:《从墓地、族谱到祠堂:明清山东栖霞宗族凝聚纽带的变迁》,《历史研究》2008 年第 2 期。

57. 李善峰:《20 世纪的中国村落研究——一个以著作为线索的讨论》,《民俗研究》2004 年第 3 期。

58. 石中英:《失重的农村文明与农村教育》,载钱理群、刘铁芳:《乡土中国与乡村教育》,福建教育出版社 2008 年版。

59. 刘铁芳:《破碎文化体系中的乡村教育:乡村教育重建如何可能》,载刘铁芳:《乡土的逃离与回归:乡村教育的人文重建》,福建教育出版社 2008 年版。

60. 刘铁芳:《乡村教育的问题与出路:城市取向的乡村教育何以超越》,载刘铁芳:《乡土的逃离与回归:乡村教育的人文重建》,福建教育出版社 2008 年版。

61. 刘铁芳:《乡村的终结与乡村教育的文化缺失》,载刘铁芳:《乡土的逃离与回归:乡村教育的人文重建》,福建教育出版社 2008 年版。

62. 刘晓春:《宗族与风水:三僚村的个案》,载李小云、赵旭东、叶敬忠:《乡村文化与新农村建设》,社会科学文献出版社 2008 年版。

63. 高丙中:《民间文化的复兴:个人的故事》,载高丙中:《民间文化与公民社会　中国现代历程的文化研究》,北京大学出版社 2008 年版。

64. 林瑞生:《生命之光——家人及学生心目中的牟宗三》,《霞光》第 1 期,作家出版社 2008 年版。

65. 林新忠等:《哲学大师牟宗三鲜为人知的家事》,《霞光》第1期,作家出版社2008年版。

66. 王先明:《中国近代乡村史研究及展望》,《近代史研究》2002年第2期。

后　记

在完成本书之际,笔者要感谢一些机构和一些人,没有他们的帮助和真诚合作,这本书难以完成并付梓。

在本书的写作过程中,笔者参阅了许多前人或者他人的研究成果,从中获益匪浅,并且在书中对他们的资料和观点也做了一定数量的引用。在此向他们表示感谢。

笔者要感谢本课题负责人山东大学历史文化学院的赵兴胜教授,他对于笔者的研究工作给予了多方面的帮助和鼓励,从提纲的拟定到方法的运用以至于内容的修订,都做了大量的指导,使笔者得以完成该课题的研究工作。

笔者要感谢栖霞市政府的王大志、林新忠、谢忠诚和王守志等同志以及蛇窝泊镇政府的领导及工作人员,感谢他们为研究提供了一定的便利。

笔者要感谢牟日宝先生,他给笔者提供了大量相关资料。其对家族事务的热心给笔者留下了深刻的印象。

笔者要特别感谢牟家疃村民牟芳亭和卢瑞英,在做调查期间,笔者在他们家中居住,夫妇二人以淳朴的感情给了笔者无微不至的关心,牟芳亭协助笔者完成了大量采访工作。笔者的研究得以完成,牟芳亭功不可没。

笔者要感谢其他接受过采访并给予帮助的村民们,他们有牟亭、林会文、牟丰收、牟凤成、牟天朋、牟敏建、牟德、牟红成、刘乐亭、牟忠政、隋红霞、牟金超、潘玉春、范仁国、牟玉琴、林振南、牟伯民、李瑞兰、范会波等。另外,青岛的牟学敏、威海的牟凤洲以及西安的牟佳云均给予了笔者一定的帮助,在此一并表示感谢。

笔者还要感谢家人和朋友对本书写作的支持。他们给予了笔者精神和物质上的帮助。

最后,感谢齐鲁书社的编辑同志,我们之间的合作真诚而愉快。

本书中若有不妥之处,欢迎读者批评指正。

侯风云　徐冰

2013 年 9 月于烟台

图书在版编目(CIP)数据

“一家一个天”：牟家疃村的文化变迁研究 / 侯风云，徐冰著．—济南：齐鲁书社，2013.11

ISBN 978-7-5333-3030-9

Ⅰ．①一…　Ⅱ．①侯…　②徐…　Ⅲ．①村落文化—研究—烟台市　Ⅳ．①K295.23

中国版本图书馆 CIP 数据核字(2013)第 253378 号

“一家一个天”

——牟家疃村的文化变迁研究

侯风云　徐冰　著

出版发行　齊魯書社
社　　址　济南市英雄山路 189 号
邮　　编　250002
网　　址　www.qlss.com.cn
电子邮箱　qilupress@126.com
印　　刷　日照日报印务中心
开　　本　880mm×1230mm　1/32
印　　张　9.125
插　　页　3
字　　数　220 千
版　　次　2013 年 11 月第 1 版
印　　次　2013 年 11 月第 1 次印刷
标准书号　ISBN 978-7-5333-3030-9
定　　价　**32.00 元**